冷戦
国際連合
市民社会
―― 国連60年の成果と展望

日本大学名誉教授
浦野起央

三和書籍

はしがき

　本2005年10月で国際連合は，発足から60年を迎える。国際連合はこの半世紀以上を通じ大きな成果を上げてきた。東西冷戦にもかかわらず，軍縮では一定の業績を上げてきたし，現在，国際社会の焦点にある国際人権問題では後退のない人類史を刻んできた。経済問題への寄与でも否定されるものではない。

　去る本年3月公表されたコフィ・アッタ・アナン国連事務総長の国連改革に関する勧告「より大きな自由の中で」は，21世紀の新たな脅威・ニーズ・環境に相応しい必要な主要組織の再編や再構築，そして活性化をなすべきであるとしており，その報告書は，2004年12月の有識者諮問パネルの国連改革についての報告と2005年1月ミレニアム・プロジェクトの報告をもとに作成され，勧告として提出された。その骨子は，以下に列記した諸点にある。

　――極貧状態にある発展途上国は，ミレニアム開発目標を達成するべく国家戦略を立てよ。
　――先進国はODA目標を，GNP0.7％まで大幅に増大すべきである。
　――自然災害への世界的早期警戒システムを構築せよ。
　――大量破壊兵器・テロ・国家崩壊・極度の貧困・環境破壊など，すべての脅威に立ち向かう包括的戦略を実施せよ。
　――非戦闘員を標的とした意図的な殺害ないしテロは正当化されえない。
　――人類に対する罪を含む，平和と安全の維持に関する武力行使を再確認する。
　――ジェノサイド・民族浄化・人道に対する罪に対する集団行動の根拠として「弱者の保護責任」は国際社会が負う。
　――民主主義を確立し強化する国を支援する民主主義基金を国際連合に創設する。
　――今日の地政的な現実をより幅広く反映するように，安全保障理事会を拡大するべく，9月までに決着させる。安全保障理事会改革では，ODA実績などを考慮する。
　――国際連合と地域機構との関係強化を支持する。第1歩としてアフリカ連合10カ年計画を策定する。
　――国際連合憲章第53条および第107条の「敵国条項」を削除する。

　これらの点は，これまで国際連合において取り組んできたところの課題の総締めくくりといえるもので，アナン事務総長はコンセンサスの決定が望ましい

が，多数決も辞さないと，責任者としてその履行の決意を述べた。

　そこにおける国際連合の改革と日本，ドイツ，インド，ブラジル4カ国などの安全保障理事会への参加を含むその実現は，国際連合60年の歴史において，国際連合を活性化できるかどうかの試金石でもある。そこでは，アナン事務総長の強力なリーダーシップが発揮されており，彼の改革実現のための決意は固い。

　本書は3章で構成され，その内容は，国際連合はどのようにして作られてきたか。東西対立の冷戦世界においても，普遍的国際機関（私はこれを民主主義諸国家共同体モデルと呼ぶ）としてどんな成果を上げてきたか。そして，21世紀への突入のなかで国際連合はアナンの指摘した視点と現実に取り組み，その市民社会との関わりおよび共同取り組みにおいてどう位置づけられ，評価されていくべき方向にあるか，の諸点を論じたものである。併せて，参加各国は総会などでの取り組みにおいて一定の方向性をみせ，国益の行使を反映させたが，その姿は世界ゲームの1つの鳥瞰図をみせており，そうした各国の投票行動の解析を通じて，国際社会を解剖してみせるという作業を行った。その解析の1つの成果を理解して参考にして頂ければ幸いである。その解析にいては，技術面で東京大学助教授原田至郎君と日本大学大学院生窪田悠一君の協力を受けた。記して謝意を表する。

　日本外交は国連中心主義を，その加盟以来，アジアの1国としての協力と並んで重視してきており，そのために国連研究者も多い。にもかかわらず，国民・学生の国際連合に対する理解と支持は決して高いとはいえない。本書の刊行が，そうした国際連合とそれをめぐる国際関係の推移の理解において少しでも寄与できるのであれば，著者の大いなる喜びとするところである。

　いかなる試練のなかにあっても大きな成果を上げてきた国際連合の60年を祝福しよう。そして，更なる未来に向けて国際連合の改革が実現し，国際連合が新たな活力ある民主主義諸国家モデルとしてますます機能していくことを強く期待したい。

　2005年6月，国際連合憲章調印から60年の日を前に記す。

浦野　起央

目次

はしがき

第1章　冷戦世界と国際連合

1．国際連合の課題 1
　　a）国際連合の3つのモデル 1
　　b）戦勝国体制としての国際連合 6

2．冷戦世界と国際連合 14
　　a）米国と国際連合 14
　　b）ソ連と国際連合 19
　　c）第三世界諸国と国際連合 27
　　d）国際連合に対する1つの評価 35

3．国際連合半世紀の成果 40
　　a）国際連合の任務と活動 40
　　b）国際連合への参加 48
　　c）平和の維持と国際連合 51
　　d）軍縮と国際連合 55
　　e）テロリズムと国際連合 62
　　f）国際人権と国際連合 66
　　g）難民と国際連合 74
　　h）発展途上国開発と国際連合 78
　　i）人間開発・社会開発と国際連合 87

4．地球的民主主義に向けての国際連合の取り組み 108
　　a）国際連合の改革 108
　　b）国際連合の民主化支援活動 119
　　c）冷戦後の国際連合 125

第2章　国連投票行動からみた国際社会の解析

1. はしがき ……………………………………………………………… 135
2. 国際社会の推移 ……………………………………………………… 141
3. 日本の国連投票行動の位置 ………………………………………… 168
4. アジア世界の動向 …………………………………………………… 183
5. 中東世界の動向 ……………………………………………………… 190
6. アフリカ世界の動向 ………………………………………………… 197
7. ヨーロッパ世界の動向 ……………………………………………… 204
8. 米州世界の動向 ……………………………………………………… 212
9. 国連投票行動の内容分析 …………………………………………… 219

第3章　グローバル・ガバナンスと国際連合

1. 国際システムとグローバル・ガバナンス ………………………… 229
    a) 国際機構システムとガバナンス ……………………………… 229
    b) ネットワーク社会とグローバル・ガバナンス ……………… 235
2. 国際連合の民主化とNGOの参加 ………………………………… 243
    a) NGOの国際連合参加 ………………………………………… 243
    b) 地球市民フォーラムとしての国際連合 ……………………… 250
    c) 国連グローバル・コンパクト ………………………………… 253
3. 市民社会とグローバル秩序展望 …………………………………… 258
    a) グローバル市民社会と社会運動 ……………………………… 258
    b) 地球的民主主義とグローバル秩序 …………………………… 265

年表 ………………………………………………………………………… 274

索引 ………………………………………………………………………… 290

目次（表・図）

表1-1	安全保障理事会における拒否権の行使	15
表1-2	国連加盟状況	17
表1-3	米・ソの国連投票行動における一致の割合	18
表1-4	米国の国際連合をめぐる世論	18
表1-5	米国・ソ連間の軍縮条約と交渉合意	26
表1-6	国連総会決議成立におけるブロック諸国の投票結集状況	29
表1-7	国連決議成立における非同盟運動参加国の決議成立の寄与率と結集度および非同盟運動以外の寄与率	29
表1-8	「平和のための結集」決議による緊急特別総会	41
表1-9	特別総会	42
表1-10	主要な人権規約	45
表1-11	中国代表権の表決状況	50
表1-12	国連平和維持活動	53
表1-13	反テロ条約	65
表1-14	国連人権委員会の主要な課題別手続き	69
表1-15	総会決議で採択された人権侵害事件	71
表1-16	世界の難民状況，2004年1月1日	77
表1-17	10万人以上の難民所在国，2003年	77
表1-18	特別問題を抱える発展途上国	80
表1-19	国連特別救援措置	82
表1-20	ＩＭＦ構造調整プログラム	88
表1-21	主な地球環境条約	91
表1-22	グローバル・パートナーシップ形成のための行動アジェンダ	94
表1-23	2015年までに実現すべきミレニアム開発目標，2005年	97
表1-24	政府開発援助（ＯＤＡ）の対国民総所得ＧＮＩ比と１人当たり負担額	106
表1-25	国際組織の地球的取り組み	111
表1-26	ハイレベル諮問委員会の安全保障理事会改革案，2004年	116
表1-27	主要な国際年	117
表1-28	国際の10年	118
表1-29	加盟国からの選挙支援要請，1990－1996年7月	121
表1-30	日本が参加した選挙監視活動	124
表2-1	米国・ロシア・中国・日本・エドプト・インド相互の一致度	173
表2-2	日本の自由主義主要国との一致度	173
表2-3	日本との一致度（上位30カ国，下位10カ国）	174
表2-4	米国との一致度（上位30カ国，下位10カ国）	176
表2-5	エジプトの一致度（上位30カ国，下位10カ国）	178

表 2-6	第55総会（2000年）の中国・日本投票行動の一致状況	180
表 2-7	第56総会（2001年）の中国・日本投票行動の一致状況	181
表 2-8	米国・英国・フランス・中国・ロシア・日本・エジプト・インドの投票状況（賛成率・反対率・棄権率）	223
表 2-9	主要国の一致度平均値	223
表 2-10	1〜5カ国反対で成立の決議の件数	223
表 2-11	第49総会（1994年）の1〜5カ国反対で成立決議の内容と主要反対国	224
表 2-12	第55総会（2000年）の1〜5カ国反対で成立決議の内容と主要反対国	225
表 2-13	第56総会（2001年）の1〜5カ国反対で成立決議の内容と主要反対国	226
表 2-14	棄権40カ国以上で成立決議の件数（第15総会以降）	227
表 2-15	棄権40カ国以上で成立決議の内容と主要棄権集団	227
表 3-1	国際システムの新しい次元	231
表 3-2	経済社会理事会における協議資格のNGO数	247
表 3-3	世界社会運動の展開	261
表 3-4	地球市民運動としてのNGO	261
表 3-5	環境問題のグローバル・ガバナンス	270

主要加盟国の一致度クラスター解析 150
  図2-1　1946-50年　　　　図2-2　1951-60年
  図2-3　1961-70年　　　　図2-4　1971-80年
  図2-5　1981-90年　　　　図2-6　1991-95年
  図2-7　1996-2000年　　　図2-8　2001年
  図2-9　全体

主要加盟国の一致度主成分解析 152
  図2-10　1946-50年　　　　図2-11　1951-60年Ⅰ
  図2-12　1951-60年Ⅱ　　　図2-13　1961-70年Ⅰ
  図2-14　1961-70年Ⅱ　　　図2-15　1971-80年
  図2-16　1981-90年　　　　図2-17　1991-95年
  図2-18　1991-2001年　　　図2-19　1996-2000年
  図2-20　2001年　　　　　　図2-21　全体

全加盟国の一致度クラスター解析 154
  図2-22　1946-50年　　　　図2-23　1951-60年
  図2-24　1961-70年　　　　図2-25　1971-80年
  図2-26　1981-90年　　　　図2-27　1991-95年
  図2-28　1996-2000年　　　図2-29　2001年

全加盟国の一致度主成分解析 162
 図2-30 1946－50年   図2-31 1951－60年
 図2-32 1961－70年   図2-33 1971－80年
 図2-34 1981－90年   図2-35 1991－2001年
 図2-36 2001年Ⅰ   図2-37 2001年Ⅱ
 図2-38 2001年Ⅲ   図2-39 全体Ⅰ
 図2-40 全体Ⅱ   図2-41 全体Ⅲ
 図2-42 全体Ⅳ

主要非同盟国の一致度クラスター解析 164
 図2-43 1946－50年   図2-44 1951－60年
 図2-45 1961－70年   図2-46 1971－80年
 図2-47 1981－90年   図2-48 1991－95年
 図2-49 1996－2000年 図2-50 2001年
 図2-51 全体

主要非同盟国の一致度主成分解析 166
 図2-52 1946－50年   図2-53 1951－60年
 図2-54 1961－70年   図2-55 1971－80年
 図2-56 1981－90年   図2-57 1991－95年
 図2-58 1996－2000年 図2-59 2001年
 図2-60 全体

主要アジア加盟国の一致度クラスター解析 187
 図2-61 1946－50年   図2-62 1951－60年
 図2-63 1961－70年   図2-64 1971－80年
 図2-65 1981－90年   図2-66 1991－95年
 図2-67 1996－2000年 図2-68 2001年
 図2-69 全体

主要アジア加盟国の一致度主成分解析 188
 図2-70 1946－50年   図2-71 1951－60年Ⅰ
 図2-72 1951－60年Ⅱ   図2-73 1961－70年
 図2-74 1971－80年   図2-75 1981－90年
 図2-76 1991－2000年 図2-77 2001年
 図2-78 全体

主要中東加盟国の一致度クラスター解析 194
 図2-79 1946－50年   図2-80 1951－60年
 図2-81 1961－70年   図2-82 1971－80年
 図2-83 1981－90年   図2-84 1991－2000年
 図2-85 2001年   図2-86 全体

主要中東加盟国の一致度主成分解析 195
 図2-87 1946－50年   図2-88 1951－60年
 図2-89 1961－70年   図2-90 1971－80年
 図2-91 1981－90年   図2-92 1991－2000年
 図2-93 2001年   図2-94 全体

主要アフリカ加盟国の一致度クラスター解析 201
 図2-95 1946－50年   図2-96 1951－60年
 図2-97 1961－70年   図2-98 1971－80年
 図2-99 1981－90年   図2-100 1991－2000年
 図2-101 2001年   図2-102 全体

主要アフリカ加盟国の一致度主成分解析 202
 図2-103 1946－50年 図2-104 1951－60年
 図2-105 1961－70年 図2-106 1971－80年
 図2-107 1981－90年 図2-108 1991－2000年
 図2-109 2001年   図2-110 全体

主要ヨーロッパ加盟国の一致度クラスター解析 208
 図2-111 1946－50年 図2-112 1951－60年
 図2-113 1961－70年 図2-114 1971－80年
 図2-115 1981－90年 図2-116 1991－95年
 図2-117 1996－2000年 図2-118 2001年
 図2-119 全体

主要ヨーロッパ加盟国の一致度一致度主成分解析 209
 図2-120 1946－50年Ⅰ 図2-121 1946－50年Ⅱ
 図2-122 1951－60年Ⅰ 図2-123 1951－60年Ⅱ
 図2-124 1961－70年   図2-125 1971－80年Ⅰ
 図2-126 1971－80年Ⅱ 図2-127 1981－90年
 図2-128 1991－95年   図2-129 1991－2001年

図 2-130　1996 − 2000 年　　　　図 2-131　2001 年
　　図 2-132　全体 I　　　　　　　　図 2-133　全体 II

主要米州加盟国の一致度クラスター解析 215
　　図 2-134　1946 − 50 年　　　　　図 2-135　1951 − 60 年
　　図 2-136　1961 − 70 年　　　　　図 2-137　1971 − 80 年
　　図 2-138　1981 − 90 年　　　　　図 2-139　1991 − 95 年
　　図 2-140　1996 − 2000 年　　　　図 2-141　2001 年
　　図 2-142　全体

主要米州加盟国の一致度主成分解析 217
　　図 2-143　1946 − 50 年　　　　　図 2-144　1951 − 60 年
　　図 2-145　1961 − 70 年 I　　　　図 2-146　1961 − 70 年 II
　　図 2-147　1971 − 80 年 I　　　　図 2-148　1971 − 80 年 II
　　図 2-149　1981 − 90 年　　　　　図 2-150　1991 − 95 年
　　図 2-151　1991 − 2001 年　　　　図 2-152　1996 − 2000 年
　　図 2-153　2001 年　　　　　　　図 2-154　全体

図 3-1　グローバル化状況 265

第1章 冷戦世界と国際連合

1．国際連合の課題

a）国際連合の3つのモデル

　第2次世界大戦の勃発によって事実上解体した国際連盟に代わって，1945年10月国際連合が設立され，世界平和の実現と諸国民の福祉増進を主目的とした普遍的／一般的世界機構として活動に入った。

　20世紀は民主主義の世紀であった。そこでは，デモクラティク・ピース論が展開された[1]。その民主主義は，ほとんどの国家，集団，および個人が人類にとって価値あるものとして理解され，その実現を目指した。現下の国際環境では，政治・経済・文化のグローバル化と国家・人民の相互依存の深まりで，地球的民主主義のトランスナショナルな空間での展望が提示されており，国際社会の課題としての民主主義への取り組みが進展をみせる一方，普遍的世界機構としての国際連合機構の民主化も求められている。

　国家の民主化とトランスナショナルな民主化は普遍的世界機構として国際連合が追求してきたところであった。その民主主義思想は近代ヨーロッパに淵源し，人民主権が人類普遍の統治原理として認められ，アメリカ革命を経て普遍化してきた。イマヌエル・カントの思想を通じて[2]，諸国家の民主主義体制への移行と主権国家の平等な国家間関係に基づいた民主主義共同体が構想された。その課題は，ウッドロー・ウィルソン米大統領が提唱した民族自決の世界秩序[3]，また欧州審議会[4]や全欧安保協力会議[5]に

おける民主主義原則の秩序でも追求された[6]。

そこでは,主権国家の平等と互恵,民族自決権と内政不干渉,そして集権的な世界国家への展望が,国際的民主主義の課題として提起されてきた。そして最後の展望としては世界連邦運動に始まり,諸国家により構成される国連総会とは別の世界の諸人民により構成される人民議会を設けるべきだとの動きがあり[7],欧州議会への人民の参加[8],ないしはプレ軍縮総会,プレ環境問題国際会議の形式で,それは現に実現をみてきた。

事実,第1次世界大戦後の国際連盟や第2次世界大戦後の国際連合といった世界機構では,こうした思想が大きく反映されていた。民主主義諸国共同体や世界連邦政府の設立は,その目標に向けた第一歩であった。それは,国家の民主化と自決を委ねるものであり,トランスナショナルな民主的政府を志向するものであった。もっとも,冷戦で,その民主主義のイデオロギーが争点となり,そのイデオロギーをめぐる対決の前に内政干渉もほしいままにされたことから,地球的民主主義の議論は進展をみなかった。しかし,東欧・ソ連共産圏の崩壊と地域化および地球化の深化とともに,デビッド・ヘルドによって指摘されたように,直接民主政と政治の終焉モデルが失敗し,多元主義モデルへ移行するとともに,参加民主政モデルが適用されるに至り,市民社会の活動を発揮させた民主的自律性モデルの拡大を通じて,コスモポリタン(世界市民)モデルが提起されるところとなった[9]。

こうした民主化を反映した民主主義のモデルは,以下の3つにあった[10]。

(1)その第1モデルはウェストファリア・モデルで,主権国家が対内的に排他的支配を確立し,対外的には平等である主権国家の均衡状態にある主権国家システムである[11]。このモデルでは,国家を単位とする主権者たる国民の集合として国際機構モデルが把握され,国民の意思を代表した主権国家の代表によってトランスナショナルな民主的政治過程が展開される

ことになる。政府間機構,外交会議,国家間交流がそれである。

そこでは,トランスナショナルな参加において,平等性は多様である。単純多数決制に限定されず,加重評決制,拒否権,コンセンサス制がとられる。国家の政治体制も同様に多様である,というのも,民主的政治体制の実現と貫徹は国家そして人民に委ねられているからである。ただし,人民の参加は国家の枠に結晶する。それで,国家の内政への干渉の文脈では,国際的民主化支援は国家間関係を脅かすものとして警戒される。したがって,このモデルは厳密には,国家間関係を基軸とした国際政治モデルでしかない。そこでは,1970年の「友好関係原則宣言」が不可欠とされ,安全保障理事会における拒否権の廃止が議論に上った。結局,形式的な主権国家の平等が規範とされるにもかかわらず,国家の不平等は現実態で,加えてその主権国家の存在から地球的民主主義の追求は矛盾をかかえるものとなってしまった。

(2)第2モデルは世界連邦モデルである。諸国家の上位に集権的な世界政府が存在するという合衆国政治モデルである[12]。世界政府が課税・治安・軍隊などの国際的権限を有することで,国家間対立,なかんずく世界戦争を防止し,地球規模の問題の効果的な解決を可能にするというものである[13]。これは,民主主義の普遍的適用をもって,国際組織の世界政府が主役となるところの,世界大の1つの国民を想定したものといってよい[14]。かくて,共通の政治・価値・文化が享有され,世界市民としてのアイデンティティが醸成される。超国家議会への世界市民の参加が可能となり,世界政府の民主的支配が確立する[15]。

その世界政府の実現は,自由な国家連合を経て世界連邦の実現をみるが,これは新機能主義による超国家権威への国家主権の委譲といえるもので,政治的なスピール・オーバー効果によって実現できる[16]。欧州統合の実験とその現実的な成果が,この政治過程を立証してきた。もう1つの道は,

アメリカ連邦国家モデルによる国家間の法的約束(条約の締結や憲法文書の採択)によって実現するというものである。いずれの場合も,共通のアイデンティティの形成とともに共同体創出の政治的手続きが必要である[17]。

国際連合を世界連邦へと発達させる構想は多くの関心を集めてきた。しかし,国民の文化的・経済的条件を地球全体で収斂させることは,極めて難しい。いわんや,一定の諸国家間の政策的合意を主権委譲の合意へと転化させるといった政治的手続きは容易でない。というのは,国家は依然,人民の生活単位における最大の安全弁であり基礎であるからである。欧州共同体→欧州連合では,超国家官僚制の育成に成功し,キリスト教ヨーロッパ国民共同体の樹立に成功したが,それが世界における多様な宗教的・文化的アイデンティティの糾合の先例とはならない[18]。この意味では,世界連邦の形成は極めて困難であるといわざるをえない。

(3)第3のモデルは民主主義諸国家共同体モデルといえるもので,これはウェストファリア・モデルと世界連邦モデルの中間モデルとされる[19]。そこでは,ウェストファリア・モデルの主権国家の共存と世界連邦モデルのトランスナショナルな国際組織や政治過程の二重構造が交叉して成立し作用する。国家モデルでは,国家の民主化が要件とされ,国家間の交流が盛んで,国家間民主主義,そしてトランスナショナル民主主義が活発に機能する。それと交叉して,政府間組織とか国際レジームを通じて積極的な国際協力があり,トランスナショナルな国際管理や問題解決が地域的に地球大に追求される。そこでの主権者は各国家の人民の集合体にあって,「諸人民」あるいは「諸国民の共同体」という表現で,これまで是認されてきた。国際連合を通じた選挙支援活動,国際的合意による軍備管理や治安の維持は,民主主義諸国家共同体の代表的な政治過程といえるものである[20]。

現在,世界では,国内社会とトランスナショナル社会とが交叉した個人

（地球市民）の団体／共同体が形成されており，国家社会を横断した市民社会の活動が機能している。これは民主主義市民社会の地球的拡散を意味しており，そこでは，個人の自由・結社の自由・企業の自由が貫徹している一方で，それら個人・集団が国家権力あるいはトランスナショナル権力を抑制し均衡させる機能を果たしていることに注目しなければならない。つまり，市民社会がトランスナショナルに拡大して存在し，共通の課題に取り組み，そして協力による問題解決を図るという次元が機能しているのである。その拡大された社会は，私的な領域のみでなく，その延長線上に公的な領域において国家のなかの政府の役割と同様に「国際政府」の役割が成立している。つまり，そこでの民主主義的機能は国家社会の延長線上にあって，トランスナショナルな組織体が上位の支配権力として操作することは厳しく限定され，その支配は許されない。一方，相対的な機能的平等が取り上げられているが，それは，そうしたトランスナショナルな組織体の本質にある。つまり，それは，実質的平等の達成にある。

そして，この民主主義諸国家共同体モデルの位置づけは，以下の通り整理される。

1. それは，ウェストファリア・モデルと同様に，国家間の主権平等の国際関係を維持し，それを促進するものである。それに代替するものではない。
2. それぞれの欲求ないし解決において成立した国際組織が国際協力や国際問題の解決を通じて，市民の国際共同体を展望し，構築し，機能させる役割を担う。
3. それによって国家の民主化が促進され，国際的民主主義が貫徹し，地球的民主主義を実現するところとなる。

そのモデルとしては，欧州審議会（人権措置など），全欧安保協力機構（新しいヨーロッパのためのパリ憲章，1990年11月），米州機構（パン・ア

メリカ民主憲章，2001年），また列国議会同盟（民主主義に関する普遍的宣言，1997年）などの活動の成果があり，前国連事務総長ブトロス・ブトロス・ガリの報告「民主化への課題」（1996年）はその大きな問題提起であった。さらに，1999年の民主主義への権利に関する国連人権委員会決議1999／57の採択，2000年に開催された「民主主義諸国共同体に向けて」の諸国家会議のワルシャワ最終宣言，および2002年の同第2回会議のソウル行動計画における取り組みの課題もそこにある。

　その市民社会モデルの文脈では，そうした地球的民主主義の合意が醸成されている一方，国家や国際組織に対して協力的というよりもむしろ対決的な世界にあって，国際的に弱者の立場を代弁した運動がある。そこでは，草の根運動のスタイルがとられ，国家の民主化とか国際社会の民主化に対して社会の下からの組み換えが追求される。これが原型を形成しており，その運動は，弱者や少数者を代表する集団へのエンパワーメントを基本戦略[21]とし，現下の地球的構造の根本的是正をその課題としている[22]。民主主義諸国家共同体モデルのグローバル化とともに，これに拮抗してトランスナショナル社会運動とネットワークによるNGOのアナーキカルで連帯的な直接行動が注目されている[23]。

　この第3モデルに従う国際連合の形成合意について，以下，論じるところで，国際連合の射程も，地球的民主主義の形成を通じて大きく変容している。そこでの国際連合への期待は，諸国家の欲求を反映している以上に，「われら地球市民」を求める地球市民としての成長とともにグローバル・ガバナンスを現実のものとしつつある。

b）戦勝国体制としての国際連合

　国際連盟に代わる新しい国際平和維持機構の創設が最初に取り上げられたのは，太平洋戦争の勃発からほどない1941年8月の大西洋憲章（米英共

同宣言)においてであった。それは米国の孤立主義からの転換にあった。フランクリン・ルーズベルト米大統領は新たな新しい国際平和機構の創設には疑問をもっていたが，それは米国内での疑念と反対を懸念していたからであった。ウィンストン・チャーチル英首相は，1943年2月ルーズベルトに対し「朝の思索——戦後安全保障に関する一覚書」と題する機構草案を送付した[24]。だが未だ，米国がヨーロッパ機構の加盟国となるのには抵抗があった。その一方で，ジョセフ・スターリンへの警戒以上に国際的危機に対する戦後計画への構想が強かった。1943年7月ケベック米英首脳会談に米国が提出していた平和機構案が10月モスクワ米・英・ソ3国外相会議に付託され，これが「普遍的安全保障に関する4国宣言」として成立した（中国は最終日に署名した）。ここに，国際機構は普遍的機構とする合意が成立し，ソ連の参加も確実となり，その機構を主導する安全保障理事会常任理事国の地位も固まった[25]。11～12月テヘランの英・米・ソ首脳会談で，ルーズベルトはこれを，中国を加えて「4人の警察官」構想と称した。これは，米国と英国が「世界の警察官」であることを自認したものであった。もっとも，ルーズベルトには，フランスを「世界の警察官」に加える考えはなかった。その構想は，大西洋憲章参加の反枢軸連合国の全構成国35カ国で構成される総会，および世界の問題を討議する執行委員会を設け，その執行委員会は前記4カ国およびヨーロッパ2カ国，南アメリカ1カ国，中東1カ国，極東1カ国で構成されることになっていた。当然に，4人の警察官が平和の侵害に対する権限を有する強制機関となる予定であった[26]。こうしてルーズベルトは，ソ連を警察官の1人とすることで，スターリンを引き入れようとしたのであった。連合軍のノルマンディ上陸作戦における共同行動の結果，1944年10月米・英・ソはフランス共和国臨時政府を認めたが，というのは，チャーチルはルーズベルトとスターリンのフランスの軽視に反発したからであった。チャーチルの真意は，ドイツの

敗北でヨーロッパに勢力均衡の真空が生じることを懸念したからであった。皮肉にも，その懸念通りに，分断された東欧共産圏が成立してしまった。

　1943年8月～10月ワシントン郊外のダンバートン・オークス邸で「普遍的国際機構に関する提案」の検討が始まり，他国が利用できる拒否権の範囲が問題となった。すでに5カ国の拒否権行使は合意されていたものの，ソ連はいかなる行動をも阻止できる権利があると主張した。それは，安全保障理事会における5カ国全会一致の必要性をどこまで認めるかの議論であった。常任理事国1国の票が他の4カ国と異なっても，安全保障理事会の決定に影響を与えないというのが，米国および英国の立場であった。これに対して，ソ連は，あらゆる決定は大戦の戦勝3大国の意見の一致をみなければならず，フランスも中国も大国と同一の権利を享受すべきであるとした。つまり，5大国の一致と全会一致が得られなくば，拒否権の行使も許容されるべきだというわけであった。さらに，8月のダンバートン・オークス会議で，ソ連代表アンドレイ・A・グロムイコは新機構における16票の表決権を要求した。すなわち，ソ連邦を構成する15共和国とソ連の計16カ国が原加盟国になることを要求した。加盟国問題は，米・英・ソのあいだで連合国および平和愛好国に解放され，原加盟国は連合国（およびそれに協力した諸国）とすると決まった。ダンバートン・オークス提案には，自衛権の規定はなかったが，中国が抑止権としての侵略的行為に関心を払い，米国がそれは脅威に含まれるとしたことで，この問題は落着した[27]。

　ソ連は翌44年2月ヤルタ会談で拒否権問題を持ち出し，拒否権が認められ，いま1つの16票要求問題はソ連の4票（ソ連，ウクライナ，ベロロシア，リトアニア）の要求に対し，リトアニアを除く3票とすることで決着した[28]。ヤルタ会談では，ポーランド問題，ドイツの賠償問題，信託統治問題などが討議され，共同声明の段階で，3国首脳は，ソ連が対日戦争に

参加するための条件に関する協定(秘密協定)を調印して会談を終えた[29]。

　ダンバートン・オークス会議の提案は,アルゼンチン(親枢軸扱い)を除くラテンアメリカ諸国に送付された。米州諸国の関心は,国家平等原則の保持と全米制度の維持にあった。それで,1945年2月メキシコシティのチャプルテペック会議では,米国提出の全米制度発展強化決議案に全米諸国が反対し,その問題は強制措置を地域機構がとることを禁じていたのをチャプルテペック協定で改めて認めることで解決したが,その論点は国際連合憲章第51条の集団自衛権を容認したものであった[30]。そして,不参加のアルゼンチンの参加問題は,米国が解決することで落着した(アルゼンチンは,早速,枢軸国に宣戦布告し,米国と国交を回復して解決した)。

　1945年4~6月に国際機構に関する連合国会議(サンフランシスコ会議)が開催され,中小国の抵抗で総会強化の努力が重ねられ,拒否権問題では憲章改正の条項にまで拒否権が適用されることに中小国が反発し,大国の固執も拒否権の存在にかかわるだけに強く抵抗し,第109条の規定に落ち着いた[31]。チャプルテペック会議で約束された地域取決めの問題は,憲章第51条として処理された。また,1900年結成の国際労働法制協会には政府代表と並んでNGOの代表も参加しており,国際労働機関(ILO)では,職能代表権が認められていた。この議論が想起され,NGOの国連参加を規定した憲章第71条が挿入された。英国はILOを憲章のなかに位置づけようとしたが,ILOの特別扱いには反発があり,それは成功しなかった。もっとも,ソ連はILOに参加していなかった。米労働総同盟(AFL)の参加問題が警戒されたが,そこでの取決めは関係の加盟国と協議した後に国内団体と行うことができるとの一文を加えて,ソ連の支持を得て終わった。いま1つの争点は国内管轄権の問題で,それは国際連盟規約では排除されていたが,同様の扱いとなった(憲章第2条7)。最後に,加盟国は平和愛好国に開放されるとなっていたが,加盟は多数の反対で拒否され

第1章　冷戦世界と国際連合　9

ることが容認され，大国の拒否権が適用された。

なお，憲章には，「第2次世界大戦中にこの憲章のいずれかの署名国の敵であった国」に対する敵国条項（憲章第53条1項但書）があり[32]，現在もそのままである[33]。この条項については，皮肉にもベルリン問題，朝鮮統一問題，ブルガリア・ルーマニア・ハンガリーの平和条約違反問題など，戦後処理に関する問題が国際連合に持ち込まれたとき，ソ連が，この条項（憲章第107条）を援用して，国際連合の介入を阻止するのに利用されてしまった。

国際連合は普遍的世界機構を企図したが，その発足を前にして1945年4月死去したルーズベルトの平和への希望を，同年10月発足とともに崩してしまう暗雲があった。というのも，そこには，既に表面化しつつあった冷戦の要素がみられたからであった。

【注】
(1) Bruce Russet, *Grasping the Democratic Peace: Principles for a Post-Cold War World,* Princeton: Princeton U. P., 1993.鴨武彦訳『パクス・デモクラティア——冷戦後世界への展望』東京大学出版会，1996年。土佐弘之「知的植民地主義としてのデモクラティク・ピース論」平和研究，第22号，1997年。猪口邦子「デモクラティク・ピースに関する批判的考察」上智法学論集，第42巻第2号，1998年。
(2) Immanuel Kant, *Zum ewigen Frieen, ein philosophischer Entwurf,* 1795.高坂正顕訳「永遠平和の為に——哲學的草案」，『一般歴史考其他』カント著作集13，岩波書店，1926年。高坂訳『永遠の平和の為に』岩波文庫，岩波書店，1949年。伊藤安二訳『永久平和——1つの哲学的試論・1795年』研進社，1947年。宇都宮芳明訳『永遠平和のために』岩波文庫，岩波書店，1985年。土岐邦夫訳「永遠の平和のために——イマヌエル・カントによる哲学的草案」『世界の大思想11カント〈下〉』河出書房新社，1970年。
(3) 進藤栄一『現代アメリカ外交序説——ウッドロー・ウィルソンと国際秩序』創文社，1974年。草間秀三郎『ウッドロー・ウィルソンの研究——とくに国際連盟構想の発展を中心として』風間書房，1974年。
(4) Kenneth J. Twitchett ed., *European Co-operation Today,* London: Europa

Publication, 1980. Ralph Beddard, *Human Rights and Europe: A Study of the Machinery of Human Rights Protection of the Council of Europe*, London: Sweet & Maxwell, 1980. さらに，以下をみよ。*Activities of the Council of Europe: Report of the Secretary General*, Strasbourge: Council of Europe, 1993, 2000.

(5) 吉川元『ヨーロッパ安全保障協力会議（ＣＳＣＥ）——人権の国際化から民主化支援への発展過程の考察』三嶺書房，1994年。

(6) 国際法学会編『日本と国際法の100年　10安全保障』三省堂，2001年，第1章国際安全保障。

(7) Grenville Clark & Louis B. Sohn, *World Peace and through World Law*, Cambridge: Harvard U. P., 1966.三上貴教「地球人民議会あるいは国連大に総会創設構想の位相」修道法学，第23巻第2号，2001年。リチャード・フォーク，アンドリュウー・ストラウス「グローバル議会の設立を提唱する」論座，2001年4月号。

(8) 児玉昌己『欧州議会と欧州統合——EUにおける議会制民主主義の形成と展開』成文堂，2004年。

(9) David Held, *Models of Democracy*, Oxford: Polity Press, 1996.中谷義和訳『民主政の諸類型』御茶の水書房，1998年。

(10) 杉浦功一は，3つのモデルを含めて5つのモデルを提起している。杉浦『国際連合と民主化——民主的世界秩序をめぐって』法律文化社，2004年，第2章。

(11) 明石欽司「欧州近代国家形成期の多数国間条約による『勢力均衡』の概念」法学研究，第71巻第7号，1998年。

(12) 吉原正八郎『世界政府の基礎理論』理想社，1962年。

(13) 横田喜三郎『世界國家の問題』国友社，1948年。田畑茂二郎『世界政府の思想』岩波書店，1960年。下中弥三郎『世界連邦』元々社，1964年。田中正明『世界連邦・その思想と運動』平凡社，1974年。

(14) James A. Yunker, "Rethinking World Government: A New Approach," *International Journal on World Peace*, Vol. 17 No. 1, 2000.

(15) 小谷鶴次『戦争放棄から世界連邦へ』ＴＯＳＩＮＤＯ出版サービス，1990年，第3部。神野清『世界連邦へのプロセス』晃洋書房，1991年，第6章。

(16) Philigge C. Schmitter, "A Revised Theory of Regional Integration," *International Organization*, Vol. 24 No. 4, 1990. 浦野起央『国際関係理論史』勁草書房，1997年，285-288頁をみよ。

(17) Ernst B. Haas, *The Uniting of Europe: Political, Social, and Economic Forces, 1950-57*, Stanford: Stanford U. P., 1958.

(18) The Report of the Commission Global Governance, *Our Global Neighbourhood*, Oxford: Oxford U. P., 1975.京都フォーラム監訳『地球リーダシップ——新しい秩序をめざして』日本放送出版協会，1995年，22頁。

(19) Ａ・フォンセカ・ピメンテル，加藤三代子訳「民主的世界政府と国連」Ⅰ～Ⅵ，

新しい世界, 1982年8月号〜1983年1月号。

(20) 渡部茂己「新国際秩序と国連総会の意志決定手続――諸改革案の検討を中心として――」国際政治103『変容する国際社会と国連』1993年。渡部「国連の民主化」, 臼井久和・馬橋憲男編『新しい国連――冷戦から21世紀へ』有信堂, 2004年。

(21) Thierry Verhelst, *Des raciness pour vivre*, Paris: Duculot, 1987.片岡幸彦訳『文化・開発・ＮＧＯ――ルーツなくしては人も花も生きられない』新評論, 1994年。John Friedomann, *Empowerment: The Politics of Alternative Development*, Basil Backwell, 1992.齋藤千弘・雨森孝悦監訳『市民・政府・ＮＧＯ――「力の剥奪」からエンパワーメントへ』新評論, 1995年。Caroline O. Moser, *Gender Planning and Development: Theory, Practice and Traning*, London: Routledge, 1996.久保田賢一・久保田真弓訳『ジェンダー・開発・ＮＧＯ――私たち自身のエンパワーメント』新評論, 1996年。片岡幸彦編『人類・開発・ＮＧＯ――「脱開発」は私たちの未来を描けるか』新評論, 1997年。

(22) L'Asociation ATTAC, *Tout sur ATTAC*, Paris: Fayard, 2001.杉村昌昭訳『反グローバリゼーション民衆運動――アタックの挑戦』柘植書房新社, 2001年。ATTAC (Susan George), *Remettre l'OMC à sa place*, Paris: Mille et Une Nuits, 2001. 杉村昌昭訳『ＷＴＯ徹底批判！』作品社, 2002年。

(23) Barbara Epstein, "Anarchism and the Anti-Globalization Movement," *Monthly Review*, September 2001.

(24) Winston S. Churchill, *The Second World War*, Vol. 4: *The Hinge of Fate*, Boston: Houghton Mifflin, 1950, pp. 711-712.

(25) 角田順「国際連合の形成とローズベルトの『雄大な構想』(1)・(2)」国際法外交雑誌, 第52巻第6号, 第52巻第1・2号, 1948–49年。

(26) Ruth B. Russel, *A History of the United Nations Charter: The Role of the United States 1940-1945*, Washington, DC: Brookings Institution, 1958. 加藤俊作『国際連合成立史』有信堂, 2000年。

(27) U. S. Department of State, *Postwar Foreign Policy Preparation 1939-1945*, Washington, DC: USGPO, 1949.

(28) Edward R. Stettinius, *Roosevelt and Russians: The Yalta Conference*, Garden City, New York: Doubleday, 1949/ London: Jonathan Cape, 1950.中野五郎訳『ヤルタ會談の秘密』六興出版社, 1953年, 第7章, 第10章。

(29) Walter Jhonson ed., *Roosevelt and the Russians: The Yalta Conference*, London: Jonathan Cape, 1950/ Westport: Greenwood Press, 1970. Forrest G. Pogue, Charles F. Delzell, & George A. Lensen eds., *The Meaning of Yalta: Big Three Diplomacy and the New Balance of Power*, Baton Rouge: Louisiana State U. P., 1956. 遠藤晴久訳『ヤルタ会談の意義――三大国外交と新しい力の均衡』桐原書店, 1977年。Arthur Conte, *Yalta ou le partage du monde (11 fevrier 1945)*, Paris: Robert

Laffnt, 1964.山口俊章訳『ヤルタ会談＝世界の分割——戦後体制を決めた8日間の記録』サイマル出版会，1986年。Russel D. Buhite, *Decisions at Yalta: An Appraisal of Summit Diplomacy,* Wilmington: Scholarly Resources, 1986.

(30) 米国としては，安全保障理事会が麻痺した場合に，それに対応するのは地域取決めではなく，自衛権の発動であって，大国一致の原則で，大国の単独行動を阻止できる，と考えていた。西崎文子『アメリカ冷戦政策と国連1945‐1950』東京大学出版会，1992年，25頁。

(31) 内田久司「『拒否権』の起源」東京都立大学法学会雑誌，第5巻第1号，1964年。

(32) 第10総会で再検討することとし，その全体会議は，総会構成国の過半数および安全保障理事会の7理事国の投票によって開催を決定するとされた。当時は，当然に，それが議論される状況ではなかった。

(33) この敵国条項は現在も憲章のなかに存在しているが，憲章の検討を通じ1995年12月11日の総会決議50／52で同条項の死文化（第108条の削除問題）が確認された。鄭啓・李鉄城『聯合国大事編年1945‐1996』北京，北京語言文化大学出版社，1998年，325頁。

2．冷戦世界と国際連合

a）米国と国際連合

　国際連合は，戦後の平和機構として，米国が主導して創設された。しかし，そのアメリカニズムのドクトリンにもかかわらず，1960年代以降，南の諸国が大量に加盟して米国の操作ができなくなると，米国は拒否権を発動し，また分担金の支払いに抵抗し，国際連合を機能不全としてきた。にもかかわらず，冷戦の終焉で米国がユニラテラリズムへ移行すると，国際連合を最大限に活用し，2003年3月湾岸戦争となった。

　国際連合に対する期待は，米国内でも加盟国のあいだにおいても高かったが，だが，1946年2月2日ジョージ・フロスト・ケナン駐ソ米臨時代理大使が送った電報で[1]，戦後の混乱を利用してソ連が膨張主義的活動に出る可能性を指摘して以来[2]，国際的環境は大きく揺らぐことになった。冷戦状態の出現である。そこでは，世界の平和を維持するための世界的機関としての国際連合のなかに冷戦が持ち込まれることになった。1946年1月ロンドンで開催の第1総会では，ソ連がイラン領内のアゼルバイジャン分離運動を工作しているとのイランの指摘に乗じて，米国はイランを支持してソ連と対決し，他方，ソ連は米国の第一の同盟国英国がすでにギリシャの内政に干渉していると厳しく非難し，さらに，ソ連の一部，ウクライナが英国はオランダ領東インドの独立運動を弾圧しているとまで非難した。

　これ以上に国際連合を長期にわたって混乱させたのは，東西対決を明確にして新規加盟国をめぐり米国，ソ連がそれぞれ勢力圏を維持する立場から，相互に拒否権を発動したことであった。米国はアルバニアとモンゴルの加盟に反対し，ソ連は，米国側に列するアイルランド，ポルトガル，ヨルダンの加盟に反対した。これにより，1953年までに21カ国の加盟申請が保留となった。日本の加盟申請も，1952年6月ソ連が拒否権を行使した

表1-1 安全保障理事会における拒否権の行使

期間	中国	フランス	英国	米国	ソ連／ロシア	計
1946-55	1	2	0	0	80	83
1956-65	0	2	3	0	26	31
1966-75	2*	2	10	12	7	33
1976-85	0	9	11	34	6	60
1986-95	0**	3	8	24	2	37
計	2	18	32	78	121	254

(注) ＊ 1966-75年の1回は中華民国，したがって中華人民共和国は1回である。
　　＊＊ 中国は1991年に2回，1992年に9回，棄権した。

(1956年12月日本は国連加盟を達成した)。ソ連は西側と連繋した諸国の加盟を拒否し，1946年から1955年までの安全保障理事会での拒否権行使は延べ80回に及んだ。

　国際連合にとって最初の試練は，1950年の朝鮮戦争であった。ソ連が新中国の国連代表権が認められないことに抗議してヤコブ・A・マリク・ソ連国連大使が欠席していたため，米国の主導で北朝鮮を侵略者とし，38度線以北への北朝鮮撤退を要求した決議84 (1950) が採択され，朝鮮国連軍が成立した。さらに，1950年11月，ソ連代表団の国連復帰を想定して，安全保障理事会が機能しなくなった場合に，24時間以内に総会が平和の維持のための問題に対処するとした「平和のための結集」決議377(Ⅴ)が成立した。朝鮮戦争は1953年7月休戦協定が締結されたが，その過程で，総会は北朝鮮側に立って参戦した新中国を侵略者と非難する決議498(Ⅴ)も1951年2月に採択され，同時に新中国の国連代表権を葬り去った。

　米国は，以来，1960年代まで中国代表権問題の棚上げに成功した。しかるに，すでに1956年に第三世界諸国の国連加盟比が35％を越えていた状況下に，1960年におけるアフリカ諸国の大量加盟で，米国側は，共産中国の代表権成立を封じるために，中国代表権を変更する提案の成立には加盟国の3分の2の多数を要する重要事項であるとした決議の採択で処理した。

第1章 冷戦世界と国際連合　15

この重要事項指定決議も，1970年11月の総会で中国招請・国民政府追放決議案が賛成76対反対35，棄権17をもって成立し（重要事項指定決議案は55対59，棄権15で不成立），中国は国連加盟国の地位を回復し（49-50頁をみよ），これにより1971年7月リチャード・ニクソン米大統領の訪中が公表され，翌72年1月それは実現した⑶。この訪中はベトナム戦争の解決に対する中国の関与を伏線に，米国として米中改善の実現を余儀なくされたところにあったが，その際，米国は，中国は1つであることを確認した。これは，新中国の成立，そして朝鮮戦争以来の，米国の対中国政策（台湾政権との同盟関係）の劇的な転換といえるものであった。

　米・ソの冷戦は，国際連合をも冷戦の場としてしまった。実際，米・ソの利害がかかわるところでは，双方が，とりわけソ連が拒否権を発動し，平和維持機関としての国際連合は機能しなかった。1964年の第19総会では，中東およびコンゴの平和維持費支配問題をめぐって米・ソが対立し，ウ・タント事務総長とアジア・アフリカグループの妥協工作で，採択を要する事項は取り上げないことで，審議に入った。これは，ソ連など共産国とフランスなど計16カ国がスエズ紛争・コンゴ紛争の国連軍経費を拒否した5年越しの問題にあった。こうした混乱で，職員の給料遅滞という国際連合の財政危機を招き，このため米国が憲章の第19条に照らして2カ年以上の分担金滞納国に対しては投票権を剥奪すべきとの強硬方針をとったことに，それが起因した。これに対し，ソ連は，平和維持費は憲章第43条および第48条に従い安全保障理事会決議に従うべきとして抵抗した。

　さらに，1960年代に多くのアジア・アフリカ諸国が国際連合に参加し，そして1960年代から70年代にかけ脱植民地化の動きがいよいよ活発化するなか，南北対立が顕在化し，ソ連の第三世界接近によるその対決は，その南北対立を利用する形でより強まった。1965年1月インドネシアの国連脱退は，すでに国連加盟国比50％を超えていた第三世界諸国の国際連合体制

表1-2 国連加盟状況

	原加盟国	1950.12	1960.12	1970.12	1980.12	1990.12	2002.12
先進国	9	11	17	17	18	18*	25
共産圏	6	6	7	10	11	11	24
ラテンアメリカ諸国	21	21	21	25	32	35	35
アジア・アフリカ諸国	15	22	52	75	93	96	107
計	51	60	100	127	154	159*	191

(注) バルト3国は先進国，中国，モンゴル，日本，南・北朝鮮はアジア・アフリカ諸国，イスラエル，マルタはアジア・アフリカ諸国の扱いとした。
　＊1990年に東・西ドイツ，および南・北イエメンの統合で，それぞれ加盟国は1国となり，旧ユーゴスラビアはセルビア・モンテネグロへの継承とした。

への不信・不満を爆発させたものであった。これに対し，米・英・フランスは植民地問題の解決に拒否権を発動し，米国は自らが占める平和維持費の国連分担率以上の支払いを拒否するまでにいたった。当然に，国際連合はその平和維持機能を十分に遂行できなくなったばかりか，総会決議の成立における米国と他の加盟国とのあいだの同調率も低くなり，その一方，ソ連と他の加盟国との同調率の度合いは高まるところとなり，米国など一部先進国の孤立がいよいよ深まった（第2章の国連投票の解析をみよ）。前述の中国代表権をめぐる米国戦略の失敗も，その投票行動における分裂という現実を反映していた。したがって，これ以降，米国の国際連合への姿勢は当然に冷淡なものとなっていった（表1-4をみよ）。

米国の国連政策ついての劇的な事件は，1970年3月ローデシア承認問題であった。英自治領南ローデシアが，少数白人支配体制強化のため1965年11月一方的独立を宣言し，これに対しアフリカ諸国が連帯してイアン・スミス白人政権に対する経済制裁決議が採択されてきた。1970年，アフリカ諸国を中心にローデシアとの実質的関係断絶を求める国連決議案が提出されたことで，ニクソン米政権は，ここに第三世界に対決して初めて拒否権を行使した[4]。それを主導したのは，アフリカ統一機構（ＯＡＵ）に結集

表1-3　米・ソの国連投票行動における一致の割合

	46-50	51-55	56-60	61-65	66-70	71-75	76-80	81-85	86	87	88	89	90
米国と世界全体	61.1	44.2	55.0	48.6	36.2	34.5	29.1	16.8	16.7	14.8	11.2	12.3	17.8
ソ連と世界全体	36.5	41.2	48.5	48.9	51.8	55.6	56.6	65.2	73.8	82.0	82.6	83.6	82.0
米国とソ連	25.8	25.5	32.8	29.4	22.3	32.7	20.9	12.1	13.1	10.1	6.6	8.7	15.5

（出所）浦野起央『国際社会の変容と国連投票行動1946～1985年　II 基礎データおよび各国投票行動分析』国際地域資料センター，1986年，265－272頁。浦野起央『国連総会投票行動の分析1986～1990年』国際地域資料センター，1991年，521－574頁。

表1-4　米国の国際連合をめぐる世論

年　　次	1964	1968	1972	1976	1980	1985	1991	1993	1995
米国は国際連合と協力すべきである	72	72	63	46	59	56	77	64	62
米国は国際連合と協力すべきでない	16	21	28	41	28	35	17	28	30

（出所）　Milton Morris, 'Searching for a New Domestic Consensus,' Robert L. Hutchings ed., *At the End of America Century: America's Role in the Post-Cold War World*, Washington, DC: The Woodrow Wilson Center Press/ Baltimore: Johns Hopkins U. P., 1998, p. 219.

したアフリカ諸国で，国際連合に占める勢力は30％以上であった。

　米国政府の国連政策は1960年後半以降，こうして国際連合に対して冷淡になっていたが，米国の世論は，アメリカニズムの国際主義を基盤に60％台の国際連合への協力支持をみせていた。しかし，ソ連のアフリカへの関与と第三世界諸国支持もあって，国際連合への不信から，議会内の反国連派が強いイデオロギー武装で国際連合を容共主義の温床とみるところとなり，孤立主義へと走った。その結果，米国は，アフリカ諸国の全面的な攻撃で国際連合の代表権を失っていた白人国家南アフリカとの連繋を深め，自ら国際連合での対決姿勢を強めていった。同様な行動は，パレスチナ問題における米国のイスラエル支持がそれで，ここでもソ連が同調した第三世界主導の国際世論と対決した。

　そこでの米国の政策は1980年代以降，人権外交の展開に特徴づけられた[5]。これは天安門事件に対する米国外交の勝利でもあった[6]。

　1991年，ソ連帝国の崩壊で，米国の世論は国際連合との協力姿勢へと転

換した。しかし，米民主党政権から転向した新保守主義者の台頭で，米国は，国際連合を中心とした多国間主義ではなく力による自由民主主義の価値実現を目指してユニラテラリズム（単独行動主義）へと走り，1990年代以降，再び国際連合に背を向けた[7]。ジョージ・ブッシュ政権は決議678（1990）を根拠に米国主導の多国籍軍を展開して湾岸戦争において大勝したが，その彼の国際主義の姿勢は皮肉にも反共主義者や新保守主義者にとっては裏切りであった。そこで，ブッシュを破って成立したビル・クリントン政権は「新しい脅威」「新しい敵」との対決に取り組んだ。そこでは，積極的多国間主義が採用されつつも，国家安全保障担当大統領補佐官アンソニー・レイクの関与・拡大主義をもって非民主主義国への関係を拡大しつつ，民主主義と市場経済の地球的拡大が課題とされた[8]。その文脈で，米国は結局，ユニラテラリズムへ走る一方，民主主義の拡大という国際的追求における国際連合への歩み寄りとともに，国連平和維持活動への米国および世界諸国の協力が大きく進展した。

　なお，米国は，カリブ地域の共産国キューバに対して封じ込め政策を一貫してとってきたが，冷戦の解消で，1992年11月の第46総会でキューバに対して米国が課している経済・通商・財政禁輸を終結する必要性を確認した決議47／19が成立し，同決議は現在まで継続採択されてきている。にもかかわらず，1996年2月キューバ軍機による米民間機撃墜事件で，3月キューバ制裁法（ヘルムズ・バートン法）が成立し（これに対して，キューバは尊厳および主権に関する法を制定した），米国の対決姿勢には変更ない。

b）ソ連と国際連合

　戦後の国際関係におけるソ連は，1947年6月マーシャル・プランの展開で，それに好意的な反応をみせた東欧圏のチェコスロバキアやポーランド

の行動に対し強い危機感をみせ、その影響力確保のため、1943年5月に解散していたコミンテルンを、1947年9月コミンフォルムとして復活させた。こうして、1950年代中葉には東欧圏の友好協力相互援助条約網が完成した。さらに、1949年1月コメコン（経済相互援助会議）がソ連、ハンガリー、ルーマニア、ブルガリア、チェコスロバキア、ポーランドの6カ国によって設立され、ここにソ連は、東欧圏の社会主義ソビエト化に着手した。その一方、ソ連は、1948年6月東・西に分割されていた東ドイツ内の西ベルリンへの封鎖措置を強行した。これは、米・英・フランスがドイツの再統一を放棄したと解される行動に出たことから、統一ドイツの首都を前提にしたソ連を含む4カ国合意は意味がないとした行動であった。米国はこの封鎖措置に対抗して西ベルリンへの大空輸作戦を実施し、封鎖が解除されるまでの空輸回数は実に27万回、空輸された物資は234万トンに及んだ。同時に、米国は原爆搭載可能なB29戦略爆撃機60機を英国に配備し、西ドイツ各地に米軍50万兵力を展開した[9]。

ソ連は、米国の西ベルリン堅持の決意をみて封鎖の失敗を認め、国際連合での非公式接触となった。この米国の決意は、既に前述のイランにおけるアゼルバイジャン支配問題でも打ち出されており、米国は、核兵器の使用も辞さないと表明していた。こうして、1949年10月ドイツの東・西分割が確定した。これを機に、西側諸国は集団安全保障体制の構築へ向かった。1948年8月米上院は、国際連合憲章第51条に基づく個別的・集団的安全保障取決めへの米国の参加を決めたバンデンバーグ決議を採択した。そして、1949年4月北大西洋条約が締結され、8月ＮＡＴＯ（北大西洋条約機構）が発足した。しかし、米国優位の安全保障体制は、1949年8月29日ソ連の原爆実験成功（9月23日米国政府が発表、25日タス通信が確認した）で核独占体制が崩れたことで、米・ソの冷戦は新しい局面へ移った。

1950年6月朝鮮戦争が起こる一方、同年1月中・ソが北ベトナムを承認

したことで,米国はにわかにインドシナにおける共産主義の脅威とインドシナ共産勢力への対決を明確にした。1954年4月ソ連の提案に応じて,インドシナ和平のためのジュネーブ会議が開催されたが,米国はこれを徹底的に無視した[10]。そして,翌55年5月ソ連主導のワルシャワ条約機構が発足した。

1953年3月ソ連にゲオルギ・M・マレンコフ政権が成立して,翌54年ソ連は米・ソ核戦争での共倒れから米・ソ共存に向けた転換をみせるが,その平和攻勢が本格化したのは,ニキタ・セルゲビッチ・フルシチョフ・ソ連共産党第一書記が1956年2月第20回党大会でスターリン批判を行って以後のことであった。これにより,1955年7月英・米・フランス・ソ連首脳のジュネーブ頂上会談が開催された。ソ連は,ヨーロッパからの米・ソ両軍の撤退,核廃絶,NATO・ワルシャワ条約機構の解体を主張したが,これは西側が受け入れず,米国の相互空中査察提案はソ連が拒否した。

かくて,東西分割の固定化を余儀なくされた西ドイツは同55年9月,領土問題を棚上げにしてソ連と国交樹立した。日本も翌56年10月,同様の方式で,ソ連との国交を回復した。

1955年4月インドネシアのバンドンで日本・中国を含む29カ国が参加してアジア・アフリカ会議が開催された。台湾と米CIA(中央情報局)は,周恩来中国総理の参加を阻止せんと搭乗機爆破工作を企てたが,成功しなかった[11]。この米・ソ両軍事ブロック化とその対決にあって中立を標榜する諸国は,漸次,国際連合においてその勢力を拡大し,1961年9月ベオグラードで非同盟諸国会議を開催し,非同盟諸国は1973年に国連加盟国の半数を占めるにいたり平和共存の原則を定着させた。その一方,ソ連が第三世界諸国の主張する民族自決権の貫徹を重視して国際連合での主導的展開をみせ,これに同調する非同盟諸国が増加した。

この攻勢に立ったソ連は,1958年11月米・英・フランス3国と西ドイツ

第1章 冷戦世界と国際連合

に対し覚書を送付して，西ベルリンの非武装化を要求した．翌59年9月フルシチョフ・ソ連首相は総会演説で，全面軍備撤廃提案を行い，国際世論の動きに応えた[12]。その直後，キャンプ・デービットで米・ソ首脳会談が開催され，ドイツ・ベルリン問題の打開が合意され，武力に訴えることなく交渉を通じて問題を解決する妥協が成立し，それはキャンプ・デービッド精神として歓迎された。1961年ジョン・フィッジェルト・ケネディ政権の発足で，米国は，ベトナム戦争に踏み込むなか柔軟即応戦略を提唱し，核戦争からゲリラ戦争までのあらゆる戦争に対応できる能力の確立に努めた。そこでは，依然，西ベルリンだけが東側世界の絶好のショーウインドウであった。一方，東ドイツはベルリン経由の西側への東ドイツ市民の逃亡が高まるなか，1960年8月13日東・西ベルリン間の交通を遮断し，東ドイツの境界線内にベルリンの壁を構築して市民の逃亡を止めた。この状況に対し，1961年9月開催の第1回非同盟諸国首脳会議は米・ソ首脳による直接交渉を求めるアピールを採択した。これに応えて，9月ケネディ米大統領は，総会演説でドイツにおける既成事実を容認し，10月フルシチョフは，東ドイツとの単独平和条約締結の延期を発表した。これにより，以後，30年間，ドイツの現状は固定された[13]。

　1962年8月米偵察機U2がキューバに建設中の地対空ミサイル基地の写真を撮影し，キューバ・ミサイル危機となった。米国はソ連に対しミサイル撤去を要求し，フルシチョフはケネディからキューバ不侵攻の書簡を得て，ミサイルを撤去した。中国は，ソ連のミサイル配備を「冒険主義」だと決めつけ，その撤去を核の脅迫に対する屈服とみ，「降伏主義」と評してソ連を非難した。この中国のソ連不信は，翌63年7月の中・ソ共産党会談で決定的な中ソ対立へ発展していった。その一方，米・ソ首脳は，この核危機によって引き起こされた結末から，国際連合での交渉を通じて1963年6月米・ソ直接通信回線設置協定（ホット・ライン協定）を締結した。

さらに，7月部分的核実験禁止条約が米・英・ソ3国間で調印された。同条約は地下核実験を禁止しておらず，また核兵器の削減にも触れていなかったから，核不拡散交渉が1965年の軍縮委員会で取り上げられ，1968年8月米・ソは最終共同草案を提出し，1968年6月第22総会で核不拡散条約が採択され，同条約は1970年3月発効した。

　1968年4月チェコスロバキアのプラハで社会主義の再生を目指す体制変革の宣言が発表され，「プラハの春」と呼ばれた改革運動が始まった。この動きは，8月ワルシャワ条約機構軍（ルーマニアを除く）20万がチェコスバキアに投入されてあえなく終わった[14]。これは，ソ連が東ドイツ，ポーランドなどでの政治的多元化の動きに強い危惧の念を抱いたからで，そこでは，強権支配しかなく，武力介入に先んじてソ連・東欧6カ国首脳は11月社会主義の成果を維持することはすべての社会主義国の共通の責務であるとした制限主権論（ブレジネフ・ドクトリン）を確認した[15]。この事態に緊急特別総会が開催され，ソ連は厳しい国際非難を受けた。

　フランス語のデタント（détente）は，フランスの中国承認，ＮＡＴＯ軍事機構からの離脱，および東欧諸国への接近という「緊張緩和」を指していたが，デタントと称されうる状況は，1970年4月にヘルシンキで戦略兵器制限交渉（SALT）が開始され，1972年6月ニクソン米大統領が訪ソして弾道ミサイル迎撃ミサイル・システム（ABM）制限条約が調印されて確認された。1971年8月ビリー・ブラント西ドイツ首相が訪ソしてソ連・西ドイツ武力不行使条約が調印され，ポーランド・東ドイツ国境（オーデル・ナイセ線）を含む東西分割の現国境の尊重が約束された。一方，ニクソン米大統領が公約していた「名誉ある撤退」に従うベトナム和平は，1973年1月ベトナム戦争の終結を達成させた。その一方，1972年11月ヘルシンキで全欧安保協力会議（CSCE）首脳会議が米・カナダ・ソ3国を加えた35カ国が参加して開催され，国境の不可侵，領土の保全，および内政

不干渉を確認したヨーロッパ国際関係の原則と信頼醸成措置を盛ったヘルシンキ宣言が採択された。ソ連はこの宣言をブレジネフ外交の勝利であるとしたが，それは現状維持の確認どころか，現状変革の出発点となったことが，10年後に証明される[16]。

ソ連がデタントに応じたのは，他面，これによって軍事力の優位を回復し，第三世界におけるソ連の影響力を堅持することにあったからであった。実際，ソ連の1974年エチオピア革命への干渉以後，アフリカの角で米・ソの角逐となり，1980年代初頭には，ソ連はアフリカ22カ国に援助を供与し，公式にアフリカ8カ国に軍事要員を派遣した[17]。その上，1979年12月ソ連はアフガニスタンに8万5,000の兵力を動員して侵攻した。これはアフガニスタンの支配がソ連領中央アジアの安定維持に不可欠とされたからで，中央アジアでの混乱を封じるという目的があった。「新冷戦」というこの事態に[18]，ロナルド・レーガン米政権は対決姿勢を強めた。その一方，1981年11月中距離核戦力（INF）制限交渉が開始され，レーガン大統領はゼロ・オプション（ソ連のSS20の廃棄と引き換えにINFのヨーロッパ配備中止提案）を行ったが，ソ連はこれを受け入れなかった。このゼロ・オプションは，1979年12月NATOの二重決定（パーシングⅡのヨーロッパ配備とINF制限交渉の推進の同時決定）に従うINF配備を前にしたヨーロッパでの反核運動の高まりがあったからであった[19]。結局，1983年11月西ドイツにパーシングⅡが配備され，これに対しソ連は早速，INF交渉の無期限中断を通告した。こうした状況のなか，総会は1977年12月19日「国際的デタントの深化・強化宣言」決議32／155を採択し，1979年12月第2次「軍縮の10年」宣言を採択した。

1985年3月ミハイル・セルゲビッチ・ゴルバチョフがソ連共産党書記長に就任し，彼はソ連経済立て直しのための改革（ペレストロイカ）を課題とした。彼は1986年2月の第27回党大会報告で，その改革のためには民主

主義の拡充が必要で、そして民主主義の拡大のためには公開性(グラスノチ)が不可欠であると述べた。そして、そのためには対外関係の根本的調整が急務とされた。そこで提起されたのが「全人類的価値」を優先させ、イデオロギーにとらわれられない「新思考」外交であった[20]。1986年1月ゴルバチョフは、2000年までに3段階にわたり核兵器を全廃するとの包括的軍縮提案を行った。かくて、同年11月フィンランドの首都レイキャビクにおける米・ソ首脳会談で、ソ連提案の軍縮措置につき多くの合意をみ、これが以後の交渉における基礎となった。しかし、米国はその実施のための条件とされたSDI(戦略防衛イニシアチブ)構想の撤回に応じす、形式的には前進がなかった。にもかかわらず、翌87年9月INF(中距離核戦力)全廃条約が合意され、これは12月ワシントンの第3回米・ソ首脳会談で調印された。翌88年5〜6月の軍縮特別総会で、ソ連は国防政策を「過剰軍備の原則から合理的に十分な防衛力の原則へ転換した」と表明した。一方、同88年3月ゴルバチョフは、新ベオグラード宣言で、制限主権論(ブレジネフ・ドクトリン)の放棄と東欧諸国の自決権の支持を表明した。また、ナミビアの自決の局面で、同年12月アンゴラからのキューバ軍撤退に、ソ連は応じた。

　こうした流れのなかで、1989年11月9日にはベルリンの壁の倒壊が引き起こされ、翌90年10月東ドイツの西ドイツへの吸収という形で東・西ドイツの統一が実現した。

　1989年5月12日ジョージ・ブッシュ米大統領は対ソ政策演説で、ソ連の封じ込め政策は成功し、自由と専制の戦いは終結に近づいており、今後はソ連を国際社会へ統合していくことだと言明した[21]。同年2月すでにソ連軍のアフガニスタン撤退は完了しており、そこでゴルバチョフ・ソ連共産党書記長は1989年12月2日マルタでの米・ソ首脳会談でブッシュ大統領とともに冷戦の終焉を宣言した。それは対決から協力の時代へ移行したこと

表1-5　米国・ソ連間の軍縮条約と交渉合意

年　月	条約・交渉
1962年　6月	米・ソホットライン協定調印
8月	米・英・ソ部分的核実験禁止条約調印
1971年　5月	第1次戦略兵器制限条約（ＳＡＬＴⅠ）調印
5月	ＡＢＵ（弾道弾迎撃ミサイル）制限条約調印
1974年　7月	米・ソ地下核実験制限条約調印
1976年　5月	平和目的核実験制限条約，ＳＡＬＴⅠに基づき調印
1979年　6月	第2次戦略兵器制限条約（ＳＡＬＴⅡ）調印
1987年　9月	核実験全面禁止交渉，外相会談で合意
12月	中距離核戦力（ＩＮＦ）廃棄条約調印
1990年　6月	核実験の事前通告，首脳会談で合意
1991年　7月	第1次戦略兵器制限条約（ＳＴＡＲＴⅠ）調印
1993年　1月	第2次戦略兵器制限条約（ＳＴＡＲＴⅡ）調印
1997年　3月	第3次戦略兵器制限条約（ＳＴＡＲＴⅢ），ヘルシンキ首脳会談で合意
2002年　5月	米ソ，戦略攻撃兵器制限条約（モスクワ条約）調印
6月	ジョージ・Ｗ・ブッシュ米大統領，ＡＢＭ制限条約の離脱宣言

（参考）以下の条約は，国際連合から独立したジュネーブ軍縮会議で採択されたものである。この会議での採択はすべてコンセンサスによっている。それが成功しなければ，総会へ持ち込むことになる。
　1963年部分的核実験禁止条約（ＰＴＢＴ）…最終的には米・英・ソ間で成立。
　1968年核兵器不拡散条約（ＮＰＴ）…総会で承認し，安全保障理事会が非核兵器国の安全保障決議を採択し，調印となった。
　1971年海底における核兵器等設置禁止条約
　1972年生物・毒素兵器禁止条約（ＢＷＣ）
　1977年環境改編技術使用禁止条約
　1993年化学兵器禁止条約
　1996年包括的核実験禁止条約（ＣＴＢＴ）…最終的に総会で採択。
　ジュネーブ軍縮会議（ＣＤ）は，1959年9月米・英・仏・ソの合意で10カ国軍縮委員会（西側5カ国，東側5カ国）で発足し，現在は，65カ国（西側24カ国，東側7カ国，グループ21（Ｇ21）の発展途上国33カ国，および中国）で構成され, 現下の活動は停滞している。
　2000年春，ＮＰＴ運用検討会議で兵器用核分裂物資生産禁止条約の作業に着手した。
　2003年3月日本・オーストリア・ＵＮＩＤＩＲ（国連軍縮研究所）の共催でカットオフ条約に焦点をあてた多国間軍備管理条約の検証促進ワークショップが開催された。いずれも，条約の起草は終わっていない。

を相互に確認したものであり，この際，同時に戦略兵器削減のＳＴＡＲＴ条約の1990年末までの締結が合意された（1991年7月ＳＴＡＲＴ　Ⅰ調印）。ＳＴＡＲＴは1945年に配備されてから増加し続けてきた核兵器の削減において，ソ連の経済的崩壊の危機がその合意を可能にしたとはいえ，

劇的な米・ソ間の信頼醸成をもたらした意義があった。

1991年6月コメコンが解体し，8月ゴルバチョフはソ連共産党の解散を勧告し，党書記長を辞任した。同8月ソ連はバルト3国の独立を承認し，9月同3国は国連加盟を達成した。12月独立国家共同体を認めたアルマタ合意とともにソ連邦が消滅して，ロシアが復活した。

c）第三世界諸国と国際連合

国際連合に第三世界勢力が登場したのは，1954年4月バンドンで開催のアジア・アフリカ会議であった。会議には29カ国が参加し，それは，アジア・アフリカ諸国の主体性の証明であった。1947年3〜4月ニューデリーの第1回アジア関係会議で，当時のインド臨時政府副主席ジャワーハルラ・ネルーは，「アジアの将来は，もはや外国の道具として利用されることはないであろう。アジアが自己の役割を果たさない限り，世界平和の維持は不可能である」と発言していた。1954年4〜5月コロンボで開催の第2回アジア関係会議は，人種差別反対と植民地主義の排除，国際緊張の緩和と全面完全軍縮，および平和5原則を確認した。それを基礎に招集されたアジア・アフリカ会議は「世界の平和と協力に関する宣言」を含む最終声明で，バンドン10原則といわれるアジア・アフリカ諸国の国際関係を処理する原則を確立した。1957年12月〜1958年1月カイロで第1回アジア・アフリカ人民連帯会議が開催され，45カ国が参加した（アジア14カ国，中東12カ国，アフリカ18カ国，ヨーロッパ1カ国）。会議の開会演説で，エジプト代表団アンワール・サダト団長は，「バンドン会議は，アジア・アフリカ諸国民を，彼らの存在に触れる諸問題と取り組み，彼らの解放に責任を負うように目覚めさせた精神的発展の自然の結果であった」ことを確認した。このアジア・アフリカ連帯は第三世界諸国の結集と解されたが，その第三世界（tiers-mondes）という表現自体，インドシナ戦争を通じて

確認された民衆のエネルギーと挑戦を是認したものであった[22]。この確認で，1956年7月ユーゴスラビアのブリオニでネルー・インド首相，ガマル・アブデル・ナセル・エジプト大統領，チトー・ユーゴスラビア大統領の3首脳が積極的平和共存の考え方を打ち出し，これにスカルノ・インドネシア大統領，クワメ・エンクルマ・ガーナ大統領が加わって1960年におけるコンゴ危機での米・ソ対立が顕在化するなか，9月5カ国首脳は，総会議長あて書簡で，国際緊張の緩和を求める国際連合の使命を明確し，同年の第15総会でアジア・アフリカ44カ国が提出した「植民地諸国・諸人民に対する独立付与宣言」決議1514（XV）が成立した。それはアジア・アフリカの民族自決の原則を確認したものであった。以後，この原則は外国権益の排除まで拡大適用された[23]。そして米・ソの対立ブロックから独立した中立勢力としての結集は，1961年9月ベオグラードで開催の第1回非同盟諸国首脳会議であった。同年6月非同盟運動への参加基準として，(1)平和共存政策の遂行，(2)民族解放運動の支持，(3)軍事ブロックへの不参加，(4)多辺的軍事条約の不締結，(5)外国軍事基地の不存在を定め，その基準で非同盟運動が結集した（日本，中国，北ベトナム，南ベトナム，ラオス，ヨルダン，リベリア，リビアはこれまでアジア・アフリカ連帯運動に参加していたが，ここでは排除され，またアフリカ諸国では，フランスとの連携を維持していたいわゆるブラザビル派諸国のセネガル，コートジボアール，オートボルタ（現ブルキナファソ），ダオメ（現ベナン），ニジェール，ガボン，中央アフリカなどが不参加となった）。

以後，その非同盟諸国勢力は，国際連合を通じて3つのレベルでその要求を貫徹させるところとなった。その勢力は国際連合におけるその共同歩調をもって課題に取り組み，その勢力の強さはその決議成立における結集力の強さに反映された[24]。

第1，国連貿易開発会議（UNCTAD）の活動。UNCTADの開催要求

表1-6 国連総会決議成立におけるブロック諸国の投票結集状況

組織		46-50	51-5	56-60	61-65	66-70	71-75	76-80	81-85
OECD	賛成率	69.3	58.0	75.7	65.5	50.7	60.6	57.4	49.8
	反対率	17.1	18.0	7.7	11.0	16.8	8.1	10.3	16.0
	棄権率	13.6	24.0	16.6	23.5	32.5	31.3	32.3	34.2
CMEA	賛成率	42.3	58.4	46.4	54.9	70.9	71.4	73.8	82.7
	反対率	43.7	28.1	43.1	30.3	16.3	8.2	11.4	10.7
	棄権率	14.0	13.5	10.5	14.8	12.8	20.4	14.8	6.6
非同盟運動	賛成率	72.9	79.1	67.1	75.2	83.3	90.9	93.2	93.9
	反対率	12.6	3.7	9.1	6.2	4.8	1.6	1.0	1.0
	棄権率	14.5	17.2	23.8	18.6	12.0	7.5	5.7	5.1
ASEAN	賛成率	82.0	80.7	83.4	83.6	83.8	91.9	92.5	92.9
	反対率	1.7	2.0	3.6	2.0	2.4	0.8	1.1	1.2
	棄権率	16.3	17.3	12.9	14.4	13.8	7.3	6.4	5.9

(出所) 浦野起央『国際社会の変容と国連投票行動1946～1986年 III 国際組織ベースの国連投票行動分析』国際地域資料センター，1987年，14頁。
(注) 自由主義諸国は経済協力開発機構（OECD），共産諸国は（CMEA）をもって対比し，東南アジア諸国連合（ASEAN）は参考に付した。

表1-7 国連決議成立における非同盟運動参加国の決議成立の寄与率と結集度および非同盟運動以外の寄与率

	46-50	51-5	56-60	61-65	66-70	71-75	76-80	81-85	平均
非同盟運動の寄与率	18.6	22.0	19.7	23.0	44.7	49.2	59.7	65.9	50.6
非同盟運動の結集度	72.1	79.3	66.3	75.1	83.4	91.0	93.2	93.8	88.0
非同盟運動以外の寄与率	73.1	71.4	76.2	73.3	68.5	75.2	74.2	71.7	72.8

(出所) 前掲書，25頁。

は1961年のベオグラード非同盟諸国首脳会議に始まり，1962年7月カイロで開催の非同盟発展途上国経済会議の直接的結果として，UNCTADが開催された。この発展途上国（developing countries）という用語は，この会議で先進国に対して経済的低開発状態と形容された低開発国（underdeveloped countries）の用語を拒否した上で，自らの開発への自覚から発展途上をもって表現されたものであった。発展途上国は77カ国グループ（G77，77カ国は1964年の第1回UNCTADに参加した発展途上関

係国の数で，現在は134カ国，当時は，韓国も参加しており，非同盟諸国に限定されていなかった）に結集し，その会議を主導するところとなった。G77は経済と開発の分野で発展途上国の意志を調整し，先進国と交渉する立場を強化しており，その活動は1967年10月採択のアルジェ憲章を基調としている(25)。

第2，非同盟運動の発展。1970年9月ルサカで開催の第3回非同盟諸国首脳会議において，経済開発に重点を移し，1973年9月アルジェ開催の第4回非同盟諸国首脳会議の決定で，その議論は国際連合での協議と履行へと進んだ(26)。

第3，アジア・アフリカ主義の国際連合への導入。この連合レジームの機能化には，(1)キューバ・ミサイル危機以降における米国の威信低下，(2)核実験禁止条約の締結と冷戦構造の後退，(3)G77の連繋による発展途上国の一元的結集，(4)ベトナム紛争，コンゴ紛争，中ソ対立などの地域紛争の拡大下での自律的システムの追求といった要因があった。1964年4月第2回ＡＡ（アジア・アフリカ）会議ジャカルタ準備会議（この会議でインドがソ連の招請を提案したが，中国は，ソ連はアジアの国ではないと拒否した）で，バンドン10原則の再評価，植民地闘争，国際紛争の解決と武力の不行使，国際連合の強化などの議題が設定された。第2回アジア・アフリカ会議がアルジェリア，インドネシア，コンゴ，ナイジェリア，シリア，ガーナなどの諸国における一連の政変で開催されず，このため，その開催への努力を重ね，1963年12月～64年2月周恩来総理のアフリカ歴訪などを通じて中国外交の正統性を第三世界外交の目標としてきた中国としては，アジア・アフリカ諸国工作の主導権を，中ソ対立下のソ連に奪われてしまった。中国外交の狙いは国連中国代表権回復工作にあったが，中国はさらにキューバ危機以後におけるキューバの中国離れもあって，結局，その第2回会議開催工作を断念した。にもかかわらず，こうした困難を克

服して，アジア・アフリカ諸国は，国際連合を舞台にその要求と攻勢を強め，開催された総会はその勢力拡大からアジア・アフリカ総会の観を呈した。

この連合レジームの機能化は，以下をもって特徴づけられた[27]。

1. 中国のアジア・アフリカ連帯路線との離別，および非同盟運動へのラテンアメリカ諸国の参加による77カ国グループ（G77）の役割強化である（1962年カイロ非同盟発展途上国経済会議へのラテンアメリカ諸国の参加は4カ国だけであったが，1967年10月アルジェで開催の第1回G77会議にはラテンアメリカ諸国21カ国が参加した。カイロ会議では，ＵＮＣＴＡＤ参加の発展途上国の韓国と南ベトナムが参加を拒否された）。アルジェ会議では，アフリカ諸国とＥＥＣの連合関係にあるヤウンデ体制の特恵貿易制度にラテンアメリカが反発したが，南北交渉では双方が合意した。以後，G77は，発展途上国の意志結集と政策要求を完全に果たすところとなった。

2. この連合レジームは，当初，民族解放闘争と軍縮および平和共存を課題としていたが，その取り組みは，1970年9月第2回ルサカ非同盟諸国首脳会議のルサカ経済宣言で南北問題の経済開発問題へと移り，1971年10～11月第2回G77リマ閣僚会議のリマ宣言で，その南北交渉に対する第三世界の戦略を確立した。翌72年8月ジョージタウンの非同盟諸国外相会議は，西半球初の非同盟運動会議としてアジア・アフリカグループにラテンアメリカグループが糾合する機会となり，ここに連合レジームの一元化が形成された。それは冷戦から平和共存への体制移行を背景としていたが，そうした変容自体，アジア・アフリカ連帯運動の1つの成果でもあった。

3. かかる連合レジームの一元化は，その連合の形成と機能化においてアジア・アフリカ連帯の挑戦を超えた独自の機能システムへの移行

第1章 冷戦世界と国際連合　*31*

といえるものであった。いいかえれば，国際連合における連合アクターとしてアジア・アフリカおよびテンアメリカグループの台頭である。その地域基盤は，国連アジア太平洋経済社会委員会（ESCAP，旧国連アジア極東経済委員会ECAFE），アラブ連盟（AL），アフリカ統一機構（OAU），国連ラテンアメリカ経済委員会（ECLA）とラテンアメリカ経済機構（SELA）にあり，イスラム諸国会議（ICO）はアジア・中東・アフリカ諸国を基盤として活動した。

その連合レジームの機能と役割が十分発揮されるようになったのは，1973年9月アルジェの第3回非同盟首脳会議での石油輸出国機構（OPEC）の石油戦略の成果に帰せられた。すでに1962年の天然資源決議1803（XVII），1966年の同決議1803（XXI）で資源の開発・生産・販売に関する支配は経済自立の手段であるとの基本原則が確立していたが，この会議で産油国の石油国有化戦略が発動され，その資源ナショナリズムが連合レジームを動かした。その主役，アルジェリアは民族解放闘争に勝利し，また石油の国有化を確立して資源ナショナリズムを主導したが，前記の第4回非同盟首脳会議はそのアルジェ経済宣言で国際秩序の改革による第三世界の自立戦略を打ち出し，これを受けて翌74年の国連資源特別総会で，第三世界諸国の経済的独立のための国際経済秩序の改革を目指した「新国際経済秩序（NIEO）の樹立宣言」決議3201（S－VI）および「行動計画」決議3202（S－VI）が先進国の反対を押し切って，前者は反対なしで，後者は投票なしで成立した。

この国際連合における第三世界の対決の様相は，ウルグアイの国連外交官ネルソン・I・カサスが指摘するように，国際連合は「ビッグ・ファイブ・クラブ」によって司られており，国連事務局と特別機関は，「黒人アフリカにおいて平和の調停者と経済発展の促進者になりえたはずである

が，それどころか，新植民地主義⁽²⁸⁾の武器に成り下がってしまった」とされる理解にあり，「チェコスロバキア紛争でソ連の独占を許してしまったのは，ルーブル帝国主義であり」，「資本主義世界，社会主義世界におけるこの逆説は，われわれが反乱の時に近づきつつあることを暗示している」との判断にあった⁽²⁹⁾。

その第三世界の連合レジームと先進国との国際交渉は，北のエネルギー支配に対する南の開発要求をめぐる対決であった。

その対決は，1970年の第25総会における南アフリカの少数派人種差別政権に対する委任状否認に始まり，1974年の第29総会で南アフリカの投票権が停止され，その停止は1990年まで続いた。同じ第29総会で，1974年11月ヤセル・アラファト・パレスチナ解放機構（PLO）議長が総会演説でPLOの自決闘争を訴え，決議3236（XXIX）の採択でパレスチナ人民の自決権が確認され，PLOは国連オブザーバーの地位を得た。また，この総会で12月，産油国メキシコのルイス・エチェベリア大統領が提出したNIEO樹立を法制化した「諸国家の経済的権利・義務憲章」決議3281（XXIX）は120対6，棄権10で強行成立した。この決議成立により，南北対決から南北協調へと局面は大きく転換し，1975年3月第2回国連工業開発機関（UNIDO）総会は，西暦2000年までに発展途上国の工業生産を世界比25％まで増大させるとのリマ目標が確認された。そして同年9月国連開発および国際協力特別総会で，南北対立にある産品総合プログラム⁽³⁰⁾，多国籍企業の規制，累積債務問題などに対する現実的取り組みが始まった。発展途上国最大の念願であった産品共通基金の設立問題は，1976年1月パリの国際経済協力会議（CIEC）で検討に入り，同年2月マニラの第3回G77閣僚会議でマニラ戦略が策定され，それを受けて翌77年6月CIECで設立合意をみるが，そこでは，1976年8月の第5回コロンボ非同盟首脳会議で，G77加盟の86カ国がその合意を主導し，これをCIECの審議に反

映させており，またこの非同盟諸国首脳会議に不参加のG77の9カ国は同年9月メキシコシティの発展途上国間経済協力会議に参加し，共同行動の結集をみていた。このCIECの合意に基づき，1974年11月ローマの世界食糧会議で，まず国際農業開発基金の創設が実現し，さらに，CIECで合意のIMF補完融資（SFF）が1979年2月実現した。産品共通基金は，まず1976年の第4回ナイロビUNCTAD総会で産品総合プログラム決議が採択され，1978年6月の先進国首脳会議のボン宣言で，その積極的推進が確認され，そして1980年6月同基金の設立協定の締結となった[31]。

しかし，以後，総会におけるグローバル交渉（GN）は進捗していない。それは第三世界諸国が多様化して意見集約が難しくなってきている一方，経済的混迷に突入した先進国の対応にも限界があったからである。

G77は，2000年4月ハバナで初の首脳会議を開催し，その参加国は134カ国に拡大し，発展途上国の国際連合における経済と開発の交渉における最大会派であるが，一方，イデオロギー的混乱をみせ，第三世界を代表するが，非同盟・中立の立場が動揺して，その活動能力はこれまでのエネルギーを失った。

一方，非同盟諸国会議は1998年9月ダーバンの第12回首脳会議で，新たに貧困撲滅のための加盟国間の南南協力を訴えたダーバン宣言と南北交渉の重要性を主張する最終文書を採択したが，その論点は内部での南南協力を確認したものであり，その一方，その会議のゲストとして先進国米国が初参加した。この非同盟の方向は，参加国が113カ国に達し，内部の階層化で意見集約に幅が生じてきた動きを反映していた。非同盟諸国会議は，現在，月1回，国連常駐代表会議を開催しており，依然，国際連合を場とした活動の展開を基本路線としている。2003年2月クアラルンプールの第13回非同盟諸国首脳会議は，イラク攻撃反対と国際連合を通じた平和的解決を確認した。採択のクアラルンプール宣言は，対話と外交を通じて世界

の平和を創出し,政治・経済・文化などあらゆる分野での協力を訴えた。

パレスチナ問題は,国際連合の発足以来の課題であるが,現在にいたるも依然,解決をみておらず[32],2003年11月19日安全保障理事会は,全会一致で新パレスチナ和平案(ロードマップ)を推進するよう,両当事者,イスラエルとパレスチナ自治政府(1996年2月発足)に対し義務の履行を求める決議1515(2003)を採択したが,その進展はみていない。

第三世界諸国では,冷戦以後,民族紛争が激しく噴出しているが,これに対する国際連合の平和維持活動は大きな成果をみせている。

d)国際連合に対する1つの評価

こうした対立の世界にあっても,国際連合への期待とその役割はおおきかった。1974年に第4代事務総長に就任したクルト・ワルトハイムは,人類の良心,国際紛争の調停者として信望を集め,1977年には圧倒的な支持を受けて再任されている。彼は,第2代事務総長ダグ・ハマーショルドの言明を,こう引用している。

「われわれは,国際連合を今あるがままの姿で理解せねばならない。すなわち,より公平でより安定した世界秩序を平和的に実現するためには,不完全であるが,不可欠の機関である。」

そして,ワルトハイムは,こう述べた。

「1978年5月と6月に軍縮問題について5週間にわたる特別会議を開くことを決定した。具体的な軍縮交渉をするのは,この特別会議の任務ではないとはいえ,この会議は,軍縮の原則宣言,および行動計画を採択したことにより,将来の方針を定めることに成功した。そのうえさらに,交渉メカニズムの刷新に関して意見の一致が得られ,これによって軍縮の努力は,より広範な基盤の上に立つこととなった。[33]」

確かに,国際連合の寄与は大変に大きい。

彼は，国際連合の任務を，3つに要約している。

第1．平和および世界の維持——「各国政府はあまりしばしば理事会の決定を無視するが，……もし理事会が各国政府から見て見ぬふりをされ，その助力を要請されないならば，国際連合憲章を土台とする文明世界秩序の柱はむしばまれていくことになる」とワルトハイムは指摘した。

第2．現行世界秩序の転換を平和裡に推進すること——「国際連合は，創設以来，非植民地化の分野において決定的な役割を果たしてきた。国際連合の平和維持活動は，とりわけ，植民地から新生国への統治権の難しい時期にその力を示してきた。……今日，われわれが直面している状況においては，政治的な非植民地のプロセスのあとに経済的な非植民地化のプロセスが続かねばならない。私は，高度に発達した先進国と発展途上国，いわゆる「第三世界」との関係の新秩序をいっているのである。今や一般に「南北の対話」と呼ばれているこの均衡の試みは，いっそう国際関係の前面に押し出されてきているが，この試みは，私の考えでは，世界共同体の将来の発展にとってまったくもって決定的な意味をもっている。すべての国家間，すべての国家グループ間の経済関係の再編成は，未曾有の挑戦を意味する。国際連合の組織がこの大規模な任務におじけづくことなく，その解決を真剣に追求しているということは，私の目には，国際連合の活力と国連加盟国の先見の明とを証明するものと映る。私は，世界のほとんどすべての国が代表を送りこんでいる国際連合の場以外のところでは，解決策を見出せると思わない」。こうワルトハイムは断言した。

第3．将来を構築するにあたっての真の国際協力を実現すること——「国際連合はすべての諸国の共通の利益権を拡大し，国家的な特権を国際社会のためにあきらめさせないよう，いつも努めていなければならな

い。」

このワルトハイムの指摘のとおり，この点が正しく国際連合の役割であり，展望であると，われわれは認識する。

【注】
(1) *Foreign Relations of the United States*, Vol. 6 : *Eastern Europe: The Soviet Unions*, Washington, DC: USGPO, 1969, p. 688.
(2) ケナンは，続いていわゆるX論文「ソビエト行動の源泉」をフォーリン・アフェアーズ，1947年7月号に発表した。そこでは，ソ連はわれわれの理解できない東洋の行動原理に立っている危険な存在にあって，われわれを敵視しており，その影響力を放任しておくと取り返しのつかない，収拾できないものとなるので，それを必死に防御しなければならない，と指摘していた。X, "The Source of the Soviet Conduct," *Foreign Affairs*, Vol. 25 No. 4, 1947, pp. 556-582. George Kennan, *American Diplomacy, 1900-1950*, New York: American Library/ Chicago: Univ. of Chicago Press, 1951. 近藤晋一・他訳『アメリカ外交50年』岩波書店，1952年，124－147頁。岩波文庫，1991年，岩波現代文庫，2000年。
(3) 浦野起央『資料体系アジア・アフリカ国際関係政治社会史』パピルス出版，第5巻アジア・アフリカⅢa第3章中国代表権問題。
(4) 浦野起央『アフリカ国際関係論』有信堂，1975年，第7章ローデシア独立問題。Jericho Nkala, *The United Nations, International Law ,and the Rhodesian Independence Crisis*, Oxford: Clarendon Press, 1985.
(5) 有賀貞編『アメリカ外交と人権』日本国際問題研究所，1992年。
(6) 渡邉昭夫編『アジアの人権——国際政治の視点から』日本国際問題研究所，1997年。
(7) 張植榮 主編『聯合国行動内幕』海口，海南出版社，1998年。Lawrence F. Kaplan & William Kristol, *The War over Iraq: Saddam's Tyranny and America's Mission*, San Francisco: Encounter Books, 2003.岡本豊訳『ネオコンの真実——イラク戦争から世界制覇へ』ポプラ社，2003年。Michel J. Glenon, "Why the Security Council Failed," *Foreign Affairs*, Vol. 82 No. 4, May/ June 2003.「単極構造世界と安保理の崩壊——安保理はなぜ死滅したか」，フォーリン・アフェアーズ・ジャパン編，竹下興喜監訳『ネオコンとアメリカ帝国の幻想』朝日新聞社，2003年。
(8) Anthony Lake, *From Containment to Enlargement*, Washington, DC: School of Advanced International Studies, Johns Hopkins University, 1993. Lake, "Confronting Backlash States," *Foreign Affairs*, Vol. 73 No. 2, March/ April 1994.
(9) Avi Shlain, *The United States and the Berlin Blockade, 1948-1949: A Study in*

　　　 Crisis Decision-making, Berkley: Univ. of California Press, 1983.
(10) 浦野起央『ジュネーヴ協定の成立』嚴南堂書店，1970年。
(11) 于力人編『中央情報局50年』北京，時事出版社，1998年，下巻，第68章。
(12) Michael R. Beschloss, *The Crisis Years: Kennedy and Khrushchov, 1960-1963,* New York: Edward Burlingame Books, 1999. 筑紫哲也訳『危機の年——ケネディとフルシチョフの戦い1960－1963』上・下，飛鳥新社，1992年。
(13) Jack Schick, *The Berlin Crisis, 1958-1962,* Philadelphia: Univ. of Pennsylvania Press, 1971. 村上和夫『ベルリンの法的地位論——東西関係における方途政治の対立と強調の一断面』有斐閣，1987年。Henry A. Kissinger, *Diplomacy,* London: Simon & Schuster, 1994. 岡崎久彦監訳『外交』日本経済新聞社，1996年，下巻。
(14) Robert Rhodes James, *The Czechoslovak Crisis, 1968,* London: Weidenfeld & Nicolson, 1969. Jiri Valenta, *Soviet Intervention in Czechoslovakia 1968: Anatomy of a Decision,* Baltimore: Johns Hopkins U. P., 1991. 岩志津子「『プラハの春』と軍事介入過程——ブレジネフ政権の対応を中心として」国際政治107『冷戦変容期の国際政治』1974年。
(15) John Norton Moore & Robert F. Turner, *International Law and the Brezhnev Doctrine,* Lanham: Univ. Press of America, 1987.
(16) Glenn R. Chafetz, *Gorbachov, Reform and Breznev Doctrine: Soviet Policy toward Eastern Europe, 1985-1990,* Westport: Praeger, 1993.
(17) 浦野起央『現代世界における中東・アフリカ——その国際関係とソ連の関与およびパレスチナ問題』晃洋書房，1982年，第6章ソ連とアフリカ。
(18) Fred Halliday, *Cold War, Third World : An Essay on Soviet-US Relations,* London: Hutchinson Radius, 1989. 滝澤海南子訳『カブールからマナグアまで——第三世界をめぐる米ソの角逐』新評論，1991年。
(19) E. P. Thompson, *Zero Option,* London: Merlin Press, 1982. 河合秀和訳『ゼロ・オプション——核なきヨーロッパをめざして』岩波書店，1983年。
(20) Mikhail Golbachev, *Perestoroika: New Thinking for Our Country and the World,* New York: Harper & Row, 1987, New Edition, London: Coline, 1987. 田中毅訳『ペレストロイカ』講談社，1987年。
(21) フランシス・フクヤマが，レーガン政権の国務省政策企画室に室長ポール・ウォルフォウィッツから呼ばれて勤務し，のちランド研究所に戻ってソ連の脅威を警告する論文を書いた。彼の『歴史の終わり』はその副室長当時の構想で，ケナンのX論文が政策企画室長として執筆されたことを思えば，それは第二のX論文といえるもので，米国の政策の一貫性が分かろう。そこでのフクヤマの主張は，ケナンの「ソ連を封じ込めよ」に対して「民主主義を広めよ」で，これが現在のブッシュ・ドクトリンとなっている。フクヤマの信念は，アメリカ的民主主義体制が人類の求める最終的な政治体制であるとした世界観にある。Francis Fukuyama, "The End

of History," *National Interest,* Summer 1989. Fukuyama, *The End of History and the Last Man,* New York: Free Press, 1992/ New York: Avon Book, 1993. 渡部昇一訳『歴史の終わり』上・下，三笠書房，1992年。
(22) 浦野起央『第三世界の政治学』有信堂，1977年，全訂版1955年。
(23) 家正治『国際連合と民族自決権の適用』神戸外国語大学外国学研究所，1980年。
(24) 浦野起央『第三世界の連合政治』南窓社，1989年。
(25) 前掲書，第3章。
(26) 前掲書，第2章。
(27) 前掲書，第1章。
(27) 新植民地主義の用語は，1960年4月コナクリで開催の第2回アジア・アフリカ人民連帯会議で提起された。岡倉古志郎・蝋山芳郎『新植民地主義』岩波書店，1964年。
(28) Nelson Irinig *Casás, Krruption in der UNO,* Dusseldorf: Eco Verlarg GmbN, 1970. 佐藤信行訳『内幕からみた国連』サイマル出版会，1975年，92，112頁。
(29) 産品総合プログラムは，1962年8月産品問題にかかわる国際活動に関する経済社会理事会決議915（XXXⅣ）に始まり，1972年の第2回UNCTADで産品価格の安定化に関する一連の協議が成立し，1974年8月UNCTAD事務局の覚書「全面的な産品総合プログラム」，同年12月の同報告「産品総合プログラム」が提出された。『一次産品貿易の「総合プログラム」構想について』Ⅰ・Ⅱ，農林省経済局国際経済課，1975年。
(30) 石田暁恵『一次産品貿易の国際取極』アジア経済研究所，1985年。千葉泰雄『国際商品協定と一次産品問題』有信堂，1987年。
(31) 浦野起央『パレスチナをめぐる国際政治』南窓社，1985年。
(32) Kurt Waltheim, *Un métier unique au monde,* Paris: Stock, 1977. 畦上司訳『世界で最も厄介な仕事――平和のための挑戦』サイマル出版会，1980年，79，93-94頁。
(33) ibid. 前掲書，第10章，200-201頁。

3. 国際連合半世紀の成果

a) 国際連合の任務と活動

　国際連合の目的は，国際社会の平和と安全の維持，および諸国民の福祉の増進という2つに大別できる。その実現には，種々の手段が講じられ，その活動も多様である。

(1) 平和と安全の維持

　国際連盟は，国際紛争の平和的解決，安全保障，および軍備縮小を平和を支える3本柱とした。国際連合憲章では，国際連盟における戦争の違法化をさらに進めて，自衛の場合を除き，国家が他国に武力を行使することを禁止した（憲章2条4項）。加盟国は，国家間紛争を平和的手段で解決しなければならないことを，一般的義務とした（憲章2条3項）。しかし，憲章が定めた国連機関による平和的解決の制度は,不完全なものであって，安全保障理事会と総会による調停手続き（憲章6章10条，14条）と国際司法裁判所による裁判制度（憲章14章）があるが，前者の政治機関による紛争解決は，いずれも拘束力がない。事務総長の公式の調停活動も同様である。後者の国際司法裁判所への紛争の付託は，その判決が当事者を拘束するものであるが，この付託は義務化されていない。したがって，紛争の解決は当事者の意思にかかっており，事前又は事後の合意なしには裁判は成立しない。

（ⅰ）集団安全保障——国際紛争が武力紛争に発展する可能性は残されており，そこで集団安全保障の制度が導入され，強制措置の適用となった（憲章39条，41条，42条）。しかし，冷戦時にあっては，安全保障理事会における決議の採択が難しく，そのために，軍事措置に備えた取決めは放棄された。朝鮮戦争で1950年11月成立の「平和のための結集」決議377

表1-8　「平和のための結集」決議による緊急特別総会

会期	開催期日	議　題	要　請　者	成　果
1	1956. 11.1-10	中東	安全保障理事会	スエズ緊急国連軍の派遣
2	11.4-10	ハンガリー	安全保障理事会	ソ連軍事干渉決議成立（賛成50, 反対8, 棄権15）
3	1958. 8.8-21	中東	安全保障理事会	内政不干渉原則決議採択
4	1960. 9.17-19	コンゴ動乱	安全保障理事会	コンゴ国連軍の派遣
5	1967. 6.17-9.18	中東	ソ連	イスラエルのパレスチナ占領地域撤退問題
6	1980. 1.10-14	アフガニスタン	安全保障理事会	ソ連非難決議採択
7	1980. 7.22-29 1982. 4.20-28 6.25-26 8.16-19 9.24	パレスチナ	セネガル（パレスチナ人の権利委員会議長）	イスラエルのパレスチナ占領地域撤退問題
8	1981. 9.3-14	ナミビア	ジンバブエ	ナミビアの自決決議採択
9	1982. 1.29-2.5	アラブ占領地域	安全保障理事会	イスラエルのゴラン高地併合非難決議採択
10	1997. 4.24-25 7.15 11.3 1998. 3.17 1999. 2.5-9 2000. 10.18,20 2001. 12.20 2002. 5.7 8.5 2003. 9.19 10.20-21 12.3	占領東エルサレムおよび残りのパレスチナ占領地域	カタール	

（V）は強制行動の決議採択を容易にしたものであったが，その集団安全保障の適用は拒否権の回避という手続き面での操作というものではなく，実際，憲章第7章のもとでの強制措置が適用されることは稀であった。大国に対する経済制裁の発動は効果があげにくく，まして軍事強制措置の発動には軍事的優位が確保されていなければならない。こうした基礎を造り出すための軍備の削減はその軍事的優位にかかわるところで，結局，国連

表1-9 特別総会

会期	開催期日	議題	要請者	内容
1	1947. 4.28-5.17	パレスチナ	英国	(決議は不成立)
2	1948. 4.16-5.14	パレスチナ	安全保障理事会	和平調整を決議
3	1961. 8.21-25	チュニジア	38カ国	フランスの干渉
4	1963. 5.14-6.27	財政状況	総会	
5	1967. 4.21-6.13	南西アフリカ・平和維持問題	総会	
6	1974. 4.9-5.2	天然資源と開発	アルジェリア	資源ナショナリズムの成果
7	1975. 9.1-16	開発と国際経済協力	総会	新国際経済秩序の方策
8	1978. 4.20-21	レバノン国連軍財政	総会	
9	1978. 4.24—5.3	ナミビア	総会	ナミビア宣言採択
10	1978. 5.23-7.1	軍縮	総会	126カ国参加の最大軍縮会議
11	1980. 8.25-9.15	国際経済問題	総会	1980年代に国際開発戦略採択
12	1982. 6.7-7.10	軍縮	総会	第1回軍縮総会決議の履行状況の検討
13	1986. 5.27-6.1	アフリカ	総会	1986－1990年アフリカ経済復興・発展国連行動綱領採択
14	1986. 9.17-20	ナミビア	総会	ナミビアの自決を安全保障理事会に要請
15	1988. 5.31-6.25	軍縮	総会	(成果なし)
16	1989. 12.12-14	アパルトヘイト	総会	アパルトヘイトおよび南部アフリカ宣言採択
17	1990. 2.20-23	薬物乱用	総会	麻薬決議採択
18	4.23-27	国際経済協力	総会	発展途上国経済成長・発展宣言採択
19	1997. 6.23-27	地球サミット＋5	総会	環境サミット
20	1998. 6.8-10	世界麻薬問題	総会	
21	1999. 6.30-7.2	人口と開発	総会	
22	1999. 9.27-28	小島嶼発展途上国	総会	
23	2000. 6.5-9	婦人2000年	総会	
24	2000. 6.26-30	社会開発	総会	
25	2001. 6.	国連人間居住会議の履行	総会	
26	2001. 7.25-27	エイズ問題	総会	
27	2002. 5.8-10	世界子供サミット	総会	
28	2005. 1.24	ナチ強制収容所解放60周年記念	総会	

機関および国際連合から切り離し，ソ連の意向に妥協したジュネーブ軍縮委員会／軍縮会議の軍縮交渉となったが，そこでの実質的な成果は少なかった（26頁をみよ）。

東西冷戦が終結し，大国間の協調体制による安全保障理事会への期待が高まると，1990年8月イラクのクウェート侵攻となり，同年12月の国連決議678（1990）で，米国主導の多国籍軍をもって，武力行使を含むあらゆる必要な手段をとる権限が付与された。その変則的な平和強制機能は以後，先例となった[1]。

(ⅱ) **平和維持活動（PKO）**――朝鮮戦争以後，国際連合では，平和の破壊に対して強制力ないし制裁を加えることによる集団安全保障というよりも，武力行使の悪化を防ぎ，また武力衝突を平和裡に収拾するための方策が追求された。1956年，スエズ国連緊急軍（ＵＮＥＦ）の派遣は対立する両者の兵力引離しを容易にし，以後，平和維持軍や軍事監視団の現地派遣が実現し，戦闘の再発が防止された（表1-12をみよ）。この平和維持活動に従事する軍隊は，集団安全保障のための軍隊と異なり，紛争当事者に対して中立的立場をとり，戦闘を目的としたもので，強制力を有しない。

(2) 福祉増進の機能

経済的・社会的分野での国際協力は，諸国民の福祉増進と進歩の実現にある。ここでの主要分野は，以下の3つである。

(ⅰ) **植民地住民の自決権擁護**――国際連合が連盟時代の委任統治を継承した地域，および敵国から分離された地域，さらに，加盟国が自発的に信託統治とした地域は11で，信託統治地域とされ，国際連合の支援で独立を達成した（12章）[2]。それ以外の植民地は，非自治地域とされ，施政国は事務総長に対する統治地域の情報提供にとどまった。これは国内問題と解されたからである[3]。1994年のパラオ独立を最後に，管轄下の地域すべて

が独立した。

　第2次世界大戦後，民族運動が大きく進展し，アジア・アフリカ・カリブ地域の植民地が独立するなかで，植民地主義の議論が高まり，1960年総会で「植民地独立・諸人民に対する付与に関する宣言」が採択され，植民地制度の早急な廃絶が課題とされた。この履行のために同宣言履行のための特別委員会（24カ国で構成）が，その独立達成に努めた。1969年総会で「植民地独立付与宣言」10周年特別行動計画決議が採択された。

（ⅱ）人権の保障――個人の人権問題は，従来は国内問題とされてきたが，国際連合憲章は，人種・性・言語・宗教による差別なく，すべての者の人権および基本的自由の尊重を助長・奨励することを，目的の1つに掲げた。先駆的な「世界人権宣言」が1948年12月10日の総会決議217（Ⅲ）で採択され（賛成48，反対0，棄権8＝ソ連，ウクライナ，ベロロシア，ポーランド，チェコスロバキア，ユーゴスラビア，サウジアラビア，南アフリカ）て以来，国際連合自体が，権利章典の具体的内容を確定し，規範形成の作業に取り組んできた。それに当たったのは人権委員会で，人種差別条約，人権規約，女性差別撤廃条約，拷問禁止条約，子供権利条約などが採択された（表1-10をみよ）。それは，グローバル化した国際人権法の地平を提示しており[4]，国内法制の再構成を提起した[5]。

　国連機関の人権関与には，総会管轄の機関として，以下が活動した[6]。

非植民地化に関する24カ国委員会――1960年12月「植民地諸国・諸人民に対する独立付与に関する宣言」によって，外国による人民の征服，支配，および搾取は，基本的人権を否認し，国際連合憲章に違反し，世界の平和と協力の促進にとり障害であると言及された。この宣言に従い，同委員会は，1961年宣言の適用を審査し，宣言の履行の進歩と範囲について勧告するために設立された（当初は事務総長指名の17カ国であったが，1962年に24カ国に拡大された。この特別委員会は，その審査対象地

表1-10 主要な人権規約

条　　約	採択日	発効日	締約国数
人種差別撤廃条約	1965.12.21	1969. 1. 4	168
人権規約（社会権規約）	1966.12.16	1976. 1. 3	147
人権規約（自由権規約）	1966.12.16	1976. 3.23	149
選択議定書	1966.12.16	1976. 3.23	104
第2選択議定書（死刑廃止）	1989.12.15	1991. 7.11	49
女性差別撤廃条約	1979.12.18	1981. 9. 3	173
拷問等禁止条約	1984.12.10	1987. 6.26	133
子供権利条約	1989.11.20	1990. 9. 2	192

（参考）1973年11月の総会決議で，アパルトヘイト犯罪の防止と処罰に関する協定が採択された。引き続いて1985年12月総会はスポーツにおける反アパルトヘイト国際条約を採択した。

域における国際の平和と安全を脅かす事態の進展につき通報することで，安全保障理事会と協力関係をもった。1965年に南西アフリカ（ナミビア），南ローデシア（現ジンバブエ），およびポルトガル領アフリカの植民地における人権侵害につき，人権委員会の注意が喚起された。また，南部アフリカ経済権益問題も提起された。1974年のポルトガルの非植民地化プロセスでアフリカ植民地は独立を達成したが[7]，1975年11月東チモールは東チモール人民民主共和国の独立宣言にもかかわらず，インドネシアに併合された[8]。その後，国際連合は東チモールの自決を認めず，1999年9月の国民投票で自決を達成した。スペイン領西サハラの非植民地化は，ポリサリオ戦線の1976年2月サハラ・アラブ民主共和国の樹立と国際連合の努力にもかかわらず，予定された国民投票による完全自決は得られていない[9]。

国連ナミビア理事会——1967年に国連南西アフリカ理事会が設立され，1968年ナミビア理事会に改称した。ナミビア地域の独立達成，施政に必要な法律・制令・規則の公布，憲法の制定とそのための必要な措置，地域の法と秩序の維持などの任務を負った。ナミビアは1990年3月の国民投票で独立を達成した[10]。

アパルトヘイト特別委員会——アパルトヘイト政策特別委員会として1962年に設立され，1970年の任務拡大でアパルトヘイト政策のあらゆる側面とその国際的影響に関与するにいたった。1973年に総会は，アパルトヘイト犯罪の防止と処罰に関する協定を採択した。1974年に反アパルトヘイト特別委員会と改称した[11]。

国際連合が主催した主なアパルトヘイト・セミナーは，次のとおり開催された[12]。

1966年8~9月　ブラジリアで国連アパルトヘイト・セミナー。
1967年7~8月　キトウェ（ザンビア）で南部アフリカのアパルトヘイト・人種差別・植民地主義に関する国連セミナー。
1975年4月　パリで国連アパルトヘイト・セミナー。
1976年5月　ハバナでアパルトヘイトの根絶および南アフリカ解放闘争に関する国連セミナー。
1977年8月　ラゴスでアパルトヘイトに反対する行動のための世界会議。
1978年4月　ブリュッセルでアパルトヘイト政権に関する研究会議。
　　　　8月　ジュネーブでアパルトヘイトに反対するための非政府組織国際会議。
　　　10月　ニューデリーで南部アフリカ解放およびアパルトヘイト反対国際会議。
1979年2月　アフリカとの核共同研究に関する国連セミナー。
　　　　6月　パリでアパルトヘイト下の児童に関するユネスコ・セミナー。
1980年6~7月　ジュネーブで南アフリカに反対する制裁のための国際非政府間組織会議。
1987年9月　ハラレでアパルトヘイト南アフリカにおける児童，弾圧，および法律に関する国際会議。
1991年6月　パリで南部アフリカにおけるアパルトヘイトの犠牲者の教育的ニーズに関する国際会議。
　　　　8月　ニューヨークで南アフリカに対する石油禁輸に関する聴聞会。

国際連合は，南アフリカの人種差別・アパルトヘイト問題の解消に努め，難民の救済などで現地活動を進めた。また，1968年以降，国連南部アフリカ教育・訓練計画が実施された[13]。1991年6月アパルトヘイト政策は全廃

された。

被占領地域住民の人権に影響するイスラエルの実際の特別調査委員会——1968年に設置され、1970年以来、活動した。アラブ地域でのイスラエルの政策と人権の確保するため、国際赤十字委員会（ICRC）との協力が要請された。その成果は欠いた。

パレスチナ人民の本源的権利の行使に関する委員会——1975年に設置され、パレスチナ人民の自決権、国家の独立と主権に関する権利、さらに彼らが追放され根刮ぎにされた家と財産に復帰する権利の行使を可能にする計画の研究・勧告が要請された。委員会の報告は、1976～77年に総会および安全保障理事会で審議されたが、決議の採択にもかかわらず、その履行は十分でなかった。

経済社会理事会の管轄機関としては、人権委員会（68頁以降をみよ）の他に、以下がある。

差別防止・少数者保護小委員会——26人の専門家で構成され、発足時から活動した。1977年にチリ当局の経済援助とその人権に与える結果の問題にかかわり、また奴隷制度とそれに類似する慣行の廃止に関与してきた。

女性の地位委員会——1946年に設立され、市民的権利にかかわる女性の権利に関する勧告を行ってきた。委員会には、人権委員会と同様に、国連児童基金、国連開発計画、またアラブ女性の地位委員会、ＥＵや米州機関の女性委員会などの関係機関、および解放運動の代表が参加している[14]。

また、国連専門機関の１つ国際労働機関（ILO）は、1930年に強制労働に関するＩＬＯ条約を採択しており、以来、労働条件の改善のための条約や勧告を採択し、人権の社会面での国際基準を設定してきた。1972年に経済社会理事会および総会は、犯罪的要因により搾取され、かつ奴隷および強制労働に近い条件で従事させられるアフリカ諸国からヨーロッパ諸国への労働者の不法な輸送に伴う事件に関する報告に着目して、ＩＬＯに対し

て移民労働者の保護活動を強化するよう要請した。1977年，ＩＬＯは，労働調査を行い，総会は，ユネスコ（ＵＮＥＳＣＯ）とＩＬＯに対し移民労働者の偏見を除去するべく適切な手段をとるよう要請した。

（3）経済開発・援助

　従来，経済社会理事会地域委員会を中心にその取り組みがなされてきたが，1960年代以降，南北問題が登場し，アジア・アフリカ・カリブ地域の独立達成とともに，国際連合は1960年代を「国連開発の10年」として，南北問題に取り組み，引き続き1970年代を第2次「国連開発の10年」，1980年代を第3次「国連開発の10年」，1990年代を第4次「国連開発の10年」として継承し，これら第三世界の諸国はいわゆる77カ国グループを形成してその取り組みに与った。その成果を得て，国連開発計画（ＵＮＤＰ）が1966年に発足し，発展途上国の開発援助に取り組んだ。

　なかでも，1962年の第27総会で採択された天然の富および資源の恒久主権決議3016（ⅩⅩⅦ）は，すべての諸国が自国内の天然資源を自由に処分できる権利を有することを承認し，外国企業の支配下にあった自国の天然資源を国有化する権利を認めたことで注目された[15]。1982年に採択された海洋法条約（1994年発効）には，海洋資源に対するその適用となった。同条約は，深海底の区域と資源は人類の共同財産であるとの見地で国際海底機関（ＩＳＢＡ）による開発を制度化したことで，南北問題解決への動きとしては1つの大きな成果であった[16]。また，1973年の第28総会以来，パレスチナの被占領地域の国家資源の恒久主権決議が採択されてきた。

　以下，いくつかの論点を取り上げて論じよう。

b）国際連合への参加

　国際連合は，その世界的機構にもかかわらず，東西対決でソ連が拒否権

を発動し（表1-1をみよ），その国連加盟が混乱した。

　なかでも著しかったのが，中国代表権であった。これは，1949年10月新中国の成立で，11月中国政府が国際連合あて電報で，中華民国政府に代わって代表権を行使する旨を通告し，中国代表が任命されたにもかかわらず，それは生かされず，代表権問題となった。1950年1月の国連文書「国際連合における代表権問題の法的観察」[17]は，代表権の問題は当該国の安全保障理事会および総会承認とは別個の問題としており，したがって台湾に移った国民政府が中国代表権を行使し，共産中国政府が1950年，朝鮮・台湾問題の安全保障理事会審議にも代表を送ったものの，発言の機会はなかった。1960年以降におけるアジア・アフリカ諸国勢力の増加で，1961年の第16総会以後は，代表権の扱いは，これまでの単純多数決ではなく重要指定事項として3分の2の多数で決定することになった（憲章第18条）。こうして共産中国の国連参加が封じられてきたが，1971年10月の第26総会で重要事項指定決議案は成立せず，中国代表権回復および国民政府追放決議2758（ⅩⅩⅥ）が成立し（76対35，棄権17票），とりわけ票田のアフリカ諸国を巻き込んだ北京派と台湾派の対立に決着が付いた（表1-11をみよ）。

　南アフリカは，そのアパルトヘイト政策により，1970年に第25総会で代表権が剥奪され，1991年の第46総会で回復した。同じ代表権問題では，カンボジア内戦で1972，1973，1974年にポル・ポト派の民主カンボジアが代表権を行使し，国土の大半を支配しているヘンサムリン派のカンボジア人民共和国が代表権を有しない事態が生じた[18]。

　国際連合では，いま1つの事態が生じた。反帝国主義・反植民地主義を標榜していたアジア・アフリカ勢力の盟主，インドネシアのスカルノ大統領が1964年12月，対決する新植民地主義（英国傀儡）のマレーシアが安全保障理事会理事国となれば，インドネシアは国際連合を脱退すると表明し，翌年1月脱退し，それは当時，国連未加盟の中国，北朝鮮，および中ソ対

表1-11　中国代表権の表決状況

会期	中国支持反対決議案			中国支持決議案			中間決議案		
		賛成	反対	棄権	賛成	反対	棄権	賛成	反対	棄権
5	中国代表権決議案									
		16	33	10						
6	中国議席棚上げ決議案			国府追放決議案					
		61	34	7	37	11	4			
7	〃			〃						
					42	7	11			
8	〃			〃						
					44	10	2			
9	〃			〃						
					43	11	6			
10	〃			〃						
					42	12	6			
11	〃			〃						
					47	24	8			
12	〃			〃						
					48	27	7			
13	〃			〃						
					44	28	9			
14	〃			〃						
					44	29	9			
15	〃			〃						
					42	34	22			
16	重要事項指定決議案			国府追放決議案					
		61	34	7	36	48	20			
17				〃						
					42	56	12			
18				〃						
					41	57	12			
19	—			—						
20	重要事項指定決議案			国府追放決議案					
		56	49	11	47	47	20			
21	重要事項指定決議案			国府追放決議案			特別委員会設置決議案		
		66	48	7	46	57	17	34	62	25
22	〃	69	48	4	〃	45	58	17	〃	32	57	30
23	〃	73	47	5	〃	44	58	23	〃	30	67	27
24	〃	71	48	4	〃	48	56	21			
25	〃	66	52	9	〃	51	49	27			
26	逆重要事項指定決議案			国府追放決議案					
		55	59	15	76	35	17			

立下に中国支持のアルバニアから支持された。それを主導したスカルノ政権の倒壊で，1966年9月インドネシアのマレーシア対決は終了し，インドネシアは国際連合に復帰した[19]。

50　冷戦，国際連合，市民社会

c）平和の維持と国際連合

　国際連合は，1947年3月コルフ海峡問題で初めてソ連が拒否権を行使し，さらに7月ギリシャ国境問題で，1948年10月ベルリン問題でそれぞれ拒否権を行使して以来，平和の維持に失敗し，1947年にはトルーマン・ドクトリンが発動された。続くマーシャル・プランの発表で冷戦が公然となり，その厳しい対決は1953年のスターリン死去まで続いた。東・西とも国際連合を有利に活用しようと努め，ソ連が拒否権を乱発した（表1-1をみよ）。一方，デタント以後の国際連合は，その妥協から，一面では，米・ソ共同管理の様相をみせた。

　1950年の朝鮮戦争では，ソ連の安全保障理事会への欠席で，米国主導の国連軍が展開した。

　そうしたなかでも，パレスチナ紛争，カシミール紛争，中東戦争，イエメン内戦，ドミニカの混乱，レバノン紛争，キプロス内戦，西イリアン処理，アンゴラ内戦などでは，平和維持活動は一定の成果をあげた[20]。国連緊急軍（UNEF）の展開で[21]，ハマーショルド事務総長は1958年10月「UNEFの設置および活動に基づく経験の要約研究」[22]を提出したが，これら諸活動（当時は平和維持活動の用語はなかった）から，この種の国連活動の迅速性・効率性のため加盟国はUNEF型国連活動への参加を備えた待機体制の国内法制を行うことが期待され，その基本原則が提出された。コンゴ紛争では，米・ソがそれぞれの対立した内戦当事者を支持して対峙したが，国連軍の設立・派遣という表現なしに，援助の内容を事務総長に一任する形で国連軍の展開が実施され，ハマーショルド事務総長は，コンゴに対する国際連合の「防止外交」として前記の基本原則をコンゴ紛争に適用した。コンゴ紛争の処理は，安全保障理事会からの授権に基づき事務総長特使が任命され，国連軍を編成し展開した初の「防止外交」であった[23]。こうした貴重な国際連合の経験にもかかわらず，国際連合の関与は，本来

意図された国連軍の編成が冷戦によって失敗しており，代わって自発的参加の軍隊・軍事要員で構成する平和維持活動（PKO）を進めるところとなり，こうしてPKOは紛争当事国間に介在して停戦の維持，治安の維持などに従事し，戦火の再発を防止する上で成果をあげた。これはいわば予防的警察行為といえるもので，侵略の阻止，軍事制裁などの軍事行動措置ではないにしても，停戦の維持に成功してきた。とりわけ，冷戦後に多数噴出した地域紛争では，紛争防止への対処に実績をあげてきた。これは予防外交といえるもので，1992年にブトロス・ガリ事務総長報告「平和への課題」のなかで，紛争の未然防止として予防外交が提起され，これら地域紛争に対する国際連合の新たな役割として合意された。その具体策としては，信頼醸成措置，早期警報システム，紛争発生前の国連要員の展開，非武装地帯の設定などがあげられる。

　1961年のカタンガ紛争以来，アフリカ諸国の紛争で傭兵事件が多発し，アフリカ統一機構（OAU）は，1976年6月の傭兵に関するルアンダ協定，1977年7月のアフリカ傭兵を撤廃するOAU協約が制定されたが，以後も傭兵事件は続いた。アフガニスタン内戦での傭兵戦闘から，第44総会で，1989年12月傭兵の募集・使用・財政支援訓練・戦闘参加を禁止した傭兵の募集，使用，資金供与，および訓練を禁止する条約が採択された（未発効）。

　なお，平和維持活動における安全保障理事会や特別総会での決定は，多数決制ではなく，対決国にかかわる決定においては，中東紛争に関する決議242（1967）にみるように，コンセンサス方式で決議が採択されるようになってきているが，そうした意思決定の形式も決議の実効性を大きく高めている。

　パレスチナ問題への国際連合の取り組みは，未だ達成されていない。この問題は第1次世界大戦後に発生しており，総会は1947年11月のパレスチナ分割決議182（Ⅱ）でパレスチナの自決を決めたが，それに従うユダ

表1-12　国連平和維持活動

名　称	期　間
国連休戦監視機関（UNTSO）	1948. 5～現在
国連インド・パキスタン軍事監視団（UNMOGIP）	1949. 1～現在
第1次国連緊急軍（UNEF Ⅰ）	1956.11～1967. 6
国連レバノン監視団（UNOGIL）	1958. 6～1958.12
コンゴ国連軍（ONUC）	1960. 7～1964. 6
国連西イリアン保安隊（UNSF）／国連暫定行政機構（UNTEA）	1962.10～1963. 4
国連イエメン監視団（UNYOM）	1963. 7～1964. 9
国連キプロス平和維持軍（UNFICYP）	1964. 3～現在
ドミニカ事務総長代表使節団（DOMREP）	1965. 5～1966.10
国連インド・パキスタン監視団（UNIPOM）	1965. 9～1966. 3
第2次国連緊急軍（UNEF Ⅱ）	1973.10～1979. 7
国連兵力引離し監視軍（UNDOF）	1975. 6～現在
国連レバノン暫定軍（UNIFIL）	1978. 3～現在
国連アフガニスタン・パキスタン仲介使節団（UNGOMAP）	1988. 5～1990. 3
国連イラン・イラク軍事監視団（UNIMOG）	1988. 8～1991. 2
国連アンゴラ検証団（UNAVEM Ⅰ）	1988.12～1990. 5
国連ナミビア独立支援グループ（UNTAG）	1989. 4～1990. 3
国連中米監視団（ONUCA）	1989.11～1992. 1
国連イラク・クウェート監視団（UNIKOM）	1991. 4～2003.10
第2次アンゴラ検証団（UNAVEM Ⅱ）	1991. 5～1995. 2
国連エルサルバドル監視団（ONUSAL）	1991. 7～1995. 4
国連西サハラ住民投票監視団（MINURSO）	1991. 4～現在
国連カンボジア先遣隊（UNAMIC）	1991.10～1992. 3
国連保安軍（UNPROFOR）	1992. 2～1995. 3
国連カンボジア暫定統治機構（UNTAC）	1992. 2～1993. 9
国連ソマリア活動（UNOSM Ⅰ）	1992. 4～1993. 3
国連モザンビーク活動（ONUMOZ）	1992. 1～1994.12
第2次国連ソマリア活動（UNOSOM Ⅱ）	1993. 3～1995. 3
国連ウガンダ・ルワンダ監視団（UNOMUR）	1993. 6～1994. 9
国連グルジア監視団（UNOMIG）	1993. 8～現在
国連リベリア監視団（UNOMIL）	1993. 9～1997. 9
国連ハイチ使節団（UNMIH）	1993. 9～1996. 6
国連ルワンダ支援団（UNAMIR）	1993.10～1996. 3
国連アオゾウ帯監視団（UNASOG）	1994. 5～1994. 6
国連タジキスタン検証団（UNMOT）	1994.12～2000. 5

第3次国連アンゴラ監視団（UNAVEM III）	1995. 2〜1997. 6	
国連クロチア信頼回復活動（UNCRO）	1995. 3〜1996. 1	
国連予防展開軍（UNPRDEF）	1995. 3〜1999. 2	
国連ボスニア・ヘルツェゴビナ使節団（UNMIBH）*	1995. 1〜2002.12	
国連東スラボニア・バニシャおよび西スレム暫定機構（UNTAES）	1996. 1〜1998. 1	
国連プレブラカ監視団（UNMOP）	1996. 2〜2002.12	
国連ハイチ支援団（UNSMIH）	1996. 7〜1997. 7	
国連グアテマラ人権監視団（MINUGUA）	1997. 1〜1997. 5	
国連アンゴラ監視団（MONUA）	1997. 6〜1999. 2	
国連ハイチ暫定使節団（UNTMIH）	1997. 8〜1997.11	
国連ハイチ文民警察使節団（MIPONUH）	1997.12〜2000. 3	
国連文民警察支援グループ（UNCPSG）	1998. 1〜1998.10	
国連中央アフリカ共和国使節団（MINURCA）	1998. 4〜2000. 2	
国連シエラレオネ監視団（UNOMSIL）	1998. 7〜1999.10	
国連コソボ暫定行政使節団（UNMIK）	1999. 6〜現在	
国連シエラレオネ使節団（UNAMSIL）	1999.10〜現在	
国連東チモール暫定行政機構（UNTAET）	1999.10〜2002. 5	
国連コンゴ民主共和国使節団（MONUC）	1999.11〜現在	
国連東チモール支援団（UNMISET）	2002. 5〜現在	
国連エチオピア・エリトリア使節団（UNMEE）	2002. 9〜2004. 9	
国連コートジボアール使節団（MINUCI）	2003. 5〜2004. 2	
国連リベリア使節団（UNMIL）	2003. 9〜現在	
国連コートジボアール活動（UNOCI）	2004. 2〜現在	
国連ハイチ安定化派遣団（MINUSTN）	2004. 4〜現在	
国連ブルンジ活動（ONUB）	2004. 5〜現在	

（注）＊国際警察タスク・フォース（IPTP）を含む。

ヤ・パレスチナ国家の樹立は混乱し，ユダヤ国家イスラエルの独立をみたのみで，アラブのパレスチナ国は誕生せず，新たな宗教対立をパレスチナに再生させた。1948年のパレスチナ戦争で生じたパレスチナ・アラブ難民に対して，国際連合は即座に対応して国連パレスチナ難民救済事業機関（UNRWA）を設置し，その活動は現在も続いている。4次にわたる中東戦争では，1956〜67年，1973〜79年に国連緊急軍（UNEF）がそれぞれ

展開されており，1948年以来のパレスチナの国連休戦監視団（ＵＮＴＳＯ）の平和維持活動は現在も展開中である。1967年の第3次中東戦争では，イスラエルがパレスチナを占領下においたため，イスラエルの生存権を認めた中東和平決議242（1967）がコンセンサスで成立し，その中で現状復帰が求められたものの，解決にいたらなかった。イスラエルの西岸統治が続くなか，1987年12月インティファーダというパレスチナ人の大衆決起となり，それが国際世論を動かす一方，彼らのパレスチナ解放機構（PLO）の議会，パレスチナ民族評議会（PNC）は翌88年11月，前記決議242（1967）の解決方式を認めた政治宣言を採択して，対決局面を転換させた。それは，ソ連のアラブ諸国への関与が後退したためであり，代わってイスラエルの同盟国，米国が中東秩序の樹立に取り組むなか，1991年10月中東和平会議が始まった。そして，1994年1月パレスチナ・イスラエル自治交渉となった。1996年4月パレスチナ民族評議会（議会）で，ＰＬＯは，パレスチナ憲法に当たるパレスチナ民族憲章のなかのイスラエル抹殺条項（第9条）を破棄した（1998年12月再確認）。しかし，パレスチナではその自決に向かう過程において，混乱とテロが続発した。アラブ国のエジプトおよびヨルダン両国はイスラエルと和平協定を締結したのにもかかわらず，そのパレスチナ和平のプロセスが国際連合の枠内で提示されているにもかかわらず（35頁をみよ），その実施をめぐってアラブ・パレスチナ人の激しい抵抗とテロが続発し，その展望は明るいとはいえない。

d）軍縮と国際連合

　国際連合憲章には「世界の人的および経済的資源を軍備のために転用することを最も少なくして国際の平和および安全の確立および維持を促進する」（憲章第26条）とあったが，国際連合がまず取り組んだのは1946年，国連原子力委員会で米国が独占していた原子力管理の問題であった。翌47

年に国連通常軍備委員会が設置され、そのなかで一方では原子力兵器の禁止、他方では通常軍備の縮小が審議された。だが、1948年6月ソ連はその第1～3次の原子力委員会報告に対し拒否権を行使し、翌49年にソ連の原爆保有が明らかとなり、前記2つの問題の切り離しが意味をなさなくなり、1952年1月両者を統合してジュネーブ軍備委員会が設けられ、1954年4月米・ソ・英・フランス・カナダ5カ国の小委員会で軍縮の段階的プログラムの作成に入ったものの、成果はなかった。そこで、1950年代半ば以降、直接的には軍縮を目指さない部分的措置に審議が移った。そのことは、米・ソ双方の軍備増強と大規模な核の報復はないという核の手詰まり状態を反映していた。これとともに、交渉も国際連合から離れ、冷戦の当事者、米・ソ間の取引となった。それは、1970年後半まで続いた。1959年9月に10カ国軍縮委員会が設けられたが、それはソ連の要求した東西同数の原則という方針に従ったもので、今度は西側諸国がこの機関の構成原則を国際連合内に持ち込むことを嫌ったために、国際連合の外での活動となったものである。1961年12月討議でソ連のトロイカ方式の主張に従って非同盟8カ国が加わり、1962年1月以降、18カ国委員会となった。1969年に新たに8カ国が加わり、軍縮委員会（CCD）となった。ここに軍縮交渉が移ったことで、全加盟国で構成される国連軍縮委員会は、1960年代以降、休眠状態となった[24]。

　非同盟諸国は1961年の第1回首脳会議以来、世界軍縮会議開催を提案しており、1976年の第6回コロンボ首脳会議で、軍縮のための国連特別総会の開催を求める決議を採択した。かくて、1978年5～6月に第1回軍縮特別総会が開催され、軍縮の原則的宣言、行動計画の最終文書が採択されたが、それは、世界の軍事化への懸念と成果の乏しい従来の軍縮交渉への不満を、第三世界勢力の力で押し切った結果であった。そこには具体的措置が盛られていたが、その実施は思わしくなく、再び1982年6～7月に第2

回特別総会が開催されたものの，世界軍縮キャンペーン以外には成果はなかった。続く1988年6月の第3回特別総会では，核保有国と非同盟諸国の対立のために最終文書も採択されなかった。

そうしたなか，最初の取決めが1962年のキューバ危機から，翌63年に米・英・ソ3国の部分的核実験禁止条約において成立し，同条約はすべての諸国に開放された。それは，厳しい冷戦のなか，米・ソが引き出した部分的共存，つまりデタントの成果であったが，その内容は核保有国による核抑止戦略に従う核戦争の回避にあって，軍縮効果は限られていた。その不満から，前記軍縮特別総会の開催となったところであった。

国際世論の高まりで，軍縮委員会が1984年に軍縮会議（CD）に移って以降，軍縮交渉は進展をみた。1985年3月ジュネーブで包括的軍縮交渉が開始され，これは，それ以前の戦略兵器削減交渉（START），ヨーロッパ中距離核戦力削減（INF）交渉を引き継ぎ，新たに宇宙兵器の規制が加わった。こうして1987年にＩＮＦ全廃条約，1991年に戦略兵器削減条約（START Ⅰ），1993年にＳＴＡＲＴ Ⅱ条約がそれぞれ調印された。1996年9月，包括的核実験禁止条約が多数決の総会採択で成立した（158対3＝インド，リビア，ブータン，棄権5，北朝鮮，イラクなどは欠席，インドは調印拒否を表明した）。この採択は，軍縮会議が全会一致の決議採択に失敗したからであった。その包括的軍縮交渉では，科学兵器の禁止，新型大量破壊兵器の禁止，通常兵器の国際移動規制，信頼醸成措置，軍事費の削減，軍縮と開発などが議題として取り上げられていたが，1992年に化学兵器禁止条約が採択され，翌93年1月化学兵器の全面廃棄を定めた同条約が成立した。1973年以来，中部ヨーロッパ7カ国と関係の米・英・ソ・カナダが参加して中部ヨーロッパ相互兵力軍備削減交渉（MRFA／MBPR）がもたれたが，それは成果なく1989年に終了した。代わってヨーロッパ通常兵器（CFE）交渉が始まり，北大西洋条約機構（ＮＡＴＯ）とワルシ

ャワ条約機構（WTO）のあいだで1990年にヨーロッパ通常戦力（CFE）条約が成立したが、これは冷戦の終焉に連動していた[25]。いうまでもなくこのヨーロッパ通常戦力条約は、第2次世界大戦後初の通常戦略軍備管理・軍縮条約であって、これによりすでに7万点以上の各種兵器が削減され、とくにこれにより旧ソ連の大規模侵攻・奇襲能力の低下が図られた結果、中部ヨーロッパでの通常戦力の不均衡が是正され、この条約は地域の安定に寄与した。

　これらの軍縮交渉の成果は、第1に、米・ソ間および東・西ヨーロッパ間での核および通常戦力全般にわたり軍縮が実現したことであった。それは、戦後取決めの矛盾を残した冷戦下の取引といえるものであったが、冷戦の終結によりその交渉は完結した。第2は、大量破壊兵器の不拡散を目指す多国間体制の構築が進んだことであった[26]。これも冷戦の終結で大国間の対立が解消したためであったが、この大量破壊兵器の拡散問題は、冷戦後に北朝鮮、イラクなどで判明し、新たな脅威として認識されるところとなった[27]。

　1997年以降、2004年までの現在、ジュネーブ軍縮会議は何の成果もなく終わっている。懸案の合意された兵器用分裂核物資生産禁止条約も調印にいたっていない。

　軍縮問題の最大の課題は、核軍縮と核不拡散、および大量破壊兵器の軍縮・不拡散であったが、冷戦後の課題は通常兵器の軍縮・不拡散であった。それは、3つの課題の取り組みにあった[28]。

　第1，対人地雷問題。対人地雷の規制は、1980年に採択された特定通常兵器使用禁止・制限条約（CCW）改正議定書があったが、この条約は対人地雷が主に使用されている内乱には適用されなかった。また、探知不可能な地雷などは禁止されていなかった。そこで、1996年5月同議定書Ⅱが制定されたが、このCCWによる部分的禁止では対人地雷問題の抜本的解

決にいたらないとするNGOの対人地雷禁止国際キャンペーン（ICBL）が高まり，1996年10月オタワ会議で対人地雷禁止条約（オタワ条約）が起草され，翌97年12月署名され，1999年3月同条約は発効した。地雷の除去は，イエメン，アフガニスタン，アンゴラ，ボスニア，ヘルツェゴビナ，クロアチア，モザンビーク，ルワンダ，カンボジア，ラオスで実施された。

　第2，小型武器問題。1995年の「平和への課題・追補」でミクロ軍縮の必要性が訴えられ，1998年に国連小型武器政府専門家グループが設置され，2003年7月ニューヨークの国連小型武器会議（小型武器非合法取引のあらゆる側面に関する国連会議）で行動計画が採択された。同行動計画は，過剰地区正規防止策（安全な管理・刻印制度の確立，厳格な輸出基準の適用，余剰武器の解体など）と過剰蓄積削減策（武器の文化を平和の文化に変える武装解除と社会復帰，民主化支援など）からなる。カンボジアでは，2001年4月小型武器回収プロジェクトが着手された。

　第3，国連軍備登録制度。1991年に日本とEC諸国の提案で，総会は軍備の透明性に関する決議46／25を採択した。これは，1991年の湾岸戦争においてイラクの過大な武器の蓄積が地域の不安定につながったという反省から，通常兵器の国際的移転を中心とした軍備の透明性および公開性を向上させ，それにより各国の信頼醸成，過度の軍備蓄積防止を図ることを目的とした。この制度には，90カ国以上が参加しており，ほとんどの国際武器移転はカバーされている。とくに主要な武器輸出国はこの毎年の登録を行っているが，アフリカ・中東地域の参加が低い。1992年の制度発足から1996年まで参加していた中国は，1997年に米国が台湾向け武器輸出を登録したことで，参加をボイコットした（米国は台湾向け輸出データ付託の正当性を主張している）。2003年の専門家会議で，ミサイルおよびその発射基が新たにMANPADS（携帯型防空システム）に加えられる勧告が採択され，10月事務総長の報告書[29]が提出され，決議58／54で採択された。

こうした軍縮交渉とならんで，地域的措置として，以下の非核地帯条約が成立した。いずれの非核地帯も，締約国の地域内で関係国が核兵器の実験・製造・取得などを禁止し，域外の核兵器国も核兵器の使用や威嚇をしない，と約束している。これは，地域的な核拡散防止措置であり，究極的には，このような非核地帯を世界大に拡大し，核保有大国を囲い込み，最終的な全面核廃絶へ到達することを目指している。それは，1961年の南極条約に始まり，その後，海底条約（1971年），宇宙条約（1987年）が成立している。人の定住地域では，以下のラテンアメリカ，次いで南太平洋，東南アジア，アフリカの4地域において条約が成立している（2005年5月メキシコシティで非核地帯会議が91カ国の参加で開催された）[30]。

インド洋平和地帯構想——1971年に同地帯宣言が決議2832（XXVI）で成立した。これはインド洋における米・ソの海軍力の拮抗への懸念からであった。1974年5月インドの核実験で，インド・パキスタンの対立が憂慮され，1974年のインド洋平和地帯宣言の実施決議3259（XXIX）が成立した。同時に，南アジア非核地帯宣言決議3256（XXIX）が成立した。

南極非核地帯（南極条約）——1959年12月5核兵器国（米・英・フランス・ロシア・中国）・日本・オーストラリアを含む42カ国が調印した（1961年6月発効）。

ラテンアメリカ非核兵器地帯（トラテロルコ条約）——1962年のキューバ危機で非核地帯構想が進展し，1963年にラテンアメリカの非核化を求める決議1911（XVIII）が成立した。1967年2月29カ国が調印し，5核兵器国も調印した（1968年4月発効）。現在，33カ国が調印し，最後の加盟国キューバは2002年11月批准した。

アンデス平和地帯——2004年12月アンデス平和地帯決議59／54が成立した。この非核・化学・生物兵器地帯はボリビア，コロンビア，エクアドル，ペルー，およびベネズエラで構成される。

南太平洋非核兵器地帯（ラロトンガ条約）――1966年に始まったフランスの南太平洋地域における核実験を背景に，1975年の第30総会で南太平洋における非核地帯設置を支持する決議3477（XXX）が成立し，南太平洋フォーラム（ＳＰＦ）総会で1985年8月米・英・フランスを含む地域諸国11カ国が調印した（1986年12月発効）。現在の締約国・地域数は13で，ミクロネシア，マーシャル諸島，パラオは調印していない。域外国はロシア，中国，英国，フランスは批准し，米国は調印のみである。

東南アジア非核地帯（バンコク条約）――東南アジア諸国連合（ＡＳＥＡＮ）は1971年11月に平和・自由・中立地帯構想（ＺＯＰＦＡＮ）5カ国宣言を採択していたが，その構想の一環として1995年12月ＡＳＥＡＮ首脳会議で加盟10カ国がバンコク条約に調印した（1997年3月発効）。米国・中国は調印を拒否し，他の核兵器国も調印しなかった。

アフリカ非核兵器地帯（ペリンダバ条約）――アフリカ諸国の主導で，サハラ砂漠がフランスの核実験場であったことから，1961年にアフリカ非核地帯宣言決議1652（XVI）が採択され，1964年アフリカ統一機構（ＯＡＵ）首脳会議でアフリカを非核地帯とするカイロ宣言が採択された。そして，1996年4月ＯＡＵ加盟42カ国（加盟国は54カ国）がペリンダバ条約に調印した（未発効）。5核兵器国のうち米国・英国・フランス・中国が調印している（フランス，中国，英国は批准し，米国とロシアは批准していない）。

中央アジア非核地帯――かつてソ連の核実験場でもあったカザフスタンを含む中央アジア5カ国で1998年の中央アジア非核地帯構想をとりあげた決議53／77Ａに続いて，2000年に55／33Wが採択された。

中東非核地帯構想――イスラエルの核開発が注目されるなか，1974年に決議3263（XXIX）で，その構想が決議された。2004年12月同決議59／63が成立した。

東北アジア非核地帯構想——1991年12月に南・北朝鮮は朝鮮半島の非核化共同宣言に調印した。2002年10月16日北朝鮮が核開発計画を認めたことで[31]，その解決のために東北アジア非核地帯構想がいよいよ交渉の議題となった。

モンゴル非核兵器地位——モンゴルは1991年に自らの非核地帯を宣言し，1994年の小国の保護と安全保障に関する決議49／31を確認して，1998年の決議53／77Dで，モンゴルの非核兵器地位が承認された。

e）テロリズムと国際連合

　国際連合がいわゆる国際テロの問題に継続的に着手したのは1972年以降で，ワルトハイム事務総長の提案で，第27総会に議題「国際テロリズムの防止装置およびその根源の検討」が付託された。しかし，審議はソ連・アラブ・アフリカ諸国の原因追及派が，民族解放のための戦いはテロではないと主張して，その根本原因をイスラエルの占領体制，南アフリカ・ローデシアの人種差別体制，帝国主義・植民地体制にあるとして，米国・西欧・日本・ラテンアメリカ諸国の措置支持派と対立した。ために国際テロリズム・アドホック委員会では，何の審議もなされず，実質討議は延期となった。1976年に国際テロリズムの防止措置とその根本原因の研究という2つを併記した決議31／102が成立したが（1986年の決議44／29まで同様であった），その内容は十分でなく，1979年には人質行為防止条約が成立したものの，その審議においても，アラブ・アフリカ諸国は民族解放運動にかかわる人質行為を除くよう求めた。1983年第38総会の審議では，ソ連は同年10月のラングーン・テロ事件をとりあげることなく，米国のグレナダ侵略を非難する有様であった。1985年第40総会の審議で，決議40／61のなかに「あらゆるテロ行為を無条件に非難する」との1項が初めて盛られた。しかし，国際テロリズムの定義・原因は論じられなく終わった[32]。

1991年12月に国際テロ廃絶措置の決議46／51が成立した。1994年12月に「国際テロ廃絶措置の宣言」（決議49／60）が成立し，テロは「犯罪で，正当化できない」とされた。そこでは，国家以上に国際テロ組織が強いアフガニスタンに対して安全保障理事会が対処せざるをえない現実があった（決議1267(1999)，1336(2000)，1390(2002)の採択など）。そこに，2001年に9・11同時多発テロが発生した。

　安全保障理事会は同01年9月12日決議1368（2001）を採択し，加盟国に対しあらゆる手段で国際の平和と安全への脅威に対処するよう，要請した。次いで，9月28日テロ行動に起因する国際の平和と安全に関する決議1373（2001）が採択され，ここに包括的アプローチがとられ，テロ資金を封じる措置が盛り込まれた，こうして，安全保障理事会の15構成国で成立したテロ対策委員会（ＣＴＣ）が発足し，各国に対しテロ対策報告を90日以内に提出するよう求めた。しかし，その報告はその提出期限の2001年12月には出されなかった（国連事務局は，2002年9月172カ国の報告書提出を確認した）。以来，世界各地のテロ状況が明らかとなった[33]。

　テロ条約は人質の罪および関連形態のテロ防止・処罰ＯＡＳ（米州機構）条約[34]を先駆とし，1997年12月の爆弾テロ防止条約，1999年4月のテロリズム資金供与禁止条約が採択されるなど，これまで一連の反テロ条約が成立している[35]。ただし，審議中の包括的テロ禁止条約[36]と核テロ防止条約[37]は，2002年6月Ｇ8のテロ対策勧告でもとりあげられ，後者は2005年4月に成立した[38]。なお，2000年11月総会は，組織的な犯罪集団への参加・犯罪収益の洗浄・腐敗・司法妨害などの処罰，資金洗浄と闘うための措置について定めたトランスナショナル組織犯罪国連条約が採択された。同条約には，銃器の不法取引に関する議定書，移住者の密輸に関する議定書，人身取引に関する議定書の3つが付属している（未発効）。

なお，前記OAS条約の他，以下の反テロ地域条約が成立している。

1998年4月　テロリズムの防止に関するEU条約。
　　　　6月　テロリズムと闘う独立共同体加盟国間協力条約。
　　　　7月　テロリズムの防止と戦うためのOAU条約。
2000年10月　国際テロリズムと戦うイスラム諸国会議協約。

　さらに，2001年10月上海反テロ声明は国際協力の強化を打ち出し（2001年6月上海協力機構（SCO）発足），2003年5月のSCO首脳会議はテロ組織の資金源根絶を確認した。同01年11月東南アジア諸国連合（ASEAN）のテロ行動宣言，次いで2002年8月米国・ASEANの対テロ国際宣言が出された。さらに，2002年5月ASEANテロ会議が開催された。同01年11月ワルシャワで中・東欧16カ国元首級代表が，テロとの闘い・テロ防止地域会議を開催した。同年11月ブカレストでOSCE閣僚会議が開催され，「テロリズムと闘うブカレスト行動計画」が採択された。2002年6月中央アジア・テロ会議が開催された。

　2003年5月31日ジョージ・W・ブッシュ米大統領によるポーランドのクラフク演説で，国際テロや大量破壊兵器（WMD）の拡散などの脅威に対抗するための拡散安全保障イニシアチブ（PSI）が動き出した。これは有志国連合レジームであるが，旧来の同盟方式に代わってグローバル・エンゲージメント（地球的関与）としての展開をみせたことで，新しい動きであった（2004年10月現在，コア・グループ14カ国で構成，参加は61カ国と2国際機関＝EU・NATO）。そして，2004年4月決議1540（2004）が成立し，国際の平和と安全保障にとって脅威を構成する核兵器・化学兵器・生物兵器の拡散を阻止する国際行動が合意された。引き続いて7月のPSI第3回パリ会合で，拡散阻止原則宣言が採択され，拡散懸念国家および非国家主体に資する国内法，国際法，および国連決議に従う効果的な措置の遵守が呼びかけられた[39]。

表1-13 反テロ条約

条　約	制定年	内　容	制定機関
Ⅰ航空機テロ			
東京条約	1963	航空機犯罪	国際民間航空機関
ヘーグ条約	1970	航空機のハイジャック禁止	〃
モントリオール条約	1971	民間航空機の不法行使禁止	〃
空港テロ防止条約	1986	空港テロの防止	〃
可塑性爆薬探知条約	1991	爆弾の機内持ち込み禁止	〃
Ⅱ海上テロ			
シージャック防止条約	1988	シージャック防止	国際海事機関
大陸棚平底船条約	1988	平底船のジャック防止	〃
Ⅲ人質テロ			
外交官保護条約	1973	大使館占拠テロ防止	総会
人質行為防止条約	1979	人質テロ防止	〃
国連要員等安全条約	1994	国連要員の安全保護	〃
Ⅳその他テロ防止			
核物資防御条約	1980	核テロ防止	国際原子力機関
爆弾使用防止条約	1997	テロリストの爆弾使用禁止	〃
テロ資金供与防止条約	1999	テロリストへの資金供与禁止	〃
トランスナショナル犯罪条約	2000	トランスナショナル組織犯罪禁止・資金洗浄禁止	総会
核テロ防止条約	＊	核装置・放射能性物質の所持・使用禁止	〃
Ⅴ生物・化学兵器テロ			
細菌兵器禁止条約	1972	細菌兵器・毒素兵器の生産・貯蔵・使用禁止	ジュネーブ軍縮会議
化学兵器禁止条約	1992	化学兵器の開発・生産・貯蔵・使用禁止	〃

(注)　＊2005年4月採択，9月調印予定。

　2003年10月トルコ・イスタンブールの自爆同時爆発テロでテロ協力決議1516（2003）が全会一致で成立した。

　2004年10月ロシア・北オセチアの学校占拠テロ事件で，安全保障理事会は，テロ実行犯などの訴追で各国間の協力を促進させるテロ対策強化決議1566（2004）を全会一致で採択した。

f）国際人権と国際連合

　国際連合は，国家に対して個人が持つ権利についての国際共通規範＝国際人権基準の作成に大きく寄与してきた。元来，人権問題は国内管轄事項とされてきた。そうしたウェストファリア・モデルのなかにあって，ナチス・ドイツのユダヤ人虐殺（ホロコースト）を国際社会が黙認したことには強い反省があった。他国の内部事項でも，もし深刻な人権侵害を黙視することにでもなれば，世界の平和への脅威，すなわち自国の安全に対する脅威になるとした現実，そしてかかる人間の非人道的状況を座視することは人類として決して許されることではないとの理念が国際関係の基本であるとした理解が深まった。1948年の「世界人権宣言」の精神はそこにあったし，もともと大西洋憲章の誓いもそうした理解を反映していた。当初，1944年サンフランシスコ会議に提出された国際連合憲章草案では，人権の尊重の条項がなく，それを主張した米国に対し英国やソ連が内政干渉の恐れがあるとして反対したからであった。ラテンアメリカ諸国がその留保に反発し，「人権および基本的自由を尊重するよう助長し奨励することについて，国際協力を達成する」との規定（憲章1条3項）が挿入された。そのことは，民主主義諸国家共同体モデルとしての国際連合の誕生を意味した。

　これとともに，国際連合は，以下，一連の会議を開催し，国際人権を定着させていった。そして，国際社会では，1980年代以降，人権外交が展開されるところであった（前述）。

国際人権会議開催（1968年5月 テヘラン）――「世界人権宣言」採択20周年を記念して開催された。一部NGOも参加した。

国連第1回世界婦人会議開催（1975年6～7月 メキシコシティ）――そこでは，1967年の「女性差別撤廃に関する国連宣言」に従う女性の性別役割分業についての社会通念の打破と南北問題こそは女性問題であるとした共通認識が図られた。かくして，1976-85年を「国連婦人の10年」とした取り組みが始まった。133カ国の参

加の他, 300の国連関連機関, およびNGO代表3000人以上が参加した。NGOはトリビューンを開催した。

人間居住会議 (Hbitaltuto) (1976年5～6月 バンクーバー) ——134カ国が参加し, 人間居住宣言を採択した。会議に先立ち, ハビタット市民討論会が開催された。

第2回世界婦人会議開催 (1980年7月 コペンハーゲン) ——当初, イランで開催の予定であったが, イラン・イスラム革命で開催できず, 世界の女性解放の最先進国デンマークで開催され, 1979年の女性の差別撤廃条約成立を受けての開催で「後期行動計画」が採択された。トロビューンのフォーラムが開催された。

第3回世界女性会議開催 (1985年7月 ナイロビ) ——2000年に向けた「婦人の地位向上のためのナイロビ将来戦略」が採択され, 結果の平等, 実質的平等の達成が目標とされた。NGOは1万5000人が参加した。

子供サミット開催 (1990年9月) ——世界71カ国の首相, 88カ国の代表が集い, 「子供の生存・保護・発達に関する世界宣言」を発し, 「行動計画」が採択され, 2000年までに達成すべき27の目標が決められた。2002年5月の子供特別総会は, 児童の売買, 売春, および児童ポルノに関する選択議定書, 武力紛争における児童の関与に関する選択議定書が採択された[40]。2004年3月子供の権利条約が採択された。

環境開発会議 (地球サミット) 開催 (1992年6月リオデジャネイロ) ——1991年ニューヨーク準備会議でアジェンダ21草案の女性条項が欠落しており, 環境を護っているのは女性であり, 男性支配の開発が環境を破壊してきたとの主張がなされた。マイアミに70数カ国の女性1500人が集い, 女性のNGOコーカサスが誕生し, 以来, 国際連合でのNGO活動が活発となった。

世界人権会議開催 (1993年6月 ウィーン) ——この会議に先立ち, アフリカのチュニス宣言, ラテンアメリカのサンホセ宣言, アジアのバンコク宣言がそれぞれ採択された。協議資格のNGOがウィーン会議および地域会議にオブザーバーとして参加し, 別に独自のNGOフォーラムも開催され, その数は800を超え, 3691人を数えた。会議は, 先進国と発展途上国間の人権の普遍性ないし特殊性を確認した「ウィーン宣言」および「行動計画」を採択した。

世界人口開発会議開催 (1994年9月 カイロ) ——日本政府代表団にNGO女性代表が加わった。会議は, 女性の地位向上, 能力の向上に力点を置き, 「女性の人生選択の幅を広げることが最終的に人口抑制に繋がる」と指摘した。

社会開発サミット開催 (1995年3月 コペンハーゲン) ——日本政府代表団へのNGO代表参加が慣例となった。米国は代表団の20％をNGO枠とした。その会議で人

権問題として絶対的貧困の概念が定着した。発展途上国の開発を南北問題として改めて位置づけ，この劇的転換で，以後，社会開発問題への新しい人権的視点が確立した。

第4回世界女性会議開催（1995年9月 北京）——その直前，8〜9月NGO北京女性会議が開催され（懐柔県），3万人が参加した。会議では，「女性の権利は人権である」と確認された[41]。EU首席代表はNGO代表が務めた。

世界人種差別撤廃会議（2001年8〜9月 ダーバン）——過去の奴隷制と奴隷貿易を人道に対する罪と認め，植民地支配に対する「深い遺憾の意」を表した宣言案と行動計画が採択されたが，宣言案でのパレスチナ問題の取り扱いをめぐって糾弾し，米国とイスラエル代表団は会議を離脱し，アフリカ諸国が求めた明確な謝罪と補償の条項は流れた。170カ国が代表団を派遣し，NGO約950団体，約6000人が会議に参加した。

第2回児童の商業的性的搾取に反対する世界会議（2001年12月 横浜）——136カ国の政府代表，国外から148のNGO，日本から135のNGO，また23の国際機関など，計3,050人が参加し，「児童の商業的性的搾取に対する国家行動計画」を採択した。

　経済社会理事会の人権委員会は人権条約の起草に従事してきた。安全保障理事会も，国際の平和への脅威と見做されると，1960年の南アフリカのアパルトヘイト政策に人権問題として関与した。また，旧ユーゴスラビアにおける深刻な人権侵害で，1993年に人道法違反につき個人を裁く国際法廷が設置されることになり，旧ユーゴスラビア国際戦犯法廷，さらに翌94年にルワンダ国際刑事法特別廷裁判所が発足した[42]。

　人権委員会による人権基準の整備が進み，人権条約が制定されると（表1-10をみよ），その履行監視の段階に入った。人権委員会，国連難民高等弁務官事務所（UNHCR），また国連女性の地位向上部などが，これに従事している。1947年，国連人権委員会には，個別の人権申立てについての権限はなかった。1952年には，人権委員会へのオブザーバーの参加も認められなかった。1960年にアフリカ諸国の国連参加から，アパルトヘイト政策が国際連合全体で大きな問題となったことで，1967年の人権委員会が重大な人権侵害にかかわるところとなり，南アフリカ，南西アフリカ（ナミ

表1-14 国連人権委員会の主要な課題別手続き

名　称（設置・再任年）
強制的又は自発的失踪に関する作業部会（1980・2004）
非合法，即決又は恣意的拘禁に関する特別報告者（1982・2004）
拷問・その他犯罪の非正常・非人道・降格処罰に関する特別報告者（1985・2004）
宗教又は信念の自由に関する特別報告者（1986・2004）
人民の自決行使の障害としての傭兵利用に関する特別報告者（1987・2004）
児童売買・児童売春・児童わいせつに関する特別報告者（1990）
恣意的拘禁に関する作業部会（1991・2003）
ミャンマーの人権状況に関する特別報告者（1992・2004）
現代的人種主義の形態，人種差別，外国人排斥，および関連の不寛容に関する特別報告者（1993・2003）
カンボジアの人権状況に関する特別代表（1993）
1967年以降のパレスチナ占領地域に関する特別報告者（1993）
意見および表現の自由の権利促進と保護に関する特別報告者（1993・2002）
ソマリアの人権状況に関する事務総長任命独立専門家（1994・2003）
女性に対する暴力，その暴力と結果に関する特別報告者（1994・2003）
判事と法律家の独立性に関する特別報告者（1994・2003）
ハイチの人権状況に関する独立専門家（1995）
人権享受の有毒・危険な生産と水の非合法的移動・廃棄遂行の逆行的結果に関する特別専門家（1995・2004）
人権と極度の貧困に関する独立専門家（1998・2004）
教育の権利に関する特別報告者（1998・2004）
移民の人権に関する特別報告者（1999・2002）
適切な生活水準の権利からなる適切な住居に関する特別報告者（2000・2003）
防御の人権状況に関する事務総長特別代表（2000・2003）
食糧の権利に関する特別報告者（2000・2003）
構造調整政策の結果および対外債務に関する独立専門家（2000・2003）
先住民族の人権と基本的自由に関する特別報告者（2000・2003）
アフリカ砂漠の人民に関する作業部会（2002・2003）
各人の身体的・精神的健康の雇用の権利に関する特別報告者（2002）
キューバの人権状況に関する個人特別代表（2002）
アフガニスタンの人権状況に関する特別専門家（2003）
リベリアの技術援助および助言業務に関する独立専門家（2003）
ベラルーシの人権状況に関する特別報告者（2004）
ブルンジの人権状況に関する独立専門家（2004）
チャドに関する独立専門家（2004）
コンゴ民主共和国の人権状況に関する特別専門家（2004）

> スーダンの人権状況に関する特別専門家（2004）
> ウズベキスタンの人権状況に関する特別専門家（2004）
> 朝鮮民主主義人民共和国の人権状況に関する特別報告者（2004）
> 個人，とくに婦人・子供の売買に関する特別報告者（2004）
> 刑罰を受けない行動を通じて人権の保護および促進の原則の不適切な措置に関する事務総長任命独立専門家（2004）
> テロ決議2004／87の人権委員会委任の履行における人権高等弁務官支援の独立専門家（2004）
> 国内避難民に関する事務総長代表（2004）

ビア），ローデシア（現ジンバブエ），ポルトガル領アフリカに臨時専門家調査団が派遣され，国別の人権調査に入った。1970年代から80年代にかけ，当時，軍政下にあったアルゼンチンとチリにおける人権侵害について，アムネスティ・インターナショナルなど国際人権ＮＧＯによる詳細な調査が報告され，人権委員会はこれをとりあげた。1980年に強制的又は自発的失踪に関する作業部会が向けられ，国別調査ではなく世界各国の人権調査を行う権限を人権委員会は受任し，これが人権委員会の活動を広げ信頼性を高めることになった。人権委員会の特別手続きは，課題別の作業部会や事務総長代表，事務総長特別代表，事務総長特別専門家，事務総長特別報告者，人権高等弁務官個人特別代表によって進められている。

　冷戦期には，東西陣営それぞれで，国家の明確な意思で人権侵害が公然と行使されていた。それは，共産党支配の監視・管理が厳しい共産党国家での実際であったが，発展途上国でも例外ではなく，総会や人権委員会では，以下の諸国，南アフリカ，イスラエル，ハイチ，ミャンマー，カンボジア，アフガニスタン，キューバ，ソマリア，ベラルーシ（旧ベロロシア），ブルンジ，チャド，スーダン，コンゴ民主共和国，ウズベキスタンなどでの人権問題が非難されてきた。

　東西冷戦の終結過程で大きな役割を担った全欧安保協力会議のヘルシンキ・ストックホルム・レジームは，東欧における言論・結社の自由拡大，

表1-15 総会決議で採択された人権侵害事件

年　次	事　件（括弧内は総会番号）
1946〜1970	チベット（14, 16, 20） アンゴラ（15） 南アフリカ（20, 21, 22, 23, 24, 25） イスラエルの領土占領（23, 24, 25）
1971〜1980	南アフリカ（26, 27, 28, 29, 30, 31, 32, 33, 34, 35） イスラエルの領土占領（26, 27, 28, 29, 30, 31, 32, 33, 34, 35） チリ（30, 35） 南部アフリカ（32, 33, 34, 35） エルサルバドル（35）
1981〜1990	南アフリカ（36, 37, 38, 39, 40, 41, 42, 43, 44, 45） イスラエルの領土占領（36, 37, 38, 39, 40, 41, 42, 43, 44, 45） エルサルバドル（36） チリ（36） キプロスの行方不明者（36） グアテマラ（36）
1991〜2000	南アフリカ（46, 47） イスラエルの領土占領（46, 47, 48, 49, 50, 51, 52, 53, 54, 55） ハイチ（46, 47, 48, 49, 50, 51, 52, 53, 54, 55） エストニア，ラトビア（48） ソマリア（49, 50, 51, 52） ルワンダ（54, 55） ユーゴスラビア（54, 55）
2001〜2004	イスラエルの領土占領（56, 57, 58, 59） ソマリア（56） ユーゴスラビア（56） 東チモール（56） カンボジア（56） イラン（56, 58, 59） コンゴ民主共和国（56, 58, 59） イラク（56） スーダン（56） アフガニスタン（56） ミャンマー（56, 58） 南東ヨーロッパ（56）＊ トルクメニスタン（58, 59）

（注）コソボ，ボスニア・ヘルツェゴビナ，ユーゴスラビアの地域。

および信頼醸成措置の育成を支え，国際連合もそのレジームを受け入れた[43]。そのヘルシンキ宣言は，情報の自由な交換を保証し，ハンガリーの国境政策の転換と開放を可能にし，東ドイツのベルリンの壁の崩壊をもたらし，そして東欧社会の市場経済への劇的な転換と東欧共産圏の解体をもたらした。また，冷戦後，米中人権対話やＡＳＥＡＮ・ヨーロッパ会議が開催され，多くの場で国際的ノモスとしての人権問題が論じられるようになった。その一方，破産国家／失敗国家のソマリア，ルワンダなど，あるいは混乱を極めた旧ユーゴスラビア，さらに麻薬戦争の内戦で統治能力を失ったコロンビアなどでの人権問題の対処に直面した。そこでは，国際人権活動の技術協力活動がとられてきた。また，民主化支援，国内人権機関設置の支援などが，カンボジア，ブルンジ，ルワンダ，旧ユーゴスラビアで実施された。そして，1993年に旧ユーゴスラビアに関する国際戦犯法廷，翌94年にルワンダ国際刑事特別法廷が設けられ，多発する人権問題への対処から，2002年7月に国際刑事裁判所が設置され，ジェノサイド罪，人道に対する罪，および戦争犯罪に対する審理がなされるところとなった[44]。一方，事務総長により2002年1月シエラレオネ戦犯法廷が設置された。さらに，1999年2月事務総長がカンボジアにポル・ポト派特別国際法廷の設立を勧告し，2001年8月カンボジア法律として設置法が成立し，2003年5月同法廷は設立された（2002年12月カンボジア人権決議57／225採択）[45]。さらに，シエラレオネ特別法廷（ＳＣＳＬ）[46]，コソボ・パネル[47]，東チモール・パネル[48]といった刑事裁判所が設置されてきた。また，2003年12月人道の罪に対するイラク特別裁判所が設置された[49]。

　国際連合は「人権教育のための国連10年（1995—2004年）行動計画」を各国，国内人権委員会，オンブズマン事務所など，さらに国内ＮＧＯ，草の根組織，専門家団に対して実施するよう求め，履行されている。

　一方，こうした国際連合における取り組みと並んで，地域における人権

活動を遂行する地域人権裁判所が設けられており，以下のとおり活動している。

欧州人権裁判所——1954年11月欧州審議会が西欧民主主義の擁護という見地で条約起草作業に入り，1954年11月欧州人権条約が調印され（1953年9月発効），1959年1月に欧州人権裁判所が発足した[50]。

米州人権裁判所——米州機構は1948年に米州人権宣言を発し，1960年に米州人権委員会が設立され，人権擁護活動が始まった。1969年11月米州人権条約が調印され（1978年7月発効），米州人権特別会議が設立された。その実施機関として米州人権委員会および米州人権裁判所が活動している[51]。

アフリカ人権委員会——イディ・アミン・ウガンダ政権下の虐殺，さらに，中央アフリカのボカサ政権および赤道ギニアのヌゲマ・マシアス政権下の残虐行為などが1979年4月のアフリカ統一機構（OAU）首脳会議において，加盟国間で人権問題として議論となり，1981年1月バンジュール憲章が作成され，6月のOAU首脳会議で採択された（1986年10月発効）。この憲章の実施機関として人および人民の権利に関する委員会（アフリカ人権委員会）が設置され，委員会は個人もしくは国家によって通報された情報を，委員会は事前の国家承認なしに審理し，友好的解決をみた後，OAUに通報し，委員会が一連の重大な又は大量の侵害の存在，ないし緊急事態と認めたときは，OAU首脳会議で処理する[52]。

以上の国際的人権を支えてきたのは，世界市民であり[53]，またアムネスティ・インターナショナル[54]やヒューマン・ライツ・ウォッチ[55]などの国際人権NGOの活動であった。

さらに，市民レベルで自ら犯罪法廷を設けられて，国際世論が人権を支えている[56]。

g）難民と国際連合

　国際連合憲章には，難民問題についての規定がない。しかし，第 2 次世界大戦で戦場となった世界の各地では，戦災避難民が発生し，その対応が大変であった。この現実に対する取り組みに各国は直面し，あるいはロシア難民の保護がソ連共産主義体制に対する批判の視点で論じられ，さらに，ユダヤ難民への戦前における放置が自戒されるところがあった[57]。そして，東欧共産圏の成立過程で，そこからの避難民への対処が緊急の課題となった。

　ソ連のバルト 3 国占領で，30万人のエストニア人，ラトビア人，リトアニア人が外国に逃れた。ソ連は彼らの帰国を認めたが，1947年の冷戦開始で，その試みは中断した。国際連合体制の外で，1945～47年に政府間難民委員会が，さらに1947～52年に国際難民機関（IRO）が活動していたが，それら活動の目的は本国への帰還を原則としていた。実際は，米国，オーストラリア，ベネズエラがIROを通じて難民を受け入れ，ヨーロッパの100万人以上の難民が113カ国に移住した[58]。こうした対処につき，それは戦争犯罪者や連合国の敵国への協力者を隠匿する手段であると，ソ連は非難した。

　「世界人権宣言」が「迫害からの庇護」を求める権利に言及した。この権利は，各国においても憲法上の権利であった。そこで，国際連合は1949～50年の総会決議で国連難民高等弁務官（UNHCR）を創設し，その難民支援活動は1951年 1 月 1 日に始まった。さらに，ＵＮＨＣＲは難民の地位に関する条約の起草に着手し，1951年にその難民条約が採択された。ただし，同条約では，1951年 1 月以前に生じたヨーロッパ難民を対象として，これら諸国の間で保護を与えることになっていた。

　1956年のハンガリー事件で，ソ連軍の鎮圧から大量の難民が発生した[59]。米国政府は，オーストリアに逃れてきた数十万人を避難民として米国内に

引き取ることを条件として，オーストリア政府に対し難民として扱うよう要求し，冷戦下の軍事的圧力に対してイデオロギー上の巻き返しをとった。もっとも，ヨーロッパ諸国は，1951年1月以前の事件の余波として，それら避難民を難民として受け入れた。これにより，難民条約の1951年1月以前の適用となった。

同時期に，アルジェリア独立戦争で大量の難民が近隣諸国に流入した。そこでは，同様の適用はなされなかったが，それは冷戦対決の文脈のなかにあって大国が動かなかったからであり，ここでは，UNHCRが実質的な支援を行い，難民条約の拡大適用となった。また，共産中国の成立で，大量の難民が香港に流入した。これもUNHCRが支援したが，そのことはUNHCRの非政治性，人道性，および国際的社会性を世界に証明するところとなり，UNHCRの大量難民に対する実質的保護活動はいっそう拡充をみ，大きく評価されるところとなった[60]。

アフリカ統一機構は，1969年9月アフリカにおける難民問題の特定の側面を律するOAU（アフリカ統一機構）条約（アフリカ難民条約）を採択した。これは，アルジェリア戦争，南アフリカ・アパルトヘイト政権の支配，ポルトガル植民地の施政からの難民流出にアフリカが直面したためであった。1964年の難民は70万人，1969年には90万人を数えていた。そこでは，難民議定書での難民条約の適用拡大に対応して，内戦や飢餓といったアフリカ諸国が直面する公的秩序の混乱にもアフリカ難民条約が適用された。にもかかわらず，ナイジェリアのチャド難民の追放，セネガルのモーリタニア難民の拒否などがあった[61]。

次の大きな難民流出は，1975年の南ベトナムの政権崩壊に伴うボート・ピープルであった。海上を漂流して流出する人々が海上で命を失うことが大きかったことで，UNHCRは1979年7月，ベトナム政府と合法的な安全出国につき協議し，その保証を得た。しかし，人権状況の悪化ではなく

経済的要因による不法出国が続き，1986年6月第2回インドシナ難民国際会議が開催され，「包括的行動計画」が採択された，1991年までにボート・ピープルの出国はなくなり，1993〜95年に香港を含むベトナム難民はほとんどが帰国した。出国難民は1992年末までにベトナムから83万5000人，ラオスから36万人，カンボジアから24万人を数えた。なお，1954年のインドシナ・ジュネーブ協定後，ベトナムの社会主義体制を逃れて80万人が亡命した[62]。

1970年後半から1980年代初めにかけ，アフリカの角地域で難民移動が生じたが，それはエチオピアとソマリアが超大国への忠誠を相互に転換したからであった。まずエチオピアは米国からソ連へ，これに連動してエチオピアと対決するソマリアがソ連から米国へと支持を変えた。この混乱で，スーダンにエリトリア難民20万人，エチオピア難民40万人が流入した。また，アフガニスタン内戦で，1979〜90年にイランに300万人，そしてパキスタンに325万人の難民が流入した。これら難民に対してＵＮＨＣＲは大きな課題として取り組んだ。

そして，1980年に中央アフリカのニカラグア，エルサルバドル，グアテマラ3国で内戦が起こり，1984年11月中米諸国とメキシコおよびパナマが参加してコロンビアのカルタヘナで会議を開催し，カルタヘナ宣言を採択した。同宣言は，アフリカ難民条約と同様に，公的秩序の混乱に対する難民条約の拡大適用を確認した。これら諸国の内戦は，ニカラグアで1989年，エルサルバドルで1992年，グアテマラで1996年にそれぞれ和平合意が成立し，ＵＮＨＣＲの帰還援助は成功した。

1990年代初め，ソ連経済の衰退から，他方，ナショナリズムの復活から，ソ連を逃げ出す人々の西への移動という不安が高まった。中央ヨーロッパでは，いわゆる庇護制度が確立されていなかった。そこで，ＨＮＨＣＲは難民保護の仕組みを拡大する必要から，その体制を事前に固めた。1991年

表1-16　世界の難民状況，2004年1月1日

地　域	難民数
アジア	6,187,800
アフリカ	4,285,100
ヨーロッパ	4,268,000
ラテンアメリカ	1,316,400
北米	962,000
オセアニア	74,100
計	17,093,100

（出所）http//www.unhcr.ch/cgi-bin/texis/vtx/basics。

表1-17　10万人以上の難民所在国，2003年　　　　　　　　　　　　　　　（単位：万人）

国　名	難民数	国　名	難民数	国　名	難民数
ブルンジ	13.6	リベリア	60.2	米国	78.7
チャド	14.7	アフガニスタン	91.2	カナダ	17.5
コンゴ民主共和国	23.8	アルジェリア	16.9	コロンビア	124.4
タンザニア	65.0	イラク	19.0	アルメニア	23.9
エチオピア	13.0	イラン	98.9	アゼルバイジャン	58.5
ケニア	24.2	クウェート	10.3	ボスニア・ヘルツェゴビナ	40.5
スーダン	16.1	サウジアラビア	24.0	グルジア	26.5
ウガンダ	23.6	パキスタン	113.0	セルビア・モンテネグロ	64.5
アンゴラ	14.7	インド	16.5	フランス	15.4
南アフリカ	11.1	ネパール	13.4	ドイツ	111.4
ザンビア	22.7	スリランカ	46.8	オランダ	18.6
コートジボアール	13.2	タイ	12.2	スウェーデン	14.8
ギニア	18.7	中国	29.9	英国	30.1

（出所）UNHCR, *2003 Global Refugee Trends: Overview of Refugee Populations, New Arrivals, Durable Solutions, Asylum-seek ersand Other Persons of Concern to UNHCR*, Geneva: UNHCR, 15 June 2004.

　９月緒方貞子難民高等弁務官はモスクワに地域事務所を開設し，予防的保護の概念に従う予防的な早期警戒態勢をとった。ＵＮＨＣＲは1992年，東ヨーロッパ，南カフカス，中央アジアの各地に実情調査団を送り，各国政府とＮＧＯに助言し，支援の新次元を開拓した。ロシアでは，ソ連における強いられた移住民（1940年代にスターリン政権下で強制移動された人民，その数は309万に達した）[63]とその他の人口移動をみており，1992〜96年に

は300万人がロシアに移住地から戻ったが，この教訓は生かされ，混乱はなかった。

カンボジア内戦でポル・ポト支配を逃れてきた避難民に対して，タイ政府は，これを難民として扱わなかった。こうしたことは，中国も，北朝鮮からの脱出者を，タイと同様に本国送還の方針と対処している。こうした難民の追い立てに対しては，UNHCRは，そうした措置をとらないよう要請した。湾岸戦争で，トルコ，イラン，シリアの国境地帯に逃げ込んだ大量の避難民は，当該国の入国拒否が起きた。それは，自国内で独立闘争をしていたクルド人の活動が警戒されたからであった。これに対して，UNHCRは，1993年にイラク内にクルド人のための「安全地帯」を設けて，その帰還を成功させた。これを先例に，国内での残留を余儀なくされたボスニア・ヘルツェゴビナの国内避難民に対して，UNHCRは，「安全地帯」を設定し保護を与え，併せて敵側への加担という懸念に対処し，その保護に努めた。そうした難民支援には国際ＮＧＯの支援が大きかった[64]。

国際連合は，人権の保護，難民の支援で極めて大きな成果をあげてきたといえるだろう。にもかかわらず，難民の流出は停まっていない。そして，難民の保護をめぐる各国の難民政策は決して十分とはいえない。未だ難民援助と開発を連繋づける努力は，1967年アジアスアベバの難民問題の法的・経済的・社会的側面についての会議，1979年のアルーシャ難民会議，1981年ジュネーブのアフリカ難民援助国際会議および1984年の同第2回会議，1983年の難民援助と開発に関する専門家会議などでの勧告にもかかわらず，またその必要性の認識にもかかわらず，成功をみていない[65]。

世界の難民状況は，表1-16，表1-17の通りである。

h) 発展途上国開発と国際連合

国際連合における南北問題は，1960年に発展途上国の経済開発と貿易の

促進を目的として設立された補助機関,国連貿易開発会議（UNCTAD）で審議され,その方針は1964年2月のプレビシュUNCTAD事務総長報告「新しい貿易政策を求めて」で指摘された「交易条件悪化のための工業国の余分の利益を,一次産品輸出国に移す政治的決定行う」ことにあった。南側諸国は,「新国際経済秩序の樹立」,「国連開発の10年」,「諸国家の経済的権利・義務憲章」を総会で採択し,そしてこのUNCTADを通じて,この構想を推進した。しかし,北側諸国は,これに対処するだけの準備も余裕もなく,南側の要求を拒否し,対立は対決までに発展した[66]。結局,北側は,経済的相互依存下の世界における協調の必要性を認識するところとなり,南側の自助努力を求めつつも,歩み寄った。とくに南側が最重視した産品共通基金設立協定は4年にわたる交渉の結果,1980年6月採択された（1989年6月発効,2002年2月現在加盟国は104カ国およびEC）。

　UNCTADは,各国の開発段階に応じてAグループ（アジア・アフリカ諸国）,Bグループ（西側先進国）,Cグループ（ラテンアメリカ諸国）,Dグループ（東欧諸国）に分かれるグループ間の交渉方式をとった。AとCのグループが77カ国グループ（G77）を形成して,UNCTADを主導した。同会議は,関係国や関係機関がとるべき行動を提案し,審議する機関となり,その討議の主題も,当初の産品問題,一般特恵,経済協力から開発金融,国際通貨,累積債務,サービス貿易,保護主義,構造調整,途上国間協力,貿易効率プログラムなどの諸問題に拡張され,その国際調整はますます困難をきわめた。とりわけUNCTADの主題が実施段階に入るとともに,前記の産品協定にみたように,各国の発展段階,産業構造,政治体制,資源政策などの相違から,発展途上国を含む各国の南北問題への対応に違いが目立つようになり,先進国間,先進国と発展途上国の相互依存問題に加え,重層的分化を深めてきた発展途上国相互間における利害関係の調整という困難な問題に直面するようになった[67]。

1983年6月ベオグラードで開催された第6回UNCTAD総会では，石油危機で国内・国際経済に大きく揺さぶられてきた先進国が発展途上国の要求に対応できないとの限界もあって，再び対立が激化し，米国は最終声明を拒否し，日本および西欧諸国は態度を留保した。そこで，総会の決議で南北問題を国際連合で包括的に扱うところの包括的なグローバル交渉（GN）へと交渉の場が米国との妥協で成立したが，GNの成果は欠いた。

ソ連と発展途上国が連繋して東西問題の様相をみせた南北問題は冷戦の終結を迎えたものの，現下の世界は，人口，環境，麻薬，森林などの新しい地球大の争点が登場して問題は複雑になり，一方，民族問題や弱体国家の分解傾向が促進され，新たに噴出される問題への対処と財政難から国際連合の機能は基本的変更を迫られるところとなった。

総会，経済社会理事会，および国連貿易開発会議は，特別問題を抱える発展途上国の利益に与るべく意図された措置をとってきた。その範疇と対処は，以下の5つである（適用国は表1-18をみよ）[68]。

第1，後発国（LDDC）。第2次「国連開発の10年」のための国際開発戦略で提起され，1971年11月の決議2768（XXV）で承認された，翌72年5月国連貿易開発会議決議62（Ⅲ）に包括的計画が盛られた。1972年以降，国連資本開発基金はその活動を後発国に限定してきた。1981年9月パリでLDDC援助会議，1990年9月パリで第2回LDDC会議，2001年5月ブリュッセルで第3回LDDC会議がそれぞれ開催された。

第2，内陸国。第2次「国連開発の10年」で内陸国が注目され，第7回開発および国際協力特別総会は内陸国の特別措置を要請した[69]。1965年6〜7月ニューヨークで開始された国連内陸国通過貿易会議で内陸国の通過貿易に関する協約が採択された（1967年6月発効）。1976年12月の決議31／177で内陸国特別基金が成立した。

第3，最も深刻な影響を被った諸国（MSAC）。1973年の石油危機で

表1-18 特別問題を抱える発展途上国

範　疇	対　象　国
後発国	アフガニスタン，ブータン，ボツワナ，ブルンジ，チャド，ダホメ（現ベナン），エチオピア，ハイチ，ラオス，レソト，マラウイ，モルジブ，ネパール，ニジェール，ルワンダ，シッキム，ソマリア，スーダン，ウガンダ，タンザニア，オートボルタ（現ブルキナファソ），西サモア，イエメン，バングラデシュ*，中央アフリカ*，ガンビア*，ジブチ，赤道ギニア，ギニア・ビサオ，サントメ・プリンシペ，セーシェル，トンガ☆，キリバス，ツバル，モーリタニア☆☆，ナミビア☆☆☆
内陸国	アフガニスタン，ボリビア，ブータン，ボツワナ，チャド，ダホメ（現ベナン），ラオス，レソト，マラウイ，マリ，ネパール，ニジェール，パラグアイ，ルワンダ，南ローデシア（現ジンバブエ），スワジランド，ウガンダ，オートボルタ（現ブルキナファソ），ザンビア***
最も深刻な影響を被った諸国	アフガニスタン，バングラデシュ，ビルマ（現ミャンマー），ブルンジ，カボベルデ，カンボジア，中央アフリカ，チャド，ダオメ（現ベナン），南イエメン（現イエメン），エルサルバドル，エジプト，エチオピア，ガーナ，ギニア，ギニア・ビサオ，ガイアナ，ハイチ，ホンジュラス，インド，コートジボアール，ケニア，ラオス，レソト，マダガスカル，モルジブ，マリ，モーリタニア，モザンビーク，ニジェール，パキスタン，ルワンダ，セネガル，シエラレオネ，ソマリア，スリランカ，スーダン，ウガンダ，カメルーン，タンザニア，オートボルタ（現ブルキナファソ），西サモア，イエメン
スダノ・サヘル諸国	チャド，マリ，モーリタニア，ニジェール，セネガル，オートボルタ（現ブルキナファソ），エチオピア**，ソマリア**

(注)　＊1975年7月の経済社会理事会決議1976（LⅨ）で追加。
　　　＊＊特別国連旱魃救済措置の適用を受けた。
　　　＊＊＊さらに，国連ザンビア援助計画（UNZAP）がある。
(出所)　国連文書 *Developing Countries and Levels of Development,* E/AC.54/L.81, 15 October 1975.浦野起央訳「発展途上国と発展のレベル」，浦野『第三世界国際関係資料集——第三世界と国際協力』有信堂，1976年，23頁。
(追加)　☆1980年12月の総会決議35／106で追加。
　　　☆☆1986年12月の総会決議41／186で追加。
　　　☆☆☆1990年12月の総会決議45／198で追加。

生じた最も深刻な影響を蒙った諸国に対して，1974年5月国連緊急作戦が設立され，1975年5月1日同作戦は終結した。

　第4，スダノ・サヘル諸国。長期の厳しい旱魃によって危機となった被

災国に対する特別措置がサハラ旱魃調整に関する常設国家間委員会で対処されてきたが，1971年以来，国連スダノ・サヘル地域中長期復興開発計画が実施され，1973年10月の決議3054（XXVIII）で，後発国と同様な援助を与えるよう要請された[70]。

第5，島嶼国。1967年の決議2357（XXII）で島嶼国問題がとりあげられ，1972年の国連貿易開発会議決議65（III）で提起され，第2次「国連開発の10年」の国際開発戦略で検討され，1974年3月の事務総長報告「地理上より不利益な発展途上国の特別経済問題およびニーズ」[71]に従い，12月の島嶼発展途上国に関する決議3338（XXIX）が採択された。翌76年12月島嶼発展途上国のための行動計画に関する決議31／156が成立した。1994年4〜5月バルバドスで小島嶼国の持続可能な開発に関する世界会議が開催された。同94年の第49総会で特別措置決議49／100が採択された。

なお，アフリカ諸国に対する国際連合の取り組みとして，アフリカの「国連運輸・通信10年」(1978－1988年)，「アフリカ開発の10年」(1978－1988年)，「第2次工業開発の10年」(1993－2002年)がそれぞれ実施された[72]。

国際連合は，国家別の自然災害やその他の特別事態に応じて，その他に特別救援又は緊急援助措置を実施してきた（表1-19をみよ）。

表1-19　国連特別救援措置

国　名（括弧内は総会番号）	内　容
1946〜1970年	
ソマリア（12, 13）	独立後の経済援助
アフガニスタン（20, 24, 25）	自然災害援助
イラン（23）	震災援助
1971〜1980年	
アフガニスタン（26）	旱魃援助
ザンビア（28, 33, 34）	南ローデシアとの国境閉鎖（ローデシア内戦）
ギニア・ビサオ（29, 32, 33, 34）	経済・財政・技術援助
ポルトガル施政地域（29）	独立後の経済・財政・技術援助
バングラデシュ（29）	洪水援助の国連救済作戦

エチオピア (30, 31, 32, 33, 34, 35)	旱魃援助
コモロ* (31, 32, 33, 34, 35)	経済・財政・技術援助
カボベルデ (31, 32, 33, 34)	経済・財政・技術援助
モザンビーク (31, 32, 33, 34)	経済・財政・技術援助
サントメ・プリンシペ (31, 32, 33, 34, 35)	経済・財政・技術援助
ベトナム (32)	経済・財政・技術援助
ジブチ** (32, 33, 34, 35)	経済・財政・技術援助
トンガ*** (32, 34)	経済・財政・技術援助
ボツワナ (32, 33, 34)	経済・財政・技術援助
レソト (32, 33, 34)	経済・財政・技術援助
セーシェル (32, 33, 34)	経済・財政・技術援助
レバノン (33, 34, 35)	復興・開発援助（レバノン内戦）
パレスチナ人民 (33, 34)	パレスチナ人の社会・経済的条件の改善
赤道ギニア (34, 35)	復興・再建・開発援助（内戦）
グレナダ (34)	経済・財政・技術援助
ウガンダ (34, 35)	復興・再建・開発援助（ウガンダ内戦）
チャド (34, 35)	復興・再建・開発援助
アンチグア／セント・キッツーネービスーアンギラ／セントルシア／セント・ビンセント (34)	経済・財政・技術援助
ニカラグア (34, 35)	復興・再建・開発援助（ニカラグア内戦）
中央アフリカ (35)	復興・開発援助
ベナン (35)	特別援助
ジブチ，ソマリア，スーダン，ウガンダ (35)	旱魃援助
エチオピア (35)	旱魃援助
サントメ・プリンシペ (35)	経済・財政・技術援助
ザンビア (35)	援助
ギニア・ビサオ (35)	援助
レソト (35)	援助
コモロ (35)	援助
ボツワナ (35)	援助
モザンビーク (35)	援助
ジンバブエ (35)	援助
セントルシア (35)	援助
ドミニカ (35)	援助
カボベルデ (35)	援助
スーダン (35)	援助
ソマリア (35)	難民援助
ジブチ (35)	難民援助

エチオピア (35)	難民援助
南部アフリカ (35)	難民援助
1981〜1990年	
パレスチナ人民	パレスチナ人の社会・経済的条件の改善
赤道ギニア (36, 37, 38, 39, 40)	再建・復興・開発援助
レバノン (36, 37, 38, 39, 40, 41, 42, 43, 44, 45)	再建・復興・開発援助
中央アフリカ (36, 38, 39)	再建・復興・開発援助
リベリア (36, 37, 39)	開発援助
ベナン (36, 37, 39, 40)	特別援助
サントメ・プリンシペ (36, 37, 39)	援助
チャド (36, 37, 38, 39, 40, 41, 42)	特別援助
カボベルデ (36, 37, 38, 39, 40)	援助
コモロ (36, 37, 38, 39, 40)	援助
ニカラグア (36, 37, 38, 39)	援助
ザンビア (36)	援助
モザンビーク (36, 37, 38, 39, 40)	援助
ジブチ (36)	難民援助
ギニア・ビサオ (36, 37, 38, 39, 40, 41)	特別経済援助
ウガンダ (36, 38, 39, 40)	援助
レソト (36, 39)	援助
ガンビア (36, 37, 38)	復興・再建援助
ジブチ (36, 37, 38, 39, 40)	援助
ジブチ (36)	旱魃援助
ボツワナ (36, 37)	援助
ジンバブエ (36)	援助
スーダン (36)	難民援助
イエメン (37, 38, 39, 40)	援助
エチオピア, ケニア, ソマリア, スーダン, ウガンダ (37, 38, 39, 40)	旱魃援助
ボツワナ (37)	援助
南イエメン (37, 39)	援助
シエラレオネ (37, 38, 39, 40)	援助
ウガンダ (37, 41)	援助
トンガ (37)	援助
ホンジュラス, ニカラグア (37, 38)	洪水援助
ガーナ (38)	援助
ベナン (38)	援助
バヌアツ (38, 39)	援助

ボリビア，エクアドル，ペルー（38）	緊急援助
マダガスカル（39, 40）	援助
スワジランド（39）	特別経済援助
ハイチ（39）	援助
モザンビーク（39, 41）	援助
エチオピア（39, 40）	旱魃援助
ギニア（39, 40）	経済・財政援助
ガンビア（39, 40）	援助
モーリタニア（40）	再建・復興・開発援助
バングラデシュ（40）	特別援助
アフリカのバッタ被害（41, 43, 44）	技術援助
ソロモン諸島（41）	援助
エルサルバドル（41, 42）	援助
（南部アフリカ）前線諸国（41, 42, 43, 44, 45）	援助
ベナン，中央アフリカ，コモロ，民主イエメン，赤道ギニア，ジブチ，ガンビア，ギニア，ギニア・ビサオ，ハイチ，マダガスカル，ニカラグア，シエラレオネ，バヌアツ（41）	14カ国オムニバス援助
モルジブ（42）	災害救済特別援助
中米諸国（42, 43）	中米特別援助
ベナン，中央アフリカ，イエメン，赤道ギニア，ジブチ，ガンビア，マダガスカル，ニカラグア，バヌアツ（42）	9カ国オムニバス援助
モザンビーク（43, 45）	援助
ソマリア（43, 44, 45）	緊急援助
スーダン（43）	スーダン特別援助計画
チャド（43, 45）	特別経済援助
ベナン，中央アフリカ，ジブチ，民主イエメン，エクアドル，マダガスカル，バヌアツ（43）	7カ国オムニバス援助
アンチグア・バーブーダ，バージン諸島，ドミニカ，モント・セラート，セントキッツ・ネービス（44）	ハリケーン被害緊急援助
南イエメン（44）	援助
イエメン（45）	再建・開発援助
スーダン（45）	緊急援助（生命線作戦）
ジブチ（45）	復興・開発援助
ベナン，中央アフリカ，エクアドル，マダガスカル，バヌアツ（45）	5カ国オムニバス援助
リベリア（45）	緊急援助

アンゴラ（45）	経済復興国際援助
1991～2000年	
チャド（46, 47）	特別経済援助
（南部アフリカ）前線諸国（46, 47, 49）	特別援助
レバノン（46, 47）	復興・開発援助
スーダン（46, 47, 48, 49, 50, 51）	緊急援助（生命線作戦）
イエメン（46, 48）	特別緊急援助
ジブチ（46, 47, 49, 50）	復興・開発援助
ソマリア（46）	緊急援助
フィリピン（46）	緊急援助
リベリア（46, 47, 48, 49, 50, 52）	復興再建援助
アンゴラ（46, 47, 48, 50）	国際復興援助
ソマリア（47, 48, 49, 50, 52）	人道支援。経済社会復興援助
パレスチナ人民（47, 48, 49, 50, 52, 53, 55）	パレスチナ人の社会・経済的条件の改善
エルサルバドル（47, 48, 49, 50）	復興・開発援助
モザンビーク（47, 49）	援助
ベナン，中央アフリカ，マダガスカル（47）	援助
バヌアツ（47）	援助
クロアチア（47）	戦争被害復興国際支援
ニカラグア（48, 50）	復興・再建援助
アフリカのいなご緊急行動〔マグレブ，スダノ・サヘル諸国〕（48）	技術援助
ルワンダ（48）	社会経済復興援助
ブルンジ（49, 50）	経済復興再建特別緊急援助
アフガニスタン（49, 53, 54）	平和・正常化・復興緊急援助
ルワンダ（49, 50）	平和回復・再建・社会経済発展緊急援助
マダガスカル（50）	再建援助
コンゴ民主共和国（52）	援助
カザフスタンのセミパラチンスク地域（54）	人道・環境復興・経済発展国際協力
2001～2004年	
パレスチナ人民（55, 56, 57, 58）	パレスチナ人の社会・経済的条件の改善
東チモール（55, 56, 57, 58）	人道救済・復興・開発援助
ソマリア（55, 56, 57, 58, 59）	人道救済・経済社会復興援助
ユーゴスラビア（55, 56）	人道援助
モザンビーク（55, 57, 59）	援助
コンゴ民主共和国（55, 56, 57, 58）	経済復興・再建特別援助
ベリゼ（55）	緊急援助
アフガニスタン（55）	平和・正常化・復興緊急国際援助

リベリア（55, 59）	復興・再建援助
スーダン（56）	緊急援助
アフリカ難民（56, 57, 58）	難民援助
バルカン人に影響ある東ヨーロッパ諸国（56）	経済援助
ジブチ（56）	復興経済援助
中央アメリカ（56）	持続的発展同盟への国際援助および協力
エチオピア（57, 58, 59）	緊急人道援助
タジキスタン（57）	平和・正常化・復興緊急国際援助
アンゴラ（57, 59）	経済復興国際援助
カザフスタンのセミパラチンスク地域（57）	人道・環境復興・経済発展国際協力
コモロ（58）	復興・開発特別緊急経済援助
マラウイ（58）	緊急人道援助
セルビア，モンテネグロ（59）	人道・特別経済援助

(注) ＊国連貿易開発会議勧告99（Ⅳ）。
　　＊＊国連貿易開発会議勧告118（Ⅴ）。
　　＊＊＊国連貿易開発会議決議117（Ⅴ）。
(付記) この他に，パレスチナ難民に対する援助が1948年の第3総会以来，近東におけるパレスチナ難民事業機関決議を通じて実施されているが，それは第56総会でパレスチナ難民援助決議となった。

ⅰ）人間開発・社会開発と国際連合

　これまでの国際連合の取り組みにもかかわらず，世界大の貧困層の数的増加や貧富の格差増大，それに伴う社会崩壊や地域紛争の増加，そして環境破壊の進行はなんら解消されず，従前の経済成長や工業化の重点をおいた開発の理論と実践が批判された。また，1980年代を通じて世界銀行は表1-20にみる構造調整政策をとったが，この措置は貧困などの問題に直面する世界の多くの民衆によりいっそうの悪影響を及ぼした[73]。そこでは，人間を中心に据えた新しい開発の理論と実践が求められた。

　開発か環境かをめぐり1972年6月ストックホルムで開催された国連人間環境会議は，生態系危機とその回避が主題で，「人間環境宣言」が採択された。これにより国連環境計画（UNEP）が発足し，1974年10月メキシコのココヨクでＵＮＥＰとＵＮＣＴＡＤが「ココヨク宣言」を採択し，同宣言でこれまで「人類家族がより良い生活を創り出すという希望が多く打ち

表1-20　ＩＭＦ構造調整プログラム

構造調整の必要性のある国家の概観
多額の国際収支赤字
多額の対外債務
過大評価された通貨
多額の公的支出と財政赤字
構造調整プログラムの典型的目標
経済生産基盤の再建と多様化
国際収支と国庫収入の均衡達成
インフレーションなき成長のためのインフラストラクチャー建設
公的セクターの効率向上
民間セクターの潜在的成長の奨励
典型的構造調整政策
経済改革
金融・信用貸しの増加制限
通貨の平価切下げ
財政セクターの改革
収益をもたらす手段の導入
使用料金の導入
税法改革の導入
贈与，とくに食糧に対するものの制限
雇用保障プログラムの導入
貧困者のための入手可能なサービスの制限
貿易自由化政策
高関税と輸入規定数量の排除
輸出基盤の回復
生産者価格の増加
政府改革
無用に膨張した政府賃金総額の切下げ
余分で無効果な機関の排除
公共企業の民営化
公共行政と機構の改革
民間セクターの政策
物価統制の自由化
政府の市場独占の解消

〔出所〕　Karen A. Mingst & Margaret P. Karns, *The United Nations in the Post-Cold War Era*, Boulder : Westview Press, 1995.家正治・桐山孝信監訳『ポスト冷戦時代の国連』世界思想社，1996年，154頁。

砕かれてきた」現状を見極め，基本的人間ニーズ（ＢＨＮ）を満たすことの内部的限界が指摘され，発展の全体的目的を再定義すべきである，と提言された。このＢＨＮは，人間の尊厳に関する食糧・生活水・住居・衣服・健康・教育（文盲の解消）の充足を意味する。1976年6月ジュネーブで開催された三者（政府・経営者・労働者）による世界雇用会議で，ＢＨＮ重視戦略と雇用創出を結び付けたＢＨＮ取り組みが確認された。1977年6月経済協力開発機構（ＯＥＣＤ）閣僚理事会は発展途上国との関係に関する宣言を採択し，将来に向けて安定した国際経済制度の樹立を確認した。そこでは，開発協力は，「すべての発展途上国において所得を増大させ，かつＢＨＮに応えるとした2つの目的」を確認した。10月ＯＥＣＤ開発援助（ＤＡＣ）第16回上級会議は，経済成長およびＢＨＮの充足のための開発協力に関する声明を採択した。また，ＢＨＮの実践は，1970年代以降，スリランカにおいてＴ・アリヤラトネが農村社会改革運動を進めるサルダボヤ・シュラマダ運動を通じて実践され，注目された[74]。

　1982年5月国連環境会議がナイロビで開催され，「ナイロビ宣言」および「10カ年行動計画」が採択された。10月総会は，世界自然憲章を採択した。

　これに応え，ＵＮＤＰは1990年以来，「人間開発報告」（ＨＤＲ）で，経済成長を重視する開発に対し市民参加を重点においた開発の理念と実践を提起したが，それは基本的人間ニーズ（ＢＨＮ）の社会開発戦略を生かしたものであった。ＨＤＲは，現在，世界が直面する問題は，以下にあると指摘した。

　──世界で12億人が絶対的貧困にある。

　──就学年齢の児童1億1300万人が学校に行っていない。その97％は発展途上国である。

　──初等教育を受けていない子供の60％が女子である。

——世界の非識字成人は8億5400万人で，そのうち5億4400万人が女性である。

——世界では，毎日，3万人が予防可能な病気で死亡している。

——毎年，世界で，50万人の女性が妊娠・出産に関連した病気で死亡している。

こうした指摘から，健康・教育・所得の3つを基本的要素（これをもって人間開発指数（HDI）を算出し，それは従前の世界銀行の「世界開発報告」における所得を中心としたGNP指標に対して新しい方向づけを示した）とした「人々の選択肢を拡大する過程」として人間開発が提起され，人間の安全保障への理解が深まった。

1992年の地球サミット（UNCED）は，国連人間環境会議10周年を記念してリオネジャイロで開催され，そこでは，NGOが市民社会の問題として国際的影響力を発揮し，地球の危機を招いた人類の横暴をいさめた「環境と開発に関するリオ宣言」が採択され，人類が自然の一員として生きるための原則が，その中心概念として「持続的な開発」が定められた。国連事務局は，これら一連の地球環境条約の策定に関与してきた（表1-21をみよ）。環境問題における国家，そして市民と企業の三角力学における触媒としての国際連合の役割と基本原則作成におけるその成就は注目すべきものがあった[75]。

一方，1994年，ミハイル・ゴルバチョフGCI（地球市民交流会）議長は地球評議会（EC）議長モーリス・ストロングらと協議して，1997年に地球憲章委員会（ECC）を組織し，リオ・サミットで設立されたGCIネットワークで，2002年の総会採択に向けて「世界人権宣言」に匹敵する「地球憲章」が起草された。この「地球憲章」は，企業をも含むNGOによる持続可能な生活や環境保護のための実践的指針といえるものであり，いずれの人種・文化・宗教・イデオロギーにも共有される関心事や価値観

表1-21 主な地球環境条約

問題領域	争点	条約	採択／発効年	執行事務局
大　気	酸性雨／越境大気汚染	長距離越境大気汚染条約	1979／1983	国連欧州経済委員会
		ヘルシンキ議定書	1985／1987	
	オゾン層破壊	オゾン層保護ウィーン条約	1985／1988	ＵＮＥＰオゾン事務局
	気候変動	気候変動枠組み条約	1992／1994	ＵＮＦＣＣＣ事務局
		京都議定書	1997／2005	〃
海　洋	海洋汚染	ＯＩＬＰＯＬ条約	1954／1958	国際海事機関
		ロンドン・ダンピング条約	1972／1975	〃
		ＭＡＮＩＰＯＬ条約	1973.1978／1983	〃
		ＯＰＲＣ条約	1990／1995	〃
自然環境	動植物危機	ワシントン条約	1973／1975	ＣＩＴＥＳ事務局
		ボン条約	1979／1983	ＣＭＳ事務局
		生物多様性条約	1992／1993	ＣＢＤ事務局
	湿地環境破壊	ラムサール条約	1971／1975	ラムサール条約事務局
	森林の減少	国際熱帯木材協定	1994／1997.2001	国際熱帯木材機関
	世界遺産の破壊	世界遺産条約	1972／1975	ユネスコ世界遺産局
有害物質	有害廃棄物取引	バーゼル条約	1989／1992	バーゼル条約事務局
	残留性物質汚染	ストックホルム条約	2001／	ストックホルム条約事務局
	情報手続き	ロッテルダム条約	1998／	
砂　漠	砂漠化	砂漠化条約	1994／1996	ＰＩＣ事務局
南　極	南極環境の悪化	南極条約	1959／1961	ＣＣＤ事務局
		マドリード議定書	1991／1998	南極条約協議国会議
		南極アザラシ保存条約	1972／1978	〃
原子力	放射能汚染	原子力事故援助条約	1986／1987	
		原子力事故早期通報条約	1986／1986	国際原子力機関
		原子力安全条約	1994／1996	〃

と精神的ビジョンを提起したことで注目された。

　そして，ＢＨＮ戦略への本格的な取り組みは，1995年3月デンマークの首都コペンハーゲンで開催された社会開発サミットに始まった。会議では，貧困・雇用・社会統合が主題となった。社会の崩壊は，貧困，貧富の格差，失業の増大にあると解された。会議では，ＢＨＮ戦略が確認され，持続可能な開発の要素として環境保全，世代間の公正と民主主義，人権の促進，

寛容・非暴力・多元主義の促進が訴えられた。ただし，提起されていた社会開発部門に発展途上国の国家予算の20％，先進国の政府開発（ODA）の20％を振り向け推進するとした「20：20契約」提案は，同意できる関係国のあいだでの実施のみとなった。

このコペンハーゲン会議では，「コペンハーゲン宣言」および「行動計画」と並んで，ＮＧＯによる「もう１つのコペンハーゲン宣言」が採択され，「20：20契約」への支持とともに，開放・自由市場こそは現在の地球の危機をもたらしたものであり，それは社会開発の諸目標と矛盾するところであって，開発の普遍的モデルを形成してきた新自由主義体制は失敗しているとして，支配的な世界経済モデルが拒否された。

ここに，この社会開発サミットは，従前の国連戦略を大きく転換させることになった。その主役となったのは，1966年に従前の国連技術協力部門を統合して発足したＵＮＤＰで，それは「国連開発の10年」を指針としつつも，発展途上国および市場経済移行国（旧共産諸国）における持続的開発に向けた支援を目的としている。その中核予算の90％は貧困国人口の90％を占める66カ国に充当することになっている。ＵＮＤＰ総裁は，1997年の改革で形成された国連開発グループ（UNDG）19機関（国連児童基金／ユニセフ，国連ボランティア計画ＵＮＶ，国連人間居住センターＨＡＢＩＴＡＴ，国連人口基金ＵＮＰＰＡ，国連女性開発基金ＵＮＩＦＥＭ，世界食糧計画ＷＦＰ，国際農業開発基金ＩＰＡＤなど）の議長を務め，国連開発協力活動の調整を担っている。

2000年９月の国連ミレニアム総会で，ミレニアム開発目標（MDGs）として，2015年までに総会全体の責任で開発すべき目標が確認され，以下の課題が設定された（ミレニアム宣言決議55／2）。

①極度の貧困と飢餓の撲滅
　目標１──2015年までに絶対的貧困層の人口比を半減する。

目標2——2015年までに飢餓に苦しむ人口比を半減する。
②普遍的初等教育の達成
　目標3——2015年までにすべての子供が男女を問わず初等教育の全課程を修了できるようにする。
③ジェンダー　平等の推進と女性の地位向上
　目標4——初等・中等教育における男女格差の区別の解消を2005年までに達成し，2015年までにすべての教育レベルで男女格差を解消する。
④幼児死亡率の削減
　目標5——2015年までに5歳未満児の死亡率を3分の2に減少させる。
⑤妊婦の健康改善
　目標6——2015年までに妊婦の死亡率を4分の3まで減少させる。
⑥HIV／エイズ，マラリア，その他疫病の蔓延防止
　目標7——HIV／エイズの蔓延を2015年までに阻止し，減少させる。
　目標8——マラリア・その他の主要疫病の発生を2015年までに阻止し，発生率を下げる。
⑦環境の持続可能な確保
⑧開発のためのグローバル・パートナーシップの推進（表1-22をみよ）

　この目標は，1996年に先進国の開発援助調整機関，経済協力開発機構（OECD）開発援助委員会（DAC）で定められており，この度，この目標が国際連合の場で確認されたことの意義は大きく，その目標と課題は，世界的に合意されたところといえよう（表1-22をみよ）。2000年12月の決議55／215に続いて，2002年1月民間セクターとの協力のもと開発と貧困の除去のためのグローバル・パートナーシップに向けた決議56／76が採択された[76]。

　2002年8～9月地球サミットから10年，南アフリカのヨハネスブルグで開催された環境・開発サミット（持続的開発に関する世界サミット／リオプラス10サミット）は，リオ公約を10年の区切りで見直し，地球環境問題に対する対策および国連ミレニアム開発目標を進めるとの政治的意志を確認する目的で開催されており，極めて多くのNGOが参加した。サミット

表1-22 グローバル・パートナーシップ形成のための行動アジェンダ

会社のための5行動
1. 会社の中心的実業活動の総体的経済・社会・環境インパクトの分析と評価
2. 会社の実業法および所在国・社会に関連ある潜在的危険又は寄与領域の確認
3. 経営陣の指導性と責任
4. 実業的社会における良好な観光と国際基準の提供
5. 国際連合体制・その他の開発パートナーとの潜在的協力への接近

貿易・産業・実業連盟のための5つの行動
1. 社会・開発の役割に関する連盟の参加
2. ロビー・交渉の規則正しい枠組みの展望
3. 発展途上・移行経済における国家的実業連盟の設立
4. 関連の国際連合機関との諮問的地位の検討
5. 国際連合体制への開発情報の提供

国際連合機関のための5つの行動
1. 国際連合体制におけるパートナーシップに関する実業情報・資料の管理
2. 実業アウトリーチ（ローカル・ネットワーク）*単位への資源の提供と支援
3. パートナーシップの手段と能力の開発
4. パートナーシップのための機関間の調整と結合の改善
5. 非公式なマルチステークホルダー（産官民関係者）*行動の機会の増大

政府のための5つの行動
1. マルチステークホルダー*の対話とパートナーシップの経験と創造支援
2. グローバルな共同市民の奨励
3. 国際開発問題の共同的・公共的自覚の向上
4. 政府対話と政策決定構造における実業人と市民社会の指導者の参加
5. 国際開発に対する公的基金の増加と活用

（出所）Jane Nelson, *Building Partnerships: Cooperation between the United Nations System and the Private Sector*, Report commissioned by the United Nations Global Compact Office, New York: United Nations, 2002, pp. 309-314.
（注）＊マルチステークホルダー，アウトリーチの意味は253－254頁をみよ。

は，「各国首脳は，世界の人民と次世代の子供に持続的開発を実現することを誓う」とした「ヨハネスブルグ政治宣言」を採択し，「実施計画」において，以下の目標達成が確認された。

①1日1ドル以下で暮らす人や飢餓に苦しむ人の割合を2015年までに半減する。
②安全な飲料水や最低限の衛生設備を欠く人の割合を2015年までに半減する。

③枯渇した漁業資源を2015年までに回復する。
④生物多様性の損失速度の大幅な速度の減少を2010年までに達成する[77]。

 とりわけ，温暖化対策においては，日本を初めとして環境税の導入による新しい施策が検討されている[78]。

 2002年7月，コフィ・アッタ・アナン事務総長の諮問を受けてミレニアム・プロジェクト（代表ジェフリー・サックス・コロンビア大学教授）が発足し，それは，ミレニアム開発目標（MDGs）の5年目の再検討（中間見直し）のために，2015年までに全世界の貧困を半減させることを内容とするMDGsを達成するための戦略，その優先分野と表現手段，資金の供給方法などに焦点を当てて研究・分析を進めてきた。その報告が，2005年1月17日ミレニアム・プロジェクト報告「開発に投資する——MDGs達成のための現実的な計画」[79]として事務総長に提出された。同報告は，貧困撲滅の通過点としてMDGsの達成に向けて貧困国のＧＮＩ（総国民所得）10～20％相当の援助が2025年までに必要であると見做しており，そのための政府開発援助（ＯＤＡ）[80]の増額のみならず，民間資金や発展途上国の国内資金を含む幅広い開発資金の動員，現場に根ざした支援，援助国の中進国への拡大，貧困問題の解決に向けた経済社会資本の整備，各国・地域情勢に応じた支援などにつき，提言した。日本の東南アジア諸国への支援による雁行モデルの経験が適用モデルとして大きく評価されており，この取り組みの姿勢は，日本が主張してきた，東アジアでの経験を踏まえた民間資金の動員をも含めた南北問題への援助の視点にあった。この報告は，後述のハイレベル委員会報告（115-116頁をみよ）とともに，3月事務総長報告としてまとめられて提出され，9月のミレニアム宣言に関する首脳会合で検討されることになっている。

 前記報告は，なぜＭＤＧsが重要なのに達成できないかを論じ，それは脆弱なガバナンス，貧困の罠（貧しすぎるための資金の絶対的不足など），

局所的な貧困,政策的な無視にあるとし,その包括的な貧困削減を目指す目標は2000年ミレニアム宣言で約束された国際的公約であり,この課題は生産的な生活のための手段であり,世界の安全保障に不可欠であるとの認識を示した。同報告では,冒頭に10の提言を提起しており,それはその方向性を示したもので,その内容は,以下の通りである。なお,MDGsの具体的な目標とそのための指標は表1-23に掲げた。

1. すべての発展途上国に対し,「MDGsに基づく貧困削減戦略」を2006年までに策定するよう勧告する。
2. 同戦略は,①公共投資,キャパシティ・ビルディング,国内資金動員,ODAの増大を促し,②ガバナンスの強化,人権の促進,市民社会と民間部門の関与強化の枠組みを提供するものである。
3. 発展途上国は,同戦略の策定・実施に際して,市民社会,国内民間セクター,国際パートナーと緊密に協力し,透明かつ包括的なプロセスをとるべきである。
4. グッド・ガバナンスと援助吸収力を有する多数の諸国があることに鑑み,援助国はODAを急増させる10程度の「ファースト・トラック」国を(開発国モデルとして)2005年中に選定すべきである。
5. 先進国と発展途上国は共同して「クイック・ウイン」(蚊帳の配布[81],授業料の撤廃,AIDS対策,学校給食,農薬の供与など)グループを立ち上げるとともに,コミュニティ・レベルの知見を積み上げる努力に着手すべきである。
6. 発展途上国は,国家戦略をNEPAD(アフリカ開発のための新パートナーシップ)などの地域イニシアチブに整合させ,地域機関などは地域プロジェクトへの直接援助をより多く受け取るべきである。
7. 高所得国は,MDGsに関連するODAの対GNI比を2006年に0.44%,2015年には0.54%とする目標を達成すべきである。債務救済がより拡充されるべきである。
8. 高所得国はドーハ・ラウンドに従い市場を開放し,貿易関連インフラストラクチャー整備に協力して後発発展途上国の競争力強化を支援すべきである。同ラウンドはドーハ開発アジェンダを実現し,2006年中に完了すべきである。
9. 国際援助国はグローバルな研究・開発への支援を,保健・農業・天然資源・エネルギー・環境などの分野に向けて動員すべきである。
10. 事務総長と国連開発グループ(UNDG)はMDGsを推進するために,国連機関のあいだの本部および現場における調整を強化すべきである。国際連合の国

表1-23　2015年までに実現すべきミレニアム開発目標，2005年

目標およびターゲット	指標
目標1　極度の貧困および飢餓の撲滅 ターゲット1　2015年までに1日1ドル未満で生活する人口の割合を1990年に水準の半数に減少させる ターゲット2　2015年までに飢餓に苦しむ人口の割合を1990年水準の半数に減少させる	1．1日1ドル未満生活する人口の割合 2．貧困格差の比率，貧困度別の発生頻度 3．国内消費全体のうち，最も貧しい5分の1の人口が占める割合 4．平均体重を下回る5歳未満の子供の割合 5．カロリー消費が必要最低限のレベル未満の人口の割合
目標2　普遍的初等教育の達成 ターゲット3　2015年までにすべての子供が男女の区別なく初等教育の全課程を修了できるようにする	6．初等教育の就学率 7．第1段階に就学した生徒が第5段階まで到達する割合 8．15〜24歳の識字率
目標3　男女平等および女性の地位強化推進 ターゲット4　可能な限り2005年までに初等・中等教育における男女格差を解消し，2015年までにすべての教育レベルにおける男女格差を解消する	9．初等・中等・高等教育における男子生徒に対する女子生徒の比率 10．15〜24歳の男性就学者に対する識字就学者の比率 11．非農業部門における女性賃金労働者の割合 12．国会における女性議員の割合
目標4　乳幼児死亡率の削減 ターゲット5　2015年までに5歳未満児の死亡率を1990年の3分の1に削減する	13．5歳未満児の死亡率 14．乳児死亡率 15．麻疹（はしか）免疫のある1歳児の割合
目標5　妊産婦の健康の改善 ターゲット6　2015年までに妊産婦の死亡率を1990年の水準の4分の1に削減する	16．妊産婦死亡率 17．医師・助産婦の立ち会いによる出産の割合
目標6　HIV／AIDS，マラリア，その他の疫病との闘い ターゲット7　HIV／SIDSの拡大を2015年までに食い止め，その後，反転させる ターゲット8　マラリア／その他の主要な疾病の発生を2015年までに食い止め，その後，発生率を下げる	18．15〜24歳の妊婦のHIV感染 19．避妊具普及率 20．HIV／AIDAにより孤児となった子供の数 21．マラリア感染およびマラリアによる死亡率 22．マラリア危険地域において有効なマラリア予防・治療処置を受けている人口の割合 23．結核の感染および結核による死亡率 24．DOTS（短期化学療法による直接監視下の治療）の下で発見され，治療された結核患者の割合
目標7　環境の持続的可能性の確保 ターゲット9　持続的な開発の原則を国家政策およびプログラムに盛り込み，環境資源の損失を減らす	25．国土面積に占める森林の割合 26．生物多様性の維持のための保護対象面積 27．エネルギー使用単位当たりのGDP（エネルギー効率） 28．1人当たり二酸化炭素排出量（および，全

	世界的な大気汚染に関するオゾン減少量と温室効果ガスの累積量)
ターゲット10　2015年までに安全な飲料水を継続的に利用できる人びとの割合を半減する	29. 良好な水を継続して利用できる人口の割合
ターゲット11　2020年までに少なくとも1億人のスラム住民の生活を大幅に改善する	30. 良好な衛生を利用できる人びとの割合 31. 安定した職に就いている人びとの割合
目標8　開発のためのグローバル・パートナーシップの推進	
ターゲット12　さらに，開放的で，予測可能で，かつ差別的でない貿易・金融システムを構築する 　　（グッド・ガバナンス，開発，および貧困削減の国内的・国際的公約を含む）	以下に列挙される指標のいくつかは，後発発展途上国，アフリカ諸国，内陸国，小島嶼発展途上国それぞれ個別にモニターされる 政府開発援助 32. DAC援助国のODA純量の対GNI比 　　（世界ODAの0.7%目標，後発発展途上国向け0.15%目標）
ターゲット13　後発発展途上国の特別ニーズに対処する 　　(1)後発発展途上国からの輸入品に対する無関税・無枠， 　　(2)HIPC（重債務貧困国）に対する債務救済および2国間債務の帳消しのための拡大プログラム， 　　(3)貧困削減を公約している諸国に対する寛大なODAを含む）	33. 基礎的社会サービスに対するODAの割合 　　（基礎教育，基礎保健，栄養，安全な飲料水，および衛生） 34. 紐付きでないODAの割合 35. 小島嶼発展途上国における環境向けODAの割合 36. 内陸国における運輸部門向けODAの割合
ターゲット14　内陸国および小島嶼発展途上国の特別なニーズに対処する 　　（バルバドス・プログラムおよび第22総会の決議〔2357（XXⅡ）〕に従う）	市場アクセス 37. 無関税・無枠の輸出割合 　　（価格ベース，武器を除く） 38. 農産品，繊維，および衣料品に対する平均関税および関税割当て
ターゲット15　債務を長期的に持続可能なものとするための国内的・国際的措置により発展途上国の債務問題に包括的に取り組む	39. OECD諸国における国内農業補助金および輸出農業補助金 40. 貿易キャパシティ育成支援のためのODAの割合 債務の持続可能性 41. 帳消しされた公的2国間HIPC債務の割合 42. 商品およびサービスの輸出に対する債務の割合 43. 債務救済として供与されたODAの割合 44. HIPCの決定時点および完了時点の到達した国数
ターゲット16　発展途上国と協力し，青年が生産的な仕事に就くための戦略を策定し実施する	45. 15〜24歳の失業率
ターゲット17　製薬会社と協力し，発展途上国において人びとが安価で必要不可欠な薬品を入手できるようにする	46. 安価で必要不可欠な薬品を持続的に入手できる人口の割合
ターゲット18　民間企業と協力し，とくに情報・通信といった新技術による利益が得られるようにする	47. 1000人当たりの電話回線数 48. 1000人あたりのパソコン数

別チームが強化され，国際金融機関と緊密に協力すべきである。

さらに，報告は，4段階のアプローチ（対象確定―ニーズ・アセスメント―10年枠組みの策定―3〜5年のMDGsに依拠した貧困削減戦略PRSの策定），貧困層の能力強化に向けた公共投資の優先策，投資・政策分野の課題，さらにガバナンスの脆弱性と経済政策および市民社会の強化，そしてPRSにおける国際システムの勧告などについて論じている。

その取り組みは，2005年から着手すべきであると，とくに同報告は勧告しており，その取り組みは現下の急務となった。そのための，目標達成に向けた資金の拡大を提起していることはいうまでもなく，MDGsが世界の安全保障における中心的課題であることを認識しており，各国は2015年までに0.7％目標の達成を誓約するよう求めている[82]。

なお，2003年11月20日のUNCTAD報告「電子商取引に関する年次報告」は，世界のインターネット利用者は5億9100万人（2002年末）で世界人口の1割に達したが，世界全体の電子商取引に占めるアフリカとラテンアメリカの合計は1％以下で，先進国と発展途上国の格差（デジタルデバイド）は深刻であると指摘した。ちなみに，国別利用者は，1位は米国，2位は中国[83]，3位は日本である。グローバル化における新たな課題としてその取り組みが緊急の課題となっている。

国際連合の取り組みは，以上にみるように，その内部における加盟国間の対立にもかかわらず，未来を展望し再生する世界的国際機関として大きな成果をあげてきているということができる。

【注】
(1) 浦野起央『現代紛争論』南窓社，1994年，第7章グローバル安全保障と国際連合の新しい役割。
(2) R. N. Chowdhuri, *International Mandates and Trusteeship Systems: A*

Comparative Study, The Hague: Nijhoff, 1955.
(3) 家正治『非自治地域の制度の展開』神戸外国語大学外国学研究所，1974年。
(4) 阿部浩司『人権の国際化——国際人権法の挑戦』現代人文社，1998年。阿部『国際人権の地平』現代人文社，2003年。
(5) 齋藤正彰「国際人権訴訟と違憲審査」北大法学論集，第47巻第5号，1957年。
(6) United Nations Office of Public Information, *United Nations Action in the Field of Human Rights*, New York: United Nations, 1974, 1983, 1988, 1994. UNOPI, *The United Nations and Human Rights*, New York: United Nations, 1978.金東勲訳『国際連合と人権』部落解放研究所，1983年。UNDPI, *United Nations and Human Rights 1945-1995*, New York: United Nations, 1996. UNOPI, *Human Rights Today: A United Nations Priority*, New York: United Nations, 1998.
James C. Tuttle ed., *International Human Rights Law and Practice: The Roles of the United Nations, Private Sector, the Government, and Their Lawyers*, Chicago: American Bar Association, 1978.
(7) 前掲，浦野『資料体系アジア・アフリカ国際関係政治社会史』第5巻アフリカⅤa第2章ポルトガル植民地の独立とアンゴラ内戦。
(8) 前掲書，第2巻アジアⅤa第1章チモール紛争。
(9) 浦野起央『現代における革命と自決』パピルス出版，下巻，1987年，第12章西サハラの民族自決。前掲，浦野『資料体系アジア・アフリカ国際関係政治社会史』第5巻アフリカⅤa第1章赤道ギニアと西サハラ問題。
(10) 前掲，浦野『現代における革命と自決』下巻，第10章ナミビアの国際統治と自決。
(11) *Notes and Documents*, Centre against Apartheid, Department of Political and Security Council Affaires, United Nationsが刊行され，多くのアパルトヘイト政策の分析がなされてきた。人権委員会議長ペトル・ネドハイ『アパルトヘイトと南アフリカの弾圧政策』国際連合広報センター，1967年。『人類の犯罪』国際連合広報センター，1972年。『アパルトヘイトとスポーツ』国際連合広報センター，1972年。ドナルド・ウッズ『アパルトヘイト——対外宣伝工作とその実態』国際連合広報センター，ND。
(12) 前掲，浦野『資料体系アジア・アフリカ国際関係政治社会史』第4巻アフリカⅢc第17章アパルトヘイト政策の国際審議。*Notes and Documents*, Centre against Apartheid, 22/80, August 1980; 14/87, October 1987; 16/9, August 1991; 18/91, Nov. 1991.
(13) The United Nations Educational and Training Programme for Southern Africa(UNETPSA), *Notes and Documents*, Centre against Apartheid, 12/81, March 1981; The United Nations Educational and Training Programme for Southern Africa(UNETPSA)(1968-1990), *Notes and Documents*, 9/91, May 1991; The United Nations Educational and Training Programme for Southern Africa: An Overview,

Notes and Documents, 7/92, June 1992.
(14) United Nations, *The United Nations and the Advancement of Women 1945-1996*, NewYork : UNP01, 1996. 篠原梓・他訳『国際連合と女性の地位向上1945－1996』国際女性の地位協会，1997年。
(15) 『天然資源に対する主権の確立――その予備的考察』アジア経済研究所，1968年。『天然資源に対する恒久主権概念の発達』日本エネルギー経済研究所，1972年。
(16) 高林秀雄『国連海洋法条約の成果と課題』東信堂，1996年。山本草二『海洋法』三省堂，2001年。
(17) 国連文書S/1466。前掲，浦野『資料体系アジア・アフリカ国際関係政治社会史』第5巻アジア・アフリカⅢb，資料3－2－6に所収
(18) 前掲書，第5巻アジア・アフリカⅢe第7章国際連合におけるアジア・アフリカ。
(19) 前掲書。
(20) 香西茂『国連の平和維持活動』有斐閣，1991年。劉恩照『聯合國維持平和活動』北京，法律出版社，1999年。
(21) 1957年2月国連緊急軍規則が制定され，9月執行された。前掲，浦野『資料体系アジア・アフリカ国際関係政治社会史』第3巻中東Ⅱ，資料5－2－3に所収。
(22) 国連文書A/3943。前掲，香西『国連の平和維持活動』89－97頁に所収。
(23) Brian Urquhart, *Hammaskjold*, New York: Alfred A. Knopf, 1972, pp. 389ff.
(24) 外務省国際連合局軍縮室編『軍縮問題の経緯』軍縮月報，第1号，1968年。国際連合局編『軍縮問題の経緯と現状――国連を中心とした戦後軍縮交渉史』国連時報，第18号，1964年。前田壽『国連軍縮史――1945－1967年』東京大学出版会，1968年。
(25) 梅本哲也『核兵器と国際政治――1945－1995』日本国際問題研究所，1998年。
(26) 黒澤満『軍縮国際法の新しい視座――核兵器不拡散体制の研究』有信堂高文社，1986年。
(27) Stockholm International Peace Research Institute, *Nuclear Energy and Nuclear Weapon Proliferation*, London: Taylor & Francis, 1978. 木村繁訳『核拡散は防げるか』共立出版，1980年。納家政嗣・梅本哲也編『大量破壊兵器不拡散の政治学』有信堂高文社，2000年。
(28) 外務省軍備管理・科学審議官組織編『我が国の軍縮外交』日本国際問題研究所軍縮・不拡散促進センター，2002年，第4部。
(29) 国連文書 A／58／274。
(30) 黒澤満『軍縮国際法』信山社出版，2003年，第5章非核地帯の設置。
(31) 1993年3月北朝鮮は核拡散防止条約（ＮＰＴ）の脱退を宣言し，核危機が生じた。これにより朝鮮半島非核化共同宣言による相互査察は実施されていない。10月核開発凍結の枠組みが合意された。そして，1998年10月金正日への世襲の権力継承が完了するが，その直前，8月31日テポドン１号が打ち上げられ，国際社会に対する対決姿勢が強まり，それとともに核危機が再現された。

(32) 宮坂直史「テロリズム対策における国連の役割」，国連研究第4号『国際社会の新たな脅威と国連』2003年。
(33) 米国務省テロ対策調整官室は，テロ年報 Patter of Global Terrorism を2000年以来，刊行している。中国では，中国現代国際関係研究室反恐怖研究中心が『国際恐怖主義与反恐怖年鑑2003』北京，時事通信社，2004年を刊行している。日本では，公安調査庁が『国際テロリズム』2000年，『国際テロリズム要覧』2002年，2004年を刊行している。
(34) 西井正弘「米州テロ行為防止処罰条約」島大法学，第22巻第2号，1979年。
(35) 西井正弘「大規模国際テロと国際法」国際問題，第505号，2002年4月。
(36) 1996年12月の決議51／120で，アド・ホック委員会が成立し，2002年2月インドが条約案を提出した。27カ条より成る。
(37) これは，1980年核物資防御条約を補完するもので，日本は2001年11月16日，官房長官談話でその期待を表明した。
(38) 浦野起央『安全保障の新秩序——国家安全保障再考，テロ・環境・人間の安全保障』南窓社，2003年，第2章国際テロの現在性と反テロ安全保障。
(39) 坂元茂樹「ＰＳＩ（拡散防止構想）と国際法」ジュリスト，第1279号，2004年11月15日。
(40) 1921年9月婦人の児童売買禁止に関する国際条約が調印された（1925年発効）。
(41) 清水澄子・北沢洋子『女性がつくる21世紀——私たちの北京「行動綱領」』女性政策研究所／ロック舎，1996年。
(42) 小長谷和高『国際刑事裁判序説』尚学社，1995年。山村恒雄「ルワンダ国際刑事裁判所の活動からみた国際刑事裁判所の今後」，横田洋三・山村編『現代国際法と国連・人権・裁判』国際書院，2003年。
(43) Victor-Yves Ghebali, *Confidence-building Measures within the CSCE Process: Paragraph-by-paragraph Analysis of the Helsinki and Stockholm Régimes*, New York: United Nations, 1989.
(44) 前掲，小長谷『国際刑事裁判序説』。小和田恒「国際刑事裁判所設立の意義と問題点」国際法外交雑誌，第98巻第5号，1999年。藤田久一「国際刑事裁判所の展開——ＩＣＣ規程の位置づけ」国際法外交雑誌，第98巻第5号，1999年。真山全「国際刑事裁判所規定と戦争犯罪」国際法外交雑誌，第98巻第5号，1999年。安藤泰子『国際刑事裁判所の理念』成文堂，2002年。
(45) 古谷修一「カンボジア特別裁判部の意義と問題点——国際刑事司法における普遍性と個別性——」国際法外交雑誌，第102巻第4号，2004年。
(46) 国連文書S/2000/915, 4 October 2000。
(47) 国連文書UNMIK/REG/2000/64, 15 December 2000。
(48) 国連文書UVTAET/REG/2000/15, 6 June 2000。
(49) http://www.cpa-iraq.org/human-rights/Statute.htm.

(50) 江島晶子『人権保障の新局面──ヨーロッパ人権条約とイギリス憲法の共生』日本評論社, 2002年。
(51) 安藤勝美編『地域協力機構と法──アジア・ラテンアメリカ地域主義の現代的意義』アジア経済研究所, 1994年, 第7章米州人権裁判所の勧告的管轄権。
(52) 松本祥志「「アフリカ人権憲章」の成立背景と法的意義──2つの絶対基準」札幌学院法学, 第3巻第2号, 1986年。松本「アフリカ人権委員会の活動と課題」立命館国際研究, 第6巻第4号, 1994年。家正治「アフリカ統一機構／アフリカ連合の人権──その展開過程を中心に──」, 安藤仁介・中村進・位田隆一編『21世紀国際機構』東信堂, 2004年。
(53) David Selby, *Human Right*, Cambridge: Cambridge U. P., 1987.宮崎繁樹監訳『ヒューマン・ライト──いま世界の人権は』日本評論社, 1987年。
(54) アムネスティ・インターナショナルは, 1993年3月, アムネスティ・インターナショナル日本支部難民チーム訳『日本における難民の保護──国際的な義務を果たさない日本政府・日本政府の対する勧告・アムネスティ・インターナショナル調査報告書』日本評論社, 1993年がある。

その活動は, 1979年以来刊行されている年次報告, *Amnesty International Report*, London: Amnesty International Publicationをみよ。
(55) ヒューマン・ライツ・ウォッチの活動は, 1992年以来刊行されている年次報告 *Human Rights Watch World Report*, New York: Human Rights Watchをみよ。
(56) その代表的なものは以下の通りである。

ラッセル＝アインシュタイン法廷（ベトナム戦争）　1967年5月ストックホルム開催, 8月東京開催, 11月デンマークのロスギルド開催。

ソ連のアフガニスタン介入国際法廷　1981年5月ストックホルム開催。

ラムゼー・クラーク法廷（湾岸戦争）　1991年5月～1992年2月ニューヨーク開催。

女性国際戦犯法廷（従軍慰安婦問題）　2000年12月東京開催。

韓国戦犯法廷（朝鮮戦争）　2001年6月ニューヨーク開催。

アフガニスタン国際戦犯民衆法廷（米国のアフガニスタン報復戦争）　2003年12月東京開催。

イラク世界法廷ネットワーク・ロンドン公聴会　2003年11月ロンドン開催。

イラク世界法廷ネッワーク・米国の戦争犯罪を裁く世界女性法廷　2004年1月ムンバイ開催。

イラク世界法廷ネットワーク・ブリュッセル法廷　2004年4月ブリュッセル開催。

イラク世界法廷ネットワーク・ニューヨーク公聴会　2004年5月ニューヨーク開催。

イラク世界法廷ネットワーク・イラク国際戦犯民衆法廷　2004年7月京都, 12月東京開催。
(57) Peter Gatrell, *A Whole Empire Walking: Refugees in Russia during World War I*, Bloomington: Indiana U. P., 1999.

(58) 畑中幸子「難民——バルト難民からインドシナ難民へ」，畑中・峯陽一編『憎悪から和解へ——地域紛争を考える』京都大学学術出版会，2000年。

(59) 国際連合，日本ハンガリー救援会訳編『ハンガリー問題報告書』新世紀社，1957年。Molly Geiger Schuchat, *Hungarian Refugees in America and their Counterparts in Hungary: The Interrelations between Cosmopolitanism and Ethnicity*, Ann Arbor: University Microfilms International, 1971.

(60) UNHCR, *The State of the World's Refugees, 1993. The Chalenge of Protection*, London : Penguin Books, 1993. UNHCR駐日事務所訳『難民保護へのチャレンジ』読売新聞社，1994年。UNHCR, *The State of the World's Refugees 2000: Fifty Years of Humanitarian Action*, Oxford: Oxford U. P., 2000.ＵＮＨＣＲ日本・韓国地域事務所広報室訳『世界難民白書2000　人道行動の50年史』時事通信社，2001年。

(61) 上智大学社会正義研究所『アフリカ難民の実情——上智大学アフリカ難民現地調査報告書1984／85』1999年３月があり，本書は，同研究所の数次にわたる調査の報告の一部である。

(62) 冨久田直子「インドシナ難民の発生過程，1975-1979」国際学論集，第38号，1996年７月。前掲，浦野『資料体系アジア・アフリカ国際関係政治社会史』第２巻アジアＶｃ第５章インドシナの解放。

(63) 木村英亮『スターリン民族政策の研究』有信堂高文社，1993年。Keith Sword, *Deportation and Exile: Poles in the Soviet Union, 1939-48*, London: St. Martin's Press, 1994. 鄭棟柱，高贅侑訳『カレイスキー——旧ソ連の高麗人』東方出版，1994年。李愛俐娥『中央アジア少数民族社会の変貌——カザフスタンの朝鮮人を中心に』昭和堂，2002年。

(64) Office of the United Nations High Commissioner for Refugees, *The Last Ten Year*, Geneve: UNHCR, 1980.『1970年代の難民——ＵＮＨＣＲの活動』国連難民高等弁務官事務所，1981年。op. cit. *The State of the World's Refugees 2000: Fifty Years of Humanitarian Action*. 前掲『世界難民白書2000　人道行動の50年史』。

(65) 難民問題研究フォーラム編『難民と人権——新世紀の視座』現代人文社，2001年。難民援助と開発の連繋アプローチは，小泉康一「難民研究——問題の所在と処置の研究方向」，前掲書をみよ。

(66) United States, *Progress Report on the North-South Dialogue: The Common Fund and Commodities*, Washington, DC: USGPO, 1978.

(67) United Nations Conference on Trade and Development, *The History of UNCTAD 1964-1984*, New York: United Nations, 1985.

(68) 国連文書*Developing Countries and Levels of Development*, E/AC.54/L.81, 15 October 1975.浦野起央訳「発展途上国と発展のレベル」，浦野『第三世界国際関係資料集——第三世界と国際協力』有信堂，1976年，１-31頁。*Least Developed among Developing Countries: Basic Data on the Least Developed Countries*,

Report by the UNCTAD Secretariat, TD/240/Supp. 1, 10 avril 1979.前掲，浦野『資料体系アジア・アフリカ国際関係政治社会史』第5巻Ⅴe第7章アジア・アフリカ諸国の階層化。

(69) 内陸国の特別ニーズに関する特別措置に関する事務総長報告，国連文書A/10203が提出された。

(70) 前掲，浦野『資料体系アジア・アフリカ国際関係政治社会史』第4巻Ⅴb第4章アフリカの開発協力2スダノ・サヘル援助。

(71) 国連文書E/5647, 27 March 1975。この文書では，島嶼国の識別基準として，以下の点が指摘された。

　　1，人口が15万人以下であること。
　　2，領土が4000平方キロ以下であること。
　　3，至近の大陸から1000キロ以上の遠隔にあること。
　　4，1人当たりの国民所得が人口100万人以上，至近の大陸から200キロ以内の後発国のそれと同等又はそれ以下であること。
　　この資格要件を満たす国は，当時，西サモア，モルジブにすぎなかった。

(72) ムベキ南アフリカ大統領が，アフリカ・ルネッサンス（アフリカの再生）を訴え，これにナイジェリア，セネガル，アルジェリアが加わってOAUの経済指針，アフリカの自助努力を重視したアフリカ開発計画が2001年10月新アフリカ・イニシアチブ（NAI）として，「アフリカ開発のための新パートナーシップ（NEPAD）」をもって成立した。このNAPAD文書は，アフリカにおける貧困撲滅，持続可能な成長と開発，世界の政治経済への統合を目ざしたアフリカ指導者の誓約といえるもので，アフリカのさらなる周縁化と孤立は世界の安定に深刻な脅威を与えており，人材育成と貧困撲滅に向けた真の指導性と共同責任および相互利益に基づく新しいグローバル・パートナーシップが必要であるとしており，国際社会に対し協力を求めた。同文書に所収の「行動計画──21世紀において持続的開発を達成するための戦略」は，African Union, *The New Partnership for Africa's Development(NAPAD)*, Abuja, October 2001, pp. 14-49をみよ。

(73) 原口武彦編『経済構造調整とアフリカ農業』アジア経済研究所，1995年。小浜裕之・柳原透編『東アジアの構造改革』日本貿易振興会，1998年。

(74) アリヤラトネの見解は，前掲，浦野『資料体系アジア・アフリカ国際関係政治社会史』，第5巻アジアⅢ1，資料9-4-9をみよ。

(75) Gareth Poter & Janet Welsh Brown, *Global Environment Politics*, Boulder: Westview Press, 1993.信夫隆司訳『地球環境政治──地球環境問題の国際政治学』国際書院，1993年。地球環境戦略研究機関編『民間企業と環境ガバナンス』中央法規，2000年。松下和夫『環境ガバナンス──市民・企業・自治体・政府の役割』岩波書店，2001年，第3章市民とＮＰＯ／ＮＧＯの役割，第4章企業と環境ガバナンス──経済活動と持続性。

表1-24 政府開発援助（ＯＤＡ）の対国民総所得ＧＮＩ比と１人当たり負担額

ＯＤＡのＧＮＩ比，2003年		ＯＤＡの１人当たり負担額，2002年	
ノルウェー	0.92	ノルウェー	372.7 ドル
デンマーク	0.82	デンマーク	305.4
オランダ	0.81	スウェーデン	222.7
スウェーデン	0.70	オランダ	206.8
フランス	0.41	スイス	128.3
スイス	0.38	フランス	92.3
英国	0.34	英国	83.5
ドイツ	0.28	日本	72.8
カナダ	0.26	ドイツ	64.5
オーストラリア	0.25	カナダ	63.7
スペイン	0.25	オーストラリア	50.5
ニュージーランド	0.23	米国	46.1
日本	0.20	スペイン	41.5
イタリア	0.16	イタリア	40.3
米国	0.14	ニュージーランド	31.0

（出所）外務省資料。

(76) Jane Nelson, *Building Partnerships: Cooperation between the United Nations System and the Private Sector*, Report commissioned by the United Nations Global Compact Office, New York: United Nations, 2002.

(77)『ヨハネスブルグ・サミット2002　持続可能な開発に関する世界サミット』国際連合広報センター，2002年。「エネルギーと環境」編集部編『ヨハネスブルグ・サミットからの発信――「持続可能な開発」をめざして・アジェンダ21完全実施への約束』エネルギー・ジャーナル社，2003年。

(78) 環境庁企画調整局調整企画室監修『温暖化対策税を活用した新しい施策展開』大蔵省印刷局，2000年。

(79) 国連文書 *A Practical Plan to Achive the Millennium Development Goal*, 17 Jan. 2005.

(80) 貧困問題の深刻化，9.11米国同時多発テロなどを契機して，欧米諸国，とくに米国，ＥＵ，カナダでは，2002年以降，政府開発援助の増額をみせてきている。日本は2000年までは，世界第１位を誇ってきたが，現在，減少傾向にあり（2001年以降，米国に次いで日本は第２位），とくにＯＤＡの対ＧＮＩ比で減少している。ＯＤＡの対ＧＮＩ比と１人当たり負担は低い。表1-24をみよ。日本の援助は，外務省編『我が国の政府開発援助』外務省，各年。『ＯＤＡ50年の成果と歩み』外務省，2004年をみよ。西垣昭・下村恭民『開発援助の経済学』有斐閣，1993年。小浜佑久『ＯＤＡの経済学』日本評論社，1998年。浦野起央『国際レジーム・援助』南窓社，2000年をみよ。

(81) この蚊帳は日本企業,住友化学がタンザニアで生産していて,殺虫剤の効果が十分証明されており,ユニセフが着目して取り組んでいる。日本は11兆帖の蚊帳のアフリカ向け援助を公表しており,これにより11〜16万人の死亡を防止できるとされる。

(82) 援助目標0.7％は,1969年10月世界銀行に提出されたピアソン報告で最初に設定された。*Partnership in Development： The Report of Commmission on International Development, Chairman Lester B. Pearson,* London: Paul Mall/ New York/ Praeger Publishers, 1969.大来佐武郎監訳『開発と援助の構想──ピアソン委員会報告』日本経済新聞社,1969年。同書は,1960年代に開発援助が開始され,人道的支援の時代を迎えた時期における援助の国際的指針を提示した先駆的意義があった。しかし,未だその目標は達成されていない。レスター・B・ピアソンは,さらに十分な援助がなされていない危惧から,以下の著作を発表した。Pearson, *The Crisis of Development,* New York: Council of Foreign Relations/ Praeger Publishers, 1970. 上村達雄訳『開発の危機──新興国援助の問題と対策』時事新書,時事通信社,1971年。

(83) 中国の状況は,中国情報局編集部編『ＩＴ MOVEMENT─中国ＩＴ白書』日本能率協会総合研究所,2001年〜をみよ。

4. 地球的民主主義に向けての国際連合の取り組み

a）国際連合の改革

　1999年9月13日総会は,「平和の文化に関する宣言および行動計画」(決議53／243) を採択した。ユネスコ（UNESCO）は1986年を国際平和年とし,1989年12月スペインのアンダルシアの中心地セビリアで第25回総会を開催し,「暴力についてのセビリア声明」が発表された[1]。そして,翌87年のコートジボアール総会では,「平和の文化」への理解を確認した。総会は2000年を「平和の文化国際年」と指定し,人権,発展,世代間協力などが国際連合の主題としての取り組みを確認した。ユネスコは,2001-2010年を「平和の文化／国際10年」としている。それは,市民や民衆の視点からの国際組織の再結集の主張であった。

　これまで,国際連合改革は,第三世界の大量参加で,1963年の安全保障理事会拡大,1963年と1971年の経済社会理事会の拡大だけをみた。しかし,以後,その取り組みは成功しなかった。

　1985年に,米国が第三世界諸国の急増による国際連合における発言力の低下から,また新保守主義の影響力拡大による国連事務局への不満から,国連分担金の支払いを留保し,支払う条件として総会の加重評決制による組織の効率化を要求した。これを受けて,国際連合では,日本の提案で高級政府間専門家グループ（18人賢人グループ, G-18）が設置され,事務局の在り方や財政改革が処理された。これにより,発展途上国が多数を占める総会から主要拠出国が支配的な計画調整（CPC）への予算の決定過程の重心移動,つまりCPCの決定による予算案変更のコンセンサス手続きの変更をみた。この行財政改革は1990年に終えたが,依然,大口拠出国に失望が残った。米国が要求した加重代表制の要求は国際的民主主義における形式的平等か相対的／機能的平等かという機構の意思決定における南北対立

といえるものであった。

　冷戦の終結後，国際連合の活動は劇的に拡大をみせる一方で，国際連合内外で多くの改革提案が提出され，国際連合の根本的改革が求められた[2]。国際連合は自由主義市場経済へ向けた国際社会の合意が定着するなかで，民族紛争も激化したものの，平和維持活動は大きな成果をあげ，その期待と成果への評価を高めたからであった（表1-25をみよ）。

　1992年，事務総長に就任したブトロス・ブトロス・ガリは，早速，国際連合に委ねられた役割を効果的に実行できるよう，信託統治局を廃止して政治問題局と平和維持局を設立し，さらに専門機関との調整を行う行政調整委員会（ACC）を強化したが，それには事務総長の指導性発揮が大きかった。ブトロス・ガリは1992年7月，「平和への課題」を安全保障理事会に提出し，平和強制部隊の提案を行い，平和維持活動における国際連合の役割を積極的に行使した。その一方で，平和維持活動への費用の弁済が遅れ，国際連合は再び財政問題の深刻化に直面した。そこで，加盟国の不満から，1992年9月フォード財団の支援で国連財政に関する独立諮問グループ（緒方＝ボルカー・グループ）が設けられ，翌93年10月，報告書[3]が提出されるも，主要拠出国の合意は得られなかった。事務総長は，1993年8月監査・調査事務所を設け，1994年7月，それは決議48／238Bで内部監査業務事務所となり，国連行財政の効率性の向上に寄与した。12月の決議49／143で国連財政状況に関する自由形式の高級作業部会が設けられ，国連財政にメスを入れることになったが，同作業部会も成果を欠いた。そこでは，米国の拠出金滞納が最大の原因とされただけであった。それは，相対的平等の追求にかかわるところであった[4]。

　1992年以降，国連環境開発会議，世界人権会議，国連社会開発サミット，第4回世界女性会議が相継いで開催されたが，それは，加盟国間の相互理解，国際的な価値変更への対応，そしてグローバル化の進展によるグロー

バル争点の急激な噴出によるところであった。こうした一連の国連会議とともに，国際組織を通じての提言や報告書が多く提出され，そうした提言への取り組みや改革への自助努力が進んだ。そこでは，多くの国際ＮＧＯの参加とそのエネルギーが発揮されつつあった。

だが，国際ＮＧＯ参加問題は，1996年7月経済社会理事会決議1996／31で，従来のＮＧＯ参加基準が変更され（1968年の経済社会理事会決議1296（XLIV），さらに7月経済社会理事会決定1996／297で総会に対しＮＧＯ参加問題の検討を要請した。この問題は，発展途上国が総会や経済社会理事会，国連関連機関へのＮＧＯ参加を求めていたのだが，これに対し，先進国は総会のみの参加を主張して対立しており，1997年7月の総会への部会報告では合意がなく終わった（決議51／241で部会報告は了承された）。

国際連合改革の最大の課題は，総会の活性化と安全保障理事会の構成，運営，および拒否権の2つの問題であった。1992年11月，事務総長のもとに総会の活性化についての全員参加の作業部会が設立されて審議されたが，発展途上国は改革における内部委員会の縮小を権限の縮小であると解して，進展がなかった。引き続いて，1993年11月の決議47／62で，安全保障理事会構成国の衡平な代表と増加の問題に関する自由形式の作業部会が設けられた。構成国の拡大については大半の合意を得ていたが，それも成果なく終わった。

1995年2月非同盟諸国会議は安全保障理事会改革提案を行い，常任・非常任理事国26議席とする構想を作業部会へ提出した。同年9月総会は，米国主導により国際連合の強化に関する自由形式の高級作業部会を設け（決議49／252），そこでは，10月第11回非同盟諸国首脳会議の改革支持にもかかわらず，ＥＵ諸国と77カ国グループ（G77）が，審議を総会と事務局の再活性化に関連する問題に限定するよう求め，その報告は，成果なく終わった（決議51／24）。

表1-25 国際組織の地球的取り組み

国際組織の提言・報告	提出年月
国連事務総長報告「核兵器白書」	1967年10月
国連事務総長報告「人間の環境問題に関する諸問題」	1969年 6月
国連事務総長報告「化学・細菌（生物）兵器とその使用の影響」	8月
国連事務総長報告「開発のための国際ボランティア団の創設可能性」	1970年
ストックホルム会議準備事務局「国際調整委員会報告」(フネ報告)	1971年 7月
ローマ・クラブ報告「成長の限界」	1972年
ローマ・クラブ報告「転機に立つ人間社会」	1974年
国連事務総長報告「グローバル経済協力のための新たな国際連合機構」	1975年
軍縮委員会会議特別報告「すべての側面における非核地帯問題の包括的研究」	1976年
ローマ・クラブ報告「国際秩序の再構成」	1976年
ローマ・クラブ報告「浪費の時代を超えて」	1976年
国連ＮＧＯ「第4次10年の新たなＮＧＯ関係」	1976年
国際連合体制の経済セクターの改革に関するアドホック委員会報告	1977年12月
ローマ・クラブ報告「人類の目標——地球社会への道」	1977年
ローマ・クラブ報告「限界なき学習」	1979年
国連事務総長報告「核兵器の包括的研究」	1980年 7月
コミュニケーション問題研究国際委員会(マクブライト委員会)報告「多くの声，1つの世界」	1980年11月
国際開発問題に関する委員会報告「南と北　生存のためのプログラム」	1980年
国際自然保護連盟・国連開発計画・他「世界保全戦略——持続可能な開発のための生物資源の保全」	1980年
国連事務総長報告「信頼醸成措置の包括的研究」	1981年 8月
国連難民高等弁務官報告「人権と集団的人の移動に関する研究——世界各地，とくに植民地・その他の従属国家および領土における人権と基本的自由の侵害問題」	1981年12月
国連環境計画報告「地球の防衛において」	1981年
国連事務総長報告「軍縮と開発との関係」	1982年
軍縮と安全保障に関する委員会報告「共通の安全保障」	1982年
国際人道問題独立委員会報告「飢饉——それは人災か」	1985年 5月
国連事務総長報告「安全保障の概念」	9月
国連事務総長報告「完全全面軍縮——海軍軍備競争の研究」	9月
環境問題科学委員会報告「核戦争の環境に対する影響」	9月
国際人道問題独立委員会報告「消失しつつある森林　非植林化の人的結果」	1986年
国際人道問題独立委員会報告「現代の戦争」	1986年
国際人道問題独立委員会報告「浸食する砂漠——人的失敗の結果」	1986年
国際人道問題独立委員会報告「"失踪"——テロの手段」	1986年

国際人道問題独立委員会報告「難民——難民化の力学」	1986年
国際人道問題独立委員会報告「ストリート・チルドレン——都市化が生んだ小さな犠牲者たち」	1986年
国連事務総長報告「国際経済安全保障の概念」	1987年10月
環境と開発に関する委員会報告「われら共通の未来」	1987年 4月
国際人道問題独立委員会報告「先住民」	1987年
国際人道問題独立委員会最終報告「人類に勝利はあるか」	1987年
ローマ・クラブ報告「素足の革命」	1987年
世界秩序モデル・プロジェクト報告（ウォルカー／メンドロビッツ）「公正な地球平和に向けて」	1987年
国連事務総長報告「対外債務危機と開発」	1988年10月
軍縮と安全保障に関する委員会の最終文書「平和の世界」	1989年 4月
国連環境計画・他「環境安全保障——包括的な国際安全保障の概念のための報告」	1989年
ローマ・クラブ報告「アフリカ——飢餓を越えて」	1989年
南委員会報告「南への挑戦」	1990年11月
世界秩序モデル・プロジェクト報告（ウォルカー／メンドロビッツ）「主権との相克」	1990年
地球規模の安全保障と管理に関するストックホルム提案「1990年代における共通の責務」	1991年 4月
国連人権委員会報告「経済的・社会的・文化的権利の実現——人権と絶対的貧困の研究のための方法と作業計画」（モンロイ報告）	6月
国連人種差別の除去委員会進展報告「最初の20年」	1991年
ローマ・クラブ報告「第1次地球革命」	1991年
国連事務総長報告「開発のための国際協力の促進——国際連合体制の役割」	1992年 6月
国連事務総長報告「平和への課題——予防外交，平和創造，および平和維持」	7月
国連事務総長報告「冷戦後の時代における軍備規制と軍縮の新次元」	10月
国連独立財政諮問グループ報告「効率的な国際連合財政」	1993年10月
国連事務総長覚書「[開発への] 課題の必要性」	11月
グローバル・ガバナンス委員会報告「われら地球の隣人社会」	1994年 4月
国連事務総長報告「開発への課題」	5月
世界銀行報告「ガバナンス——世界銀行の経験」	5月
国連事務総長報告「平和維持のための予備的取決め」	6月
ブレトン・ウッズ委員会報告「ブレトン・ウッズ——将来の展望」	7月
国連事務総長報告「開発への課題——勧告」	11月
グローバル・ガバナンス委員会報告「行動への呼びかけ」	1995年 1月
国連創設50周年事務総長ポジション文書「平和への課題・続編」	1月
国連事務総長報告「政治生活と政策決定への女性の参加」	2月
グローバル・ガバナンス委員会最終報告「われら地球の隣人社会」	6月
国連事務総長報告「民主化への課題」	12月

世界秩序モデル・プロジェクト報告（フォーク）「人類統治論」	1995年
ローマ・クラブ報告「不面目と貧困および低開発の羞恥心」	1995年
開発援助委員会「21世紀にむけて――開発協力を通じた貢献」	1996年 5月
先進7カ国会議の声明「多辺主義と国際連合改革」	7月
南センター報告「強い民主的な国際連合――国際連合に対する南の展望」	1996年
国連事務総長報告「国際連合体制の強化」	1997年 3月
国連事務総長報告「国際連合の刷新――改革のためのプログラム」	7月
ローマ・クラブ報告「国際援助の限界」	1997年
国連事務総長報告「国際連合体制のすべての活動におけるＮＧＯの相互作用の取決めと慣行」	1998年 7月
機関の活動に関する国連事務総長報告	1999年
国連開発計画「地球公共財――21世紀の国際協力」	1999年
国連児童基金報告「女性と少女に対する家庭内暴力」	2000年 5月
国連事務総長報告「われら人民――21世紀の国際連合の役割」	5月
国連事務総長報告「国連平和作戦パネル報告」（ブラヒミ報告）	2001年 8月
国連事務総長報告「国際連合とすべての関連あるパートナー，とくに民間セクターとの協力」	8月
介入と国家主権に関する国際委員会報告「保護する責任」	2001年 12月
人間の安全保障委員会報告「人間の安全保障，現在」	2003年 5月
国連開発計画「地球公共財を提供する――グローバル化を管理する」	2003年
国連活性化に関するハイレベル諮問委員会報告「より安全な世界――われわれの担う責任」	2004年 12月
ミレニアム・プロジェクト報告「開発へ投資する―MDGs達成のための現実的な計画」	2005年 1月
事務総長報告「より大きな自由の中で」	3月

　結局，冷戦後の国際連合における改革をめぐる政治力学は，第1に，諸国家間の平等と地域の均衡に従う形式代表派と，安全保障理事会の実効性・効率を求める実質平等派のあいだでの認識ギャップが埋まらず，対立が残った。第2に，組織の根本的改革のための憲章改正に対する安全保障理事国の合意，とりわけ拒否権をめぐる権限の変更への同意をめぐって加盟国間の対立は争点のままで，そのギャップは埋まらなかった。加えて，1993年の国連ソマリア活動，さらに，1992〜93年の旧ユーゴスラビアでの

平和維持活動の失敗から，ブトロス・ガリ事務総長と米国の対立が表面化して，改革への取り組みは止まってしまった。ブトロス・ガリはこうした状況下に，「平和への課題」，「開発への課題」に続く第3次報告「民主化への課題」を提出したが，とりわけ第3次報告は皮肉にもまったく無視されてしまい，議論にもならなかった。

1997年1月，アナン事務総長体制へ移ったが，彼は，前記の国際連合の強化に関する自由形式の高級作業部会の要請に対して，3月報告書「国際連合体制の強化」[5]を提出した。報告は，2通りの改革過程として，事務総長の権限と総会・安全保障理事会の決定権限を明示し，さらに，事務局レベルで政策調整グループと執行委員会の設置による事務局内部調整を提言した。7月により包括的な改革を盛り込んだ事務総長報告「国際連合の刷新——改革のためのプログラム」[6]が提出され，以上における権限上の改革に入り，国連開発グループ（UNDG）が発足した。さらに，前記報告では，NGO担当部局を設けて市民社会と連係することが提言された。また，国連財政難への対策として新たな自発的拠出による回転信用基金が提案されたが，日本やEU諸国はこれまでの滞納があるなかでの基金拠出に懸念をみせた。結局，そこでは，安全保障理事会改革などの抜本的改革までにはいたらなかった[7]。

1997年12月カナダ，オランダなど50カ国のNGOが非公式協議を行い，NGOの総会参加を暫定的に認める決議案について話し合った。しかし，非同盟諸国側がその決議案に反対し，総会では総会決定52／453で現在の国際連合体制におけるNGOの参加状況の報告を求めただけであった。翌98年8月その事務総長報告[8]が提出されたが，それは同報告に対する各国，国連機関，およびNGOの見解を徴することで終わり（決議53／452），その報告[9]は提出されたままであった。思えば，国際連合が創設してきたNGO［協議］参加[10]による価値ある現地情報や分析，および市民の参加と

エンパワーメントの発揮は，以前，十分生かされていないのが現状である。

そこでは，1996年の一連報告，リヨン・サミットでの先進国の国際連合改革の表明[11]，米国の国際連合システムの強化に必要な改革措置に関する見解[12]，また南センターの発展途上アジェンダ[13]がそれぞれ提出されていたが，いずれも生かされなかった。

2000年5月「よりよい人民中心の国際連合となる」ことが言及された事務総長報告「われら人民」[14]が提出され，ミレニアム総会（ミレニアム・サミット）に先立つ6月，事務総長主催のNGOによるミレニアム・フォーラムが開催され，106ヵ国から1000を超えるNGOの1,350人が参加し，「われら人民——ミレニアム・フォーラム宣言と21世紀のために国際連合を強化する行動課題」が採択され，これによりNGOの参加を保証することこそ国際連合の民主化であることが確認された[15]。ただし，引続き開催されたミレニアム総会のミレニアム宣言（決議59／23）では，国連主要機関，総会などへのNGOの参加拡大については言及されなかった。その国際連合の民主化という課題，各国議会と国際連合との協力関係が提起されても，市民社会の参加による国際連合体制の改革は議論とならなかった。そこでは，国家間民主主義の姿が依然，その基礎にあった。

2003年9月第57総会の冒頭，アナン事務総長は現下の国際情勢への対応に国際連合は力不足であるとした危機感を自ら表明し，安全保障理事会改革など国際連合改革のための有識者諮問委員会を発足させ，同諮問委員会は，平和と安全保障の確保，国連主要組織の見直しなどを検討することになった（11月諮問委員任命）。日本は同9月総会で，国連ミレニアム宣言の点検の機会に各国首脳レベルで国際連合改革の意志決定を行うべきであって，グローバルな責任を担う意志と能力を有する国を常任理事国に加えた機能強化を図るべきだと強調した。そして，2004年12月2日国連活性化に関するハイレベル諮問委員会（有識者諮問委員会）の報告[16]が事務総長に

表1-26　ハイレベル諮問委員会の安全保障理事会改革案，2004年

現　　行		常任理事国拡大案（Ａ案）		準常任理事国新設案（Ｂ案）	
常任理事国	5	現行	5	現行	5
米国		追加常任理事国	6	準常任理事国	8
ロシア		アジア	2	アジア	2
英国		アフリカ	2	アフリカ	2
中国		ヨーロッパ	1	ヨーロッパ	2
フランス		米州	1	米州	2
非常任理事国	10	非常任理事国	13	非常任理事国	11
アフリカ	3	アフリカ	4	アフリカ	4
アジア	2	アジア	3	アジア	3
ラテンアメリカ	2	ヨーロッパ	2	ヨーロッパ	1
西欧・その他	2	米州	4	米州	3
東欧	1				

(注)　準常任理事国は任期4年，連続再選可。
　　　非常任理事国は任期2年，再選不可。

提出された。それは，2002年から翌03年にかけてイラク戦争の発動に対する国際連合の関与をめぐり合意形成が適格になされなかった状況下に議論が錯綜するなか，未来に向けて集団殺害・民族浄化・人道危機などに国家が対処できない場合における最後の手段として武力行使を容認し，そのための5原則を提示した[17]。それは，「脅威が差し迫っている際に，攻撃されるのを待っている必要はない」との認識に立脚しており，先制攻撃は容認されるが，潜在的脅威があるというだけでは予防的攻撃は許されないとの判断にあった。安全保障理事会の拡大による国際連合改革・活性化についても議論されたが，改革は活性化の手段であるとして現常任理事国5カ国に6カ国を追加する拡大案ないし準常任理事国8カ国を新設する案が提出された（表1-26をみよ。日本は前者Ａ案を支持している）。さらに，紛争の遠因としての貧困や疾病の蔓延問題も指摘された。2005年に60周年を迎える国際連合の歴史に向けて，この報告は包括的な提言して評価されており，前述の2005年1月のミレニアム・プロジェクト報告（95－98頁をみよ）

表1-27 主要な国際年

年	国際年	年	国際年
1957	国際地球観測年	1995	国際寛容年
1959/60	世界難民年	1995	第2次世界大戦の犠牲者を記念する世界年
1961	国際保健医療研究年	1996	貧困撲滅のための国際年
1965	国際協力年	1998	国際海洋年
1967	国際観光年	1999	国際高齢者年
1968	国際人権年	2000	平和の文化のための国際年
1970	国際教育年	2000	国際感謝年
1971	人種差別と闘う国際年	2001	ボランティア国際年
1974	国際人口年	2001	国連文明間の対話年
1975	国際婦人年	2001	人種主義・人種差別・排外主義・不寛容に反対する動員の国際年
1978/79	国際反アパルトヘイト年		
1979	国際児童年		
1981	国際障害者年	2002	国連文化遺産年
1982	南アフリカ制裁国際年	2002	国際山岳年
1983	世界コミュニケーション年	2002	国際観光年
1985	国際青少年年	2003	国際淡水年
1985	国際連合年	2004	国際米年
1986	国際平和年	2004	奴隷制との闘争とその廃止を記念する国際年
1987	家のない人々のための国際居住年		
1990	国際識字年	2005	国際マイクロクレジット年
1992	国際宇宙年	2005	スポーツと体育の国際年
1993	世界の先住民の国際年	2005	世界物理年
1994	国際家族年	2006	砂漠と砂漠化に関する国際年
1994	国際スポーツ年		

とともに，同05年3月事務総長が提出され，アナン事務総長の改革に対する強い支持と決意のもと，この事務総長報告に従い9月ミレニアム宣言首脳会合で最終的に討議されることになった。

日本は，2004年6月28日国連改革に関する有識者懇談会が「21世紀における国連の役割と強化策」[18]を発表した。それは，安全保障理事会改革，敵国条項，国連分担金，邦人職員の増強，国際連合の強化策（総会の再活性化と経済社会理事会の役割見直し，ＮＧＯや民間企業との協力・連携の

表1-28　国際の10年

年	国際の10年
1994 – 2004	世界の先住民の国際の10年
1995 – 2004	国連人権教育の10年
1997 – 2006	貧困撲滅のための国際連合の10年
2001 – 2010	発展途上国，とくにアフリカにおけるマラリア撲滅の10年
2001 – 2010	第2次植民地撤廃のための国際の10年
2001 – 2010	世界の子供のための平和の文化と非暴力のための国際の10年
2003 – 2012	国際識字の10年――すべての人に教育を
2005 – 2014	国連持続可能な開発のための教育の10年
2005 – 2015	「命のための水」国際の10年*

（注）＊2005年3月22日から10年。

強化，積極的な「国民運動化」，内閣総理大臣・外務大臣による活発な国連外交の展開など）を提言している。

　なお，国際連合の世界会議の開催とともに，「国際年」あるいは「国際の10年」は地球社会，地球市民の意識を増進させる上で，大きな役割を果たしてきた（表1-27，表1-28をみよ）。そして，1992年以降における国際連合の改革も，こうした地球世論に触発されて着手されたといえる。

　とくに，国際教育年の1970年7月ニューヨークで初の世界青少年大会が開催され，平和と進歩に対する青年の貢献が表明され，各国間の友好関係促進をもった文書が採択されていたが，1985年の国際青少年年では，同年7月スペインのバルセロナで世界青少年大会が開催され，118カ国の代表600名が参加し，引き続く9月ブカレストで開催の「2000年の青少年――参加・発展・平和」のための国際青少年年世界大会には，ＮＧＯがより多数参加した。さらに，1995年10月第50総会で国際青少年年10周年特別会議が開催され，2000年および以後の世界青少年行動綱領が採択された。

　同様に，1986年10月コペンハーゲンで国際平和年世界大会が開催され，130カ国からの代表2,300名が参加した。

b）国際連合の民主化支援活動

　冷戦後における国際連合の最大の注目すべき活動は，民主主義体制への移行支援であった。これは，国家の民主化が最低限の合意された国際的課題として，「世界人権宣言」，「諸国民地・諸国諸人民に対する独立付与宣言」などを通じて国際的合意が成立してきたからで，国際社会は，各国の総選挙，大統領選挙を見守り，国際監視団を派遣した（表1-29，表1-30をみよ）。それは地球的民主主義の実践であった[19]。

　1967年7月南ベトナムは大統領および上院選挙のための監視団派遣を国際連合に要請したが，ウ・タント事務総長はこれを断った。1987年2月フィリピンの国民投票では，自由選挙のための全国市民運動（ナムフレル）が開票に立ち会い，世界が注目した。

　この民主化支援活動は，ニカラグア選挙に始まった。1987年8月ニカラグアを含む中米諸国が「中米の確固とした永続的平和確立のための手順（エスキプラス）」を締結し，1989年2月コスタデソル宣言で，中米諸国がエスキプラスを再確認した。これを受けて，ニカラグア政府は1989年3月，国際連合に対し選挙監視団の派遣を要請し，7月ニカラグアの選挙過程を検証する国連選挙監視使節団（ONUVEN）が設立され，1990年2月ONUVEN，OAS（米州機構）の選挙監視団のもと選挙が実施された。ただし，ONUVEN設立にあたりハビエル・ペレス・デクエヤル事務総長は，この選挙監視は先例としないとした。総会は，決議45／15で，今回の選挙は公正であると確認した。こうして，1992年のアンゴラ，1993年のカンボジアと国際連合の選挙監視活動が続いて実施され[20]，一方，1989年2月安全保障理事会は決議632（1989）でナミビア選挙監視の国連独立移行グループ（UNTAG）を設立し，11月の制憲議会選挙の国連監視が実施された。

　そしてデクエヤル事務総長のもと，1988年6月マニラで13カ国が参加し

第1章 冷戦世界と国際連合　119

表1-29　加盟国からの選挙支援要請，1990－1996年7月

提供された選挙支援のタイプ	提供国
調整・支援アプローチ	アゼルバイジャン，チャド，コモロ，コートジボアール，赤道ギニア，キルギスタン，シエラレオネ，タンザニア
技術援助	バングラデシュ，ブラジル，チャド，コモロ，赤道ギニア，フィジー，ガンビア，ガイアナ，ハイチ，キルギスタン，リベリア，メキシコ，モザンビーク，ニジェール，パナマ，ペルー，ウガンダ，シエラレオネ
フォロー報告（短期援助監視）	アルジェリア，ウガンダ
検証	リベリア
組織・実施	東スラボニア，バタニャ，西シルミウム〔クロアチア〕

（付記）　グアテマラおよび西サハラは国連使節団が派遣された。
　　　　アルバニア，ベナン，カボベルデ，ドミニカ共和国，赤道ギニア（1件），ルーマニア，サントメ・プリンシペ，スーダン，およびパレスチナの9つの事例は，援助提供がなされなかった。
　　　　この時点では，アルメニア，カンボジア，ニカラグア，イエメン，およびザイールからの要請は，検討中であった。
（出所）　ブトロス・ブトロス・ガーリ国連事務総長『創設50周年記念　国連活動年次報告──第50回総会から第51回総会へ』ニューヨーク，国際連合，1996年，国際連合広報センター，1997年，279－281頁。

て「新生・再生民主主義」の国際会議が開催された。そのマニラ宣言[21]の成果としては，12月米国提出のいわゆる選挙原則決議43／157がコンセンサスで採択され，以後，毎年，「定期的かつ神聖なる選挙原則の効果性の向上」決議が採択され，1991年以降，それに対する事務総長報告が提出されるところとなった。同会議の第2回会議は，1994年7月マナグアで74カ国が参加して開催され，「マナグア宣言」および「行動計画」が採択された。第3回会議は1997年9月ブカレストで市民社会フォーラムとの共催で開催され，また第4回会議は2000年12月ベナンのコトヌで「民主主義，平和，安全保障，および開発」を主題に開催されたが，ルーマニア提案の「民主的処理法典」には反対が多く，採択できなかった。

　1989年5月のパナマ大統領選挙では，米国監視団が派遣され，同監視団は「選挙が自由かつ公正に行われたことは証明できない」との声明を発表

した。翌90年12月，ハイチで国連支援の総選挙が実施されたが，これは，同年3月ハイチ政府がＵＮＤＰに対して選挙実施のための技術支援を要請し，さらに，同政府は1990年7月，1987年選挙での混乱から，国際連合に対して選挙監視員の派遣を要請したからであった。国際連合では，国際紛争にかかわりがない関与に躊躇する議論があった一方，米国支援の監視団派遣を警戒する議論もあり，その支援は頓挫した。8月，9月と続いたハイチ政府の要請で，安全保障理事会ではなく総会の決議45／2でハイチの選挙検証のための国連選挙監視団（ONUVEH）が設立され，12月ＯＮＵＶＥＨとＯＡＳの選挙監視のもとで選挙が実施された。総会は決議42／257Ａでその成功を歓迎した。この選挙監視は，独立国に対する初めての国連選挙監視活動であった。

　全欧安保協力機構（OSCE）は，1992年1月プラハ外相会議で民主化支援を人権活動と並ぶ活動目標とした。アフリカ連合（AU）では，選挙監視団の派遣が実施され，それが制度化された。米国は1990年の東欧民主化支援法で民主主義イニシアチブを提示し，それは①民主的代表の強化，②人権尊重の支援，③法に則った統治の支援，④民主的価値の強化を対象としていた。フランスは，1990年6月ラボールで開催のフランス・アフリカ諸国首脳会議におけるフランソワ・ミッテラン仏大統領演説で，アフリカ援助に対する民主化の条件が確認された（ラボール宣言）。ＥＵは，1991年11月開発に関する閣僚理事会が「人権，民主主義，および開発」決議を採択し，ＥＣが締結する開発援助に関するパートナーシップ協定には，民主化を開発協力の目的とすることが明記された。2000年6月のアフリカ・カリブ・太平洋（ACP）援助コトヌ協定では，人権およびグッド・ガバナンスとともに民主主義の尊重が参加国の義務と規定された（第9条）。日本からは，1992年の国際連合平和維持活動等に対する協力に関する法律（国際平和協力法）に基づく国際選挙監視団が1993年にカンボジア派遣さ

れ、さらに、2002年の東チモール大統領選挙などにも派遣された。2003年8月決定の日本のODA大綱に、援助実施の原則として、平和の維持と並んで、「(4)開発途上国における民主化の促進、市場経済導入の努力並びに基本的人権および自由の保障状況に十分注意を払う」と言及され、運用されている[22]。また、2004年10月米下院では、北朝鮮の人権状況が改善されない限り、人道主義的支援以外の援助を規制するとした北朝鮮人権法が成立した。

　この国際市民社会の選挙支援参加は、国際選挙コンサルタントとしての非政府・非営利組織の選挙システム（IFES）が1987年に「弾丸ではなく投票用紙を」をモットーにワシントンで設立され、民主主義の普及を目的とした米国際開発庁（USAID）の協力があった。IFESは、旧社会主義国やアフリカ・ラテンアメリカの選挙支援を行い、それは(1)選挙法関連の法的・司法的支援、(2)選挙行政などの選挙管理支援、(3)市民社会の支援を三本柱とした。さらに、1992年のスウェーデン政府・議会のイニシアチブで、1995年に民主主義・選挙支援（IDEA）がストックホルムに成立し、それは選挙支援の政府間およびNGO調整を行っている。最近では、IFESがIDEAと協力して世界各地の選挙データのベース化を進めている。これは、選挙支援が冷戦後の世界において地域の安定化と開発支援を含む重要な安全保障の手段となってきたためであった。アジアでは、1997年のカンボジアのクーデタを契機に設立された自由選挙アジア・ネットワーク（ANFREL）がバンコクに本部をおいて活動している[23]。

　開発NGOは、オクスファムにみるように、持続可能な開発を支える要因として、経済的公平、環境保全と並んで、民主化を掲げる。すなわち、(1)政治権力への接近と経済機会が公正かつ公平であること、(2)人権および少数派の権利を保障する民主制度があること、(3)生活に影響を及ぼす政策の形成と実施に市民が発言し参加することである[24]。

表1-30 日本が参加した選挙監視活動

年	派遣先と内容
1989	パナマ※, ナミビア※★
1990	ニカラグア※★, ハイチ※※#★
1991	バングラデシュ*, エルサルバドル*, ネパール*, スリナム*
1992	エチオピア#□, アンゴラ☆, ガーナ※, ペルー*, ケニア※※
1993	エリトリア+, ジブチ※□, パラグアイ※, カンボジア*☆, ブルンジ※※, ナイジェリア※, マラウイ+, マダガスカル*, 中央アフリカ※※, ペルー+, ロシア*
1994	エルサルバドル※☆, ウガンダ※, 南アフリカ*□, マラウイ※※, エチオピア*, メキシコ※※, モザンビーク※☆, ネパール*, ナミビア*
1995	ペルー※※, エチオピア※#, ギニア※, ハイチ※#, アルメニア※, 赤道ギニア#, コートジボアール※, タンザニア※※, グアテマラ※※, カザフスタン※, ロシア*, ハイチ*
1996	グアテマラ※, パレスチナ※※, ウガンダ※※, バングラデシュ*, ロシア※, ボスニア・ヘルツェゴビナ※#, ニカラグア※※, ブルガリア※, マダガスカル※, ルーマニア※※, ニジェール*
1997	パキスタン*, 東スラボニア*#, ブルガリア*, クロアチア*, リベリア※※, ボスニア・ヘルツェゴビナ#, ケニア※※
1998	ドミニカ共和国*, レソト*, エクアドル※※, エクアドル※, カンボジア*, パナマ+, ボスニア・ヘルツェゴビナ*#□, 中央アフリカ※※
1999	ナイジェリア※※, ジブチ※, パナマ※※, ネパール*, 南アフリカ*, インドネシア*, マラウイ*, マケドニア※※, グアテマラ※※, モザンビーク※※, ロシア*
2000	クロアチア*, タジキスタン※, エルサルバドル*, ペルー※※, エチオピア*#, ドミニカ共和国#, ジンバブエ*, ウガンダ+, マケドニア#, コソボ（ユーゴスラビア）#, タンザニア※*#, ニカラグア#, アゼルバイジャン*, ボスニア・ヘルツェゴビナ*#□, ルーマニア※※, ガーナ※□, セルビア（ユーゴスラビア）*, パキスタン#
2001	アゼルバイジャン※, パキスタン#, ウガンダ※, ペルー※※, 東チモール*□, フィジー*□, バングラデシュ*□, ニカラグア※※, コソボ（ユーゴスラビア）□, ソロモン諸島*
2002	カンボジア#, ジンバブエ※, ウクライナ*, 東チモール*□, レソト*, アゼルバイジャン+, マケドニア*, ボスニア・ヘルツェゴビナ*#, パキスタン*, マダガスカル*
2003	ザンジバル（タンザニア）#, タジキスタン+, カンボジア*, ルワンダ※*, アゼルバイジャン※, グアテマラ※*
2004	グルジア※※, スリランカ*, インドネシア※*※, マラウイ*, アフガニスタン※, パレスチナ※, ウクライナ※※

（注）大統領選挙は※, 総選挙（制憲議会選挙を含む）は*, 地方選挙は#, 住民投票は+, 国連平和維持活動は☆, 国連選挙監視活動は★, 他に国際連合が関与したものは□でそれぞれ示した。※※は同時またはその順序の日程で実施したもので, ※※※, ＊＊はそれぞれ再選挙が実施されたものである。

これは，前述した難民アプローチにおける開発への重視と同じ視点に立つ。
　そこでの開発NGOの役割は，民主化支援における国家・国際援助機関への参加を通じて実現をみつつある(23)。
　1997年3月にインドネシア総選挙監視委員長（検事総長）は，総選挙の監視に外国人オブザーバーを招待しないと声明した。それは内政管轄事項であったからであった。しかし，1999年6月実施された総選挙には，日本政府選挙監視団が送られた。2004年7月インドネシア大統領選挙では，日本政府の技術・財政支援のほか，日本からインドネシア総選挙監視住民ネットワークが日本政府の支援で派遣された。
　2004年8月ベネズエラのウゴ・チャベス大統領罷免の是非を問う国民投票では，抵抗勢力の一部国民の不満が残ったものの，米州機構（OAS）やカーター・センターなどの国際監視団が，国民投票の集計過程における不正行為はなかったと報告しており，ジミー・カーター元米大統領も現地で反大統領派に対し国民投票の結果を受け入れるよう求めた。
　今度は，2004年11月米大統領選挙に，米国務省の要請でOSCEが選挙監視団を送った。これは，2000年の大統領選挙に不正があったと指摘する民主党下院議員13人が同年7月アナン国連事務総長に対し書簡で選挙監視団の派遣を要請し，コリン・L・パウエル国務長官にも監視団の受け入れを改めて求めたことへの対応からであった。ただし，保守系シンクタンク，ヘリテージ財団の研究員N・ガーディナーは「監視団の受け入れは米国のイメージを著しく傷つけ，国際社会に与えるダメージは計り知れない。国務省の判断を疑う」と語った。
　2001年4月国連人権委員会は，民主主義を促進し，定着し強化させる手段についての対話の継続決議2001／41を採択し，翌02年に再び「民主主義を促進し，定着し強化させる更なる手段」決議2002／46を採択し，人権と

基本的自由の尊重，結社の自由，表現と意見の自由，権力への接近と法の支配に従うその行使，普通選挙権と秘密投票による人民の意志表示の表示としての定期的かつ自由で公正な選挙の実施，政党・政治組織の多元的システム，権力の分立，司法の独立，行政における透明性と責任，自由かつ独立の多元的メディアが，その基本的要件として指摘された。それこそ，民主化選挙支援の意味したところである。

2004年9月の総会演説で，ジョージ・W・ブッシュ米大統領は，テロを抑止し安全な世界を築くとして，民主主義と自由の拡大を打ち出し，国際連合に民主主義基金を創設する提案を行った。これはアフガニスタンとイラクの民主国家としての再建へ向けた努力への国際社会の課題の取り組みという文脈で提起されており，民主主義基金の目標として法治主義，司法の独立，報道の自由，政党・労働組合の結成の自由の確立などが列挙された。それは，また同年6月主要先進国首脳会議（シーアイランド・サミット）で合意された拡大中東・北アフリカ地域への民主化支援とも連なる構想となっており，1989年の冷戦終結以後のいわゆる「民主化の第3の波」の議論の文脈にあって[26]，国際関係の民主化の射程にある[27]。

c）冷戦後の国際連合

冷戦後における局面は，内戦である民族紛争の噴出に特記されたが，そこでは，多機能化したPKOの取り組みとなった。現在，PKOは，伝統的な軍事面での平和維持（peace-keeping），紛争の解決と国民和解をめざす平和創造（peace-making），紛争後の国家再建や独立達成にかかわる平和構築（peace-building），そしてそうした機能の遂行に必要な平和強制（peace-enforcement）が一体となって活動を形成しており，それは紛争の発生あるいは再発を防止するという紛争予防（prevention）の視点に立脚している。

これは，ブトロス・ガリ事務総長の報告「平和への課題」(1992年) および「同・追補」(1995年) のＰＫＯ強化構想で提起された視点であり，次いでアナン事務総長の要請を受けた2001年8月の国連平和作戦パネル報告（いわゆるブラヒミ報告）[28]によってその構想が固まった。ブトロス・ガリ報告「平和への課題」は，平和創造と平和強制について曖昧な点があったが，ブラヒミ報告は，紛争の発生と再発の防止，ならびに紛争後の平和構築を活動体系のなかに位置づけ，停戦合意への違反に対する緊急展開の平和強制部隊を平和維持軍，国連軍とも区別して提案し，さらに国連待機制度（UNSAS）の創設を提案した。しかし，ソマリア平和維持活動の経験もあって「平和への課題・追補」では，ＰＫＯの伝統的原則に戻っていた。ブラヒミ報告は，ブトロス・ガリ報告で体系化された紛争予防と平和創造・平和維持・平和構築の3分野を国連平和活動と位置づけ，各活動の調整と統合の必要性を説いた。そこでは，国際連合による暫定統治の可能性を示唆するとともに，平和維持活動には軍事力が必要となる可能性が指摘された[29]。こうして，ブラヒミ報告は，複合的ＰＫＯを整理し，平和活動の新しい地平を明確にした意義があった[30]。

　ソマリア国連活動は，破綻国家に対する国際連合の人道的干渉という問題を引き出してしまった。いま1つ，東チモールの国連活動は4段階，すなわち，①国連政治局の管轄下に国連東チモール暫定統治機構（UMAMET）のもと独立達成の国民投票が実施され（これはＰＫＯ活動ではない），②独立国民投票の併合派とインドネシアの焦土作戦に対する多国籍軍（INTERFET）展開と治安の回復が遂行され（これは国連軍ではない），③複合ＰＫＯの国連東チモール支援団（UNTAET）の派遣とその下での独立を準備する国際連合初の直接統治がなされ（これはカンボジアの支援を先例とした），そして④国造りを支援する国連チモール暫定行政機構（UNMISET）が展開した（これは複合ＰＫＯである）。日本の

自衛隊は③と④に参加した。東チモールの独立過程を国際連合が全権委任で直接統治したのは、初の事例であった。

こうした国際連合の活動は、いわゆる人間の安全保障の視点に立脚していた。この人間の安全保障は、1998年12月小渕恵三首相が「人間の生存・生活・尊厳を脅かすあらゆる種類の脅威」に対処するべく提唱したのに始まり、翌99年12月その視点から、紛争予防措置、持続的な開発の促進、人間の尊厳という3つの課題が提起された。2001年1月人間の安全保障委員会が設立され、人間の安全保障への国際社会の理解、人間の安全保障の概念整理と実施措置、および具体的行動計画の起草に着手した。一方、日本は、1999年2月国際連合に人間の安全保障基金を設立し、貧困対策、教育支援、雇用促進プロジェクト支援、旱魃対策などを行った[32]。2000年9月ミレニアム・サミットでの事務総長の「恐怖からの自由」と「欠乏からの自由」の2つの目標達成の要請に応え、独立委員会として人間の安全保障委員会が設立され、市民社会の代表との人間の安全保障に対する理解と経験の共有を経て、その重大な脅威に対する具体的行動計画をまとめ、2003年5月最終報告書[33]が事務総長に提出された。

ＵＮＤＰは、1999年に報告『地球公共財』[34]で国境を越える公共財の概念を提起し、地球規模の問題群への対処には、金融の安定、人間の安全保障、あるいは環境汚染の減少という目標達成が必要とされたシナリオを提言した。ＵＮＤＰは、開発援助戦略の変革局面で、1997年7月のアナン事務総長報告「国際連合の刷新――改革のためのプログラム」で紛争と開発が主題となって、従前、「開発への課題」で安全保障と別に扱われてきた緊急救援および人道援助と開発とを連携させるところとなり、開発グループの大規模な改革が実施された。こうした方向は、実施機関としてＵＮＤＰ緊急事態（ERD）の1995年の創設に始まっていた。そしてＥＲＤは2001年12月危機予防・復興（CRP）となり、紛争後の復興のための戦略立

案，制度構築・ガバナンスの改善，避難民の再定住と統合，地雷除去，総選挙準備，市民社会の育成に取り組むことになった[35]。

そしてその国連構想を明らかにしたのが「グッド・ガバナンス」の考え方で，1997年6月15日国連行政調整委員会（ACC）のガバナンス構築能力サブグループがアナン事務総長のもとに17の国連機関が参加して開催され，グッド・ガバナンスの11原則が確認された。ただし，そこには，自由かつ公正な選挙の原則はなかった。この11原則は以下のとおりで，国際連合の新しい取り組みの地平を明示したものとみることができる。

1. 効率的な公共部門。
2. 過程と制度の責任制／透明性。
3. 市民／政治エンパワーメントの効果的な参加。
4. 権力の効果的な分権化。
5. 知識・情報・教育への接近。
6. 政治的多元主義／結社と表現の自由。
7. 法の支配／人権の尊重。
8. 正統性／コンセンサス。
9. 責任，連帯，および寛容を展望した態度と価値。
10. 平等／貧困者の声。
11. ジェンダーの平等[36]。

このグッド・ガバナンスこそ，現在，国際連合が目指しているところの最前線の構想といえよう。

そして2000年7月国連事務局は，グローバル・コンパクト（GC）という新しいネットワーク形成に入った。これは，国際連合がこれまで指導してきた人権，労働，および環境に関する国際規範を企業に受けるよう目指したものであり，以下の「指針・国際連合とビジネス共同体のあいだの協力10原則」が掲げられた（原則10は2004年6月追加）。

人権

原則1——企業は，その影響の及ぶ範囲で国際的に宣言されている人権の擁護を支

持し，尊重する。
原則 2 ――人権侵害に加担しない。

労働
原則 3 ――組合結成の自由と団体交渉権を実効あるものとする。
原則 4 ――あらゆる種類の強制労働を排除する。
原則 5 ――児童労働を実効的に廃止する。
原則 6 ――雇用と職業に関する差別を排除する。

環境
原則 7 ――環境問題の予防的アプローチを支持する。
原則 8 ――環境に対していっそうの責任を担うためのイニシアチブをとる。
原則 9 ――環境を守るための技術開発とその普及を促進する。

腐敗防止
原則10――強要と賄賂を含む，あらゆる形態の腐敗の防止に取り組む[37]。

　これは，グローバル化がもたらす問題に対して，企業に対し責任ある企業市民としての行動を求めたものであって[38]，これによってグローバル経済を持続可能なものとしていこうということである。それは，これまでの国際連合と企業との関係は国連多国籍企業委員会（UNCTC）で対決的な局面もあったが，冷戦後における経済のグローバル化の進展で，国際連合がその対応を転換させたことの結果であった。それは，1992年の地球サミットに始まり，1991年1月ダボスの世界経済フォーラムでアナン事務総長がビジネス界に対しリオ・サミットで発足した持続的発展のための経済人会議（BCSD）[39]をルートにその参加を呼びかけ，2002年のヨハネスブルグの持続可能な開発サミットでは，700以上の企業代表，100人以上の最高経営責任者が参加した。これは，ILOの政府・雇用者・労働者3者代表方式に従ったもので，こうしてグローバル・コンパクトは，経済のグローバル化と反グローバル化の収斂を図り，持続可能な発展を維持するための自発的なネットワークを形成するものとして注目されており，グローバル・ガバナンスの1つの形態といえるものである（253－256頁をみよ）[40]。

アムネスティ・インターナショナル，ヒューマン・ライツ・ウォッチなどの国際ＮＧＯは，2003年4月企業の参加において10原則遵守のための監視が十分でないと批判したが，現在，世界銀行と同様に，ビジネス界においても，独立の第三者機関パネルの設置が求められるところとなっている。

総会は，ミレニアム宣言を受けて，2001年と2002年の総会で「グローバル・パートナーシップに向けて」決議55／215，続いて決議56／76を採択したが，それは民間セクターと国際連合の新しい協力関係を打ち出したもので，2001年8月事務総長報告「国際連合とその関連あるパートナー，とくに民間セクターとの協力」[41]が提出され，そこでは，地球的民主主義の深化と実現が方向づけられた。

地球的民主主義の展望は明るいものとなりつつある。その現実へ向けた普遍的世界機構としての国際連合の新しい脱皮を，われわれは期待し，その新しい役割によって新秩序が切り開かれつつある[42]。

これに関連して，地球市民としての国際社会への参画による市民外交が指摘される一方，新しい国家の外交政策がソフト・パワーの行使であることを指摘しておきたい。ジョセフ・Ｓ・ナイは「ソフト・パワーとは要するに，脅しや報酬支払いという手段を使うことなく，他国や他の人びととの協力を得る能力である」[43]と指摘した。これが期待される外交であって，そこでの価値の共有は市民外交の課題であり，それに対応して双方が一体化された公共財の提供による新国際秩序の構築と当該国の外交的評価と解されるものである。そのレジームを国際連合は提供しており，米国の外交はユニラテラリズムと評されるが，その外交成果は国際連合のレジームにおいてこそ発揮されているといわなければならない。ナイも「開発と人道に関する課題で重要な役割を担う国際連合を新戦略のなかで現実的に活用すべきである」といい，「国連平和維持活動によって米国が世界の警察官の役割を単独で引き受ける必要がなくなるだろう。……ユニラテラリズム

の立場から国際連合を非難すれば,米国にとってソフト・パワーを損なうという形で逆効果になるだろう」と述べている[44]。こうした理解は,新秩序の形成における新しい外交の方向性として高く評価されなければならない。

【注】
(1) 「暴力についてのセルビア声明」は,暴力と戦争に対する5つの命題を指摘した。デービッド・アダムス編,中川作一訳『暴力についてのセビリア声明——戦争は人間の本能か』平和文化,1996年

(2) *Maurice Bertrand, Refaire l'ONU: un programme pour la paix,* Geneve: Editons Zoe, 1986. 横田洋三監訳『国連再生のシナリオ』国際書院,1991年。Bertand, *L'ONU,* Paris: La Decouverte, 1994. 横田洋三・大久保亜樹訳『国連の可能性と限界』国際書院,1995年。

(3) 国連文書A/48/460。

(4) 庄司真理子「国連の機構改革構想——ガリ国連事務総長の機構改革と80年代半ば以後の改革構想論議——」国際政治103『変容する国際社会と国連』1993年。前掲,杉浦『国際連合と民主化』第8章。

(5) 国連文書A/51/829。

(6) 国連文書A/51/950 and Add. 1～7。報告の第1部概観の抜粋は,『国際連合の改革と刷新——コフィ・アナン事務総長の報告書および関連資料』国連広報センター,1997年,12-32頁。同書には,関連のコフィ演説が所収されている。

(7) 吉村祥子「アナン事務総長と国連改革——その位置づけと今後」海外事情,1998年9月号。

(8) 国連文書A/53/170。

(9) 国連文書A/54/329。

(10) 鈴木淳一「国連経済社会理事会とNGOとの協議取決めの改定——グローバルな「市民社会」の国連への参加——」獨協法学,第44号,1997年。馬橋憲男『国連とNGO』有信堂,1999年,第3章。

(11) *Multilateralism and United Nations Reform,* Summit of the G7, Lyon, 27-29 June, 1996.

(12) *United States Views on Reform Measures Necessary for Strengthening the United Nations System, Presentation to the Open-Ended High-Level Working Group on the Strengthening of the United Nations System,* Washington, DC, 20 February 1996, and Note on Correction, 15 March 1966.

(13) South Centre, *For a Strong and Democratic United Nations: A South Perspective on United Nations Reform*, Geneve: United Nations, 1996.
(14) 国連文書A/58/2000。ここでの「われわれ人民」は，憲章前文の「われわれ連合国の人民」である。
(15) 第57総会への事務総長報告A/57/387。
(16) 国連文書A/59/565, *A More Secure World: Our shared responsibility*, 2 December 2004.
(17) その5原則は，以下の通り。(1)安全保障に及ぼす脅威がさしせまっていること，(2)武力行使が脅威の排除にとって適切かつ他の目的をもたないこと，(3)非軍事的手段が尽くされたこと，(4)武力行使の規模や機関は必要最小限であること，(5)武力行使の結果が状況を悪化させないこと。ibid., 第207節。
(18) 日本国際連合学会は，2001年6月10日国際シンポジウム「21世紀の国連における日本の役割——世界は日本に何を期待するか」を開催した。Yasushi Akashi（監修），*International Symposium: The Role of Japan in the 21 st Century UN, What are the World's Expectations*, 日本国際連合学会, 2002. 久保田有香訳編『21世紀の国連に於ける日本の役割』国際書院，2002年。
(19) 大芝亮『国際組織の政治経済学——冷戦後の国際関係の枠組み』有斐閣，1994年，第2章国連の選挙監視活動，第5章国連，国際監視組織，NGOの役割と課題。Christopher C. Joyner, "The United Nations and Democracy," *Global Governance*, Vo. 5, 1999. 岩崎正洋「民主化支援と国際関係」，国際政治125『「民主化」と国際政治・経済』2000年。
(20) 浦野起央「シハヌークとカンボジア紛争——その問題の根源を探る」上・下，国防，1992年6月号・7月号，浦野「和平の達成——続・シハヌークとカンボジア紛争」上・下，国防，1992年8月号・9月号，浦野「新しいカンボジアの建設にむけて」国防，1992年11月号。依田博『紛争社会と民主主義——国際選挙監視の政治学』有斐閣，2000年。

そのカンボジア和平解決に対する日本外交の証言は，河野雅治『和平工作』岩波書店，1999年をみよ。
(21) 国連文書A/43/538, annex。
(22) 下村恭民・中川淳司・齋藤淳『ODA大綱の政治経済学——運用と援助の理念』有斐閣，1999年，第3章。
(23) 首藤信彦・松浦香恵『国際選挙監視とNGO』岩波ブックレット，岩波書店，2000年。
(24) *Oxfam Briefing*, No. 2, Jan. 1992.
(25) 前掲，大芝『国際組織の政治経済学——冷戦後の国際関係の枠組み』182頁以降。
(26) Samuel Philips Huntington, *The Third Wave*, Oklahoma: Univ. of Oklahoma Press, 1990.坪郷實・中道壽一・藪野祐三訳『第三の波——20世紀後半の民主化』三

嶺書房，1995年。
(27) Whitehead Laurence, *The International Dimensions of Democratization: Europe and America*, Oxford: Oxford U. P., 1998. Peter Ferdinand ed., *The Internet, Democracy and Democratization*, London: Frank Cass, 2000. 木暮健太郎「民主化における国際的要因の諸相」，国際政治128『比較政治と国際政治の間』2001年。
(28) 国連文書A/55/305, S/2000/809.
(29) 永田博美「国連ＰＫＯ改革の行方──「ブラヒミ・レポート」を中心として」海外事情，第49巻第3号，2001年3月。
(30) 篠田英明『平和構築と法の支配──国際平和活動の理論的・機能的分析』創文社，2003年，第1章。
(31) Depertment of Public United Nations, *The United Nation and East Timor: Self-determination through Popular Consultaion*, New York: United Nations. 2000. Renada Dwan ed., *Executive Policing: Enforcing the Law in Peace Operation*, Oxford U. P., 2002. Geoffrey C. Gunn, with Reyko Huang, *New Nation: United Nations Peace-building in East Timor*, 長崎大学経済学部東南アジア研究所，2004年。
(32) 前掲，浦野『安全保障の新秩序──国家安全保障再考，テロ・環境・人間の安全保障』第4章「人間の安全保障」の考察。
(33) Commission on Human Security, *Human Security Now: Protecting and Empowering People*, New York: Commission on Human Security, 2003. 人間の安全保障委員会報告書『安全保障の今日的課題』朝日新聞社，2003年。
(34) United Nations Development Programme, *Global Public Goods: International Cooperation in the 21 st Century*, New York: Oxford U. P., 1999. ＦＡＳＩＤ国際開発センター訳『地球公共財──グローバル時代の新しい課題』日本経済新聞社，1999年。
(35) 長谷川祐弘「国連の開発，人道および平和構築支援活動──発展途上国における調整と協力体制の強化」，国連研究第3号『グローバル・アクターとしての国連事務局』2002年。大平剛「国連開発計画（ＵＮＤＰ）の紛争予防に関する新たな役割」，国連研究第4号『国際社会の新たな脅威と国連』2003年。
(36) 国連文書 A/52/513，第25節。
(37) http://www.un.org/patners/buisiness/guida.htm，2001年1月12日。
(38) 企業と市民社会あるいは国際社会との新しい関係の視点は，以下をみよ。浦野起央『人間的国際社会論』勁草書房，2003年，207頁以降。
(39) Stephan Schmidheiny, Business Council for Sustainable Development, *Changing Course: A Global Business Perspective on Development and Environment*, Cambridge: MIT Press, 1992. ＢＣＳＤ日本ワーキング・グループ訳『チェンジング・コース──持続可能な開発への挑戦』ダイヤモンド社，1992年。Schmidheiny,

WBCSD, *Financing Change: The Financial Community, Eco-efficiency, and Sustainable Development*, Cambridge: MIT Press, 1996.環境と金融に関する研究会訳『金融市場と地球環境——持続可能な発展のためのファイナンス革命』ダイヤモンド社, 1997年。

(40) 三浦聡「国連グローバル・コンパクト——グローバル・ガバナンスの新たなモデル」ジュリスト, 第1254号, 2003年10月15日。大芝亮「グローバル・ガバナンスと国連——グローバル・コンパクトの場合」国際問題, 第534号, 2004年9月。

(41) 国連文書A/56/323。

(42) 陳魯直・李鉄城主編『聯合国与世界秩序』北京, 北京語言学院出版社, 1993年。

(43) Joseph S. Nye, Jr., *Soft Power: The Means to Success in World Politics*, New York: Public Affairs, 2004. 山岡洋一訳『ソフト・パワー——21世紀国際政治を制する見えざる力』日本経済新聞社, 2004年, 104頁。

　この概念は, ナイが以下においてすでに強調していた。Nye, *Bound to Lead*, New York: Basic Books, 1990. 久保伸太郎訳『不滅の大国アメリカ』読売新聞社, 1990年。

(44) op. cit. *Soft Power: The Means to Success in World Politics*, 前掲, 山岡訳『ソフト・パワー——21世紀国際政治を制する見えざる力』223頁。

第2章 国連投票行動からみた国際社会の解析

1. はしがき

著者は,これまで国連投票データを整備し分析してきたが[1],この度,2001年までの国連総会における投票データを補充して,ここに包括的解析をした。その解析は,総会における記録投票Roll Call Voteをデータに各国間における投票の一致度状況を確認することで,各国相互間における親和状況と各国の投票行動における全体的配置状況を明らかにし,これにより国際社会の構造を解明するものである。

その一致度状況は,X国とY国の投票行動が

B国／A国	賛 成	反 対	棄 権	欠 席
賛 成	N11	N21	N31	N41
反 対	N12	N22	N32	N42
棄 権	N13	N23	N33	N43
欠 席	N14	N24	N34	N44

であれば,両国間の一致度は以下の通り定義される。

$$\frac{\sum_{i=1}^{4} N_{ii}}{\sum_{i=1}^{4}\sum_{j=1}^{4} N_{ij}} \times 100$$

この一致度状況をいわゆるデンドログラムで表示し,クラスター解析を進めるとともに,さらにその主成分(因子)解析により状況の内容についての確認を適宜行った。

なお，加盟国の変動は，以下のとおりである。なお，加盟国状況は，表1-2をみよ。

インドネシアは1965年に国際連合を脱退したが，翌66年に復帰した。

1970年に南アフリカの国連総会委任状決議が不成立となり，南アフリカは，国連議席を失ったが[2]，1994年に議席を回復した。

中国は原加盟国であるが，当初は中華民国が代表権を行使し，それを台湾政権が継承したが，1971年に中国代表権問題の解決で（49-50頁をみよ），代表権は中華人民共和国へ移行した[3]。

カンボジアは，ヘン・サムリン政権の支配にもかかわらず，ポル・ポト政権が代表権を維持してきてたが，現在は1993年成立のカンボジア王国政府が代表権を行使している。

イエメンは1990年に南・北統合が実現し，南イエメンの議席が解消された。

チェコスロバキアは1992年の連邦解消で，1993年に発足のチェコとスロバキアそれぞれが新加盟した。

1991年のソ連邦解体で，ロシアがこれまでの代表権を継承した。

旧ユーゴスラビア連邦の解体で1992年新発足のユーゴスラビア（セルビアとモンテネグロで構成）は旧議席を継承せず，新加盟となった。ここでは，ユーゴスラビアとして継続して扱った。

ドイツは，1990年東・西ドイツの統合で，西ドイツがドイツの代表権を継承し，東ドイツは議席を解消した。

これまでの解析の先行的成果は，以下のとおりであった。

浦野第1論文「国連投票行動にみる外交のパタンと日本外交の態様」[4]は，1985年までの国連総会データを素材にして，当時の冷戦状況下における日本，米国，およびソ連間の国連投票にみる一致状況を明らかにし，また加盟国全体の一致度クラスター解析を行ったもので，共産圏グループ，第三世界グループ，自由諸国グループの存在を確認し，併せて日本の投票行動

における相対的位置を明らかにした。とりわけ，日本はノルウェーなど北欧諸国と共同歩調の態度をみせており，他の自由主義諸国に比して第三世界グループの非同盟諸国とはより接近した存在にあり，国際社会では中庸的態度にあると解された。

浦野第2論文「1986～1990年における国連総会投票行動の分析」[6]は，冷戦の終結という状況での国際社会の変動を解明した。解析では，共産圏グループの解消という状況が確認されたが，米国・ソ連の一致度は決して高まらないことが確認され，これに対して，日本・ソ連の一致度は大きくなり，他方，米国・日本の一致度が低下するという逆転現象が確認された。投票全体においては，米国，イスラエル，トルコなどが全体からとくに離れた状況と，その他，赤道ギニア，ベリゼ，エルサルバドル，トリニダッド・トバゴなどの投票不参加国のパターンが目立った。第三世界諸国に対して自由主義諸国は，その利害のよる分立がより著しいことが確認された。

浦野第3論文「1991～1993年における国連総会投票行動の分析」[7]は，1991～93年に限定して解析し，そこでは，全般的に国際社会における諸国の親和状況が高まっていることが確認されたが，ロシアなどのグループと中国・ベトナム・キューバを含む第三世界諸国の存在が残った。といっても，ロシアも第三世界諸国から明白に分離した存在にはない。いいかえれば，全体的にみて米国が引続き分離した状況のみが目立った。

こうした成果を引き継いで，前半において，国際連合の発足時以来，2001年までの国際社会の変容と位置づけ，国際社会の推移とそこにおける日本の位置づけを解析した。そして，後半では，アジア，中東，アフリカ，ヨーロッパ，米州の各地域世界における主要各国の配置をとりあげた。最後に，採択された総会決議の採択状況をめぐる投票行動の内容分析を行った。

国連総会投票行動から分析した国際社会における各国の配置とその変容

の要点は，以下のとおりである。

1．国際連合は当初，東西対決の場にあったが，1950年代以降，第三世界の新生国家が台頭し，それら第三諸国は1960年代を通じて非同盟勢力の結集をみた。1970年代は共産諸国が非同盟勢力に接近し，1980年代はこれら集団と先進国グループとのあいだでの各国配置が二分立した。1990年代は共産ブロックが解体し，共産諸国は先進国グループに参入した。これは冷戦の終焉という結末を意味した。

2．非同盟勢力は，アジア・アラブの中立主義国，インドとエジプトの連繋に始まるが，ユーゴスラビアが共産ブロックの中で独自の選択に走って，この3者連合が成立して非同盟の結集となった。アフリカ諸国の非同盟勢力への参加は1970年代以降で，またラテンアメリカ諸国の参加は1980年代以降である。

3．2000年以降の国際社会は，未だ南北問題が未解決で，第三世界の結集が現存し，非同盟勢力の存在を確認でき，1980年代における非同盟勢力の高まり以来におけるその役割は大きい。

4．1990年代の激動は，1990年において東西対決のパターンが霧散し，旧共産諸国が先進国グループに参加した。そこでは，以前における共産国の第三世界への参入といったことはみられない。

5．同時に，1980年代以降，米国とイスラエルの接近と両国が先進国グループから離れた存在にあることが確認されるようになった。これは国連決議成立への著しい拒否行動のためである。

6．日本は先進国グループの一員であるが，米国，英国，フランスとは離れた存在にあり，それだけ第三世界諸国の要求ないし立場への理解を深めた行動と解される。その日本の先進国グループにおける位置は北欧諸国の立場に近い。これに対し，中国は，第三世界諸国の一員としての立場を明確に貫徹している。

7．アジア世界は，冷戦の深化とともに，先進国グループと非同盟勢力が対峙して，ソ連は後者に接近した。1980年代以降，ＡＳＥＡＮ諸国の結集とアジア非同盟勢力の発言力強化においてその主導性が発揮された。

8．オーストラリア，ニュージーランドは当初，米国との同盟関係を優先させていたが，第三世界の出現以降，先進国グループとして日本とも近接した存在にある。

9．中東世界は，アラブ勢力の結集とこれに対するイスラエルおよび先進国グループの拮抗にある。ソ連がアラブ諸国に接近したが，その接近には限界があった。1980年代以降，イラクの独自行動が突出してきた。

10．アフリカ世界は，当初，南アフリカと先進国の連繋にあった。アフリカ諸国の台頭で，前者との対峙状況が生まれ，日本はその中間にあり，現在もアフリカ諸国集団に近い位置にある。ソ連はアフリカ諸国に接近し，それは以後も続いた。アフリカ諸国の集団行動内にあっても，セネガル，コートジボアール，ザイールなどの諸国は親西欧行動を一部みせた。1994年に南アフリカはアフリカ諸国勢力に参加し，一方，この時期を通じてザイールが先進国グループと連繋した。

11．ヨーロッパ世界は，東西対決にあった。1960年代にフランス，ポルトガルの変動で分離した位置が確認されたが，一方，ユーゴスラビア，続いてアルバニアが共産ブロックから離反した。前者のユーゴスラビアは非同盟勢力に参加した。後者のアルバニアは独自に西側陣営と対決した。1980年代を通じて，米国がこの西欧陣営から離れ，共産諸国はユーゴスラビアを含めて西欧陣営に参加した。つまり，共産ブロックの解体である。ただし，アルバニアの行動は別で，ヨーロッパ協調から脱落し，第三世界グループに入った。

12．2001年世界は，ヨーロッパ協調の大連合が確立した。ただし，ロシア，ウクライナ，日本，アルバニア，ユーゴスラビアはそれに参加していない。

とくにアルバニアとユーゴスラビアは混乱し，他との協調もみられない。
13. 米州世界では，米国とカナダはラテンアメリカ世界とは分離した存在にある。ニカラグアなどの独裁政権は，かつて米国と連繋したが，独裁体制の崩壊とともにラテンアメリカ諸国の一元的結集に参加してきており，ラテンアメリカ諸国は1980年代以降，非同盟勢力に参加した。ただし，そのなかでもソ連とキューバとは独自の関係にある。この2国間関係から遊離して，ラテンアメリカ諸国は独自の位置を保持していたが，日本はラテンアメリカ諸国の立場に近い。
14. 日本の国連外交は自由主義諸国の一員として先進国グループにあり，それが強かった1980年代以外は，第三世界諸国の要求を大きく支持し，非同盟勢力に接近している。

以下，それぞれ各章において具体的分析を進める。

【注】

(1)　浦野起央・他『国連投票行動の計量分析』国際地域資料センター，1985年。浦野『国際社会の変容と国連投票行動1946〜1985年』Ⅰ〜Ⅲ，国際地域資料センター，1987-89年。浦野『国連総会投票行動の分析 1986〜1990年』国際地域資料センター，1991年。

(2)　国連総会における南アフリカ代表権問題は，浦野起央『資料体系アジア・アフリカ国際関係政治社会史』パピルス出版，第5巻アジア・アフリカ（第三世界）Ⅲe第7章国際連合におけるアジア・アフリカ，5節南アフリカの代表権問題をみよ。

(3)　国際連合における中国代表権問題は，前掲，浦野『資料体系アジア・アフリカ国際関係政治社会史』第5巻アジア・アフリカ（第三世界）Ⅲb第3章中国代表権問題をみよ。

(4)　浦野起央「国連投票行動にみる外交のパタンと日本外交の態様」『国際関係研究』第10巻第3号，1990年。

(5)　浦野起央『第三世界の連合政治』南窓社，1989年。特に第三世界の台頭については，浦野『第三世界の政治学』有信堂，1977年，全訂版1980年をみよ。

(6)　浦野起央「1986〜1990年における国連総会投票行動の分析」『国際関係研究』第12巻第3号，1992年。

(7)　浦野起央「1991〜1993年における国連総会投票行動の分析」『国際関係研究』第15巻第3号，1995年。

2．国際社会の推移

　ここでは，加盟各国の一致度状況を確認することで国際社会における各国の全体的配置を検討する。分析は，特定の主要諸国からみた分散状況と全加盟国からみた分散状況を取り上げる。

　その分析結果は，以下のとおりである。

1．図2-1のクラスター解析に明らかなように，冷戦構造を反映して1946-50年世界から，すでに2つの集団ブロックの対立が始まっている。当時，ラテンアメリカ諸国など，いわゆる第三世界の中間勢力は，自由主義先進国ブロックと連繋していた。それは，図2-10の主成分解析をみても，左側のベラルーシ（共産国ブロック），下方の自由主義先進国ブロックに対して，多くの第三世界諸国が中間にある。イスラエルは自由主義ブロックの参加しつつも，そこから遊離した存在にある。同様に，ユーゴスラビアも，共産国ブロックからいくらか遊離して存在している。

　図2-22の全加盟国クラスター解析では，こうしたパターンにおけるさらに細分化された集団が確認できる。すなわち，

第1集団　ウクライナからユーゴスラビアまで，共産国ブロック。

第2集団　コスタリカから南アフリカまで，棄権など特異な行動の諸国。

第3集団　エルサルバドルからタイまで，第三世界集団。ただし，西欧先進国グループに近い。

第4集団　ベルギーからフランスまで，西欧先進国グループ。

第5集団　カナダからスウェーデンまで，第四集団に連繋している西欧先進国の中核グループ。米国が参加している。

第6集団　ギリシャからハイチまで，第三世界諸国グループである。ただし，第3集団よりも親西欧先進国なタイプである。

第7集団　アフガニスタンからイランまで，第三世界諸国グループで中

立主義が強い。エジプトが参加している。

第8集団　サウジアラビアからインドネシアまで，第三世界諸国グループの第7集団と連繋していて，独自の結束をみせ，インドネシアが参加している。

　全体的にみると，第1集団の共産ブロックが第2集団から第8集団までのグループと対立しているが，後者は第2集団から第5集団までの先進国グループと第6集団から第8集団までの第三世界諸国グループとに区別される。いいかえれば，第三世界諸国グループの出現が確認できるが，先進国グループとの対決はさほど厳しくない状況である。

　図2-30の主成分解析には，こうした諸国の分散状況がきれいに投影されている。

2．図2-2のクラスター解析の1951-60年世界では，共産ブロックと第三世界グループの連繋が成立した。この第三勢力はインド，インドネシア，ユーゴスラビア，アラブ連合（エジプト）のあいだで非同盟グループを形成し，それが共産ブロックと連繋した。他方，このインド・インドネシア・ユーゴスラビア・アラブ連合以外の第三世界諸国グループ，キューバ（カストロ革命以前），ブラジルなどは，自由主義諸国ブロックに残っていた。この自由主義ブロック諸国には，図2-23の全加盟国のクラスター解析によると，さらに，タイ，フィリピン，マレーシア，ラオス，ギリシャ，トルコ，イラン，リベリアの諸国と，メキシコ，ニカラグア，コスタリカ，ハイチ，エクアドル，コロンビア，ベネズエラ，パラグアイ，コロンビア，アルゼンチンのラテンアメリカ諸国を加えることができ，とくにラテンアメリカ諸国は非同盟グループの形成に参画していない。ちなみに，中国（台湾）もナイジェリア（独立から間もない）も，これには参画していない。他の第三世界諸国は，第三世界グループとして共産ブロックと一体化している。これは，注目すべき現象であった。

ただし，図2-11の主成分解析では，共産圏グループ，非同盟諸国グループ，そして中国，日本を含む先進国グループの三分立が確認できる。そして図2-12の主成分解析では，先進国グループの多様な存在が確認でき，図2-31の主成分解析においても，その多様な存在をよりはっきりと確認できる。

3．図2-3の1961－70年世界のクラスター解析では，この共産国を含めた第三勢力が自由主義諸国ブロックと明白に分立した。旧中間派の第三世界諸国への参加をみていなかったブラジルなどラテンアメリカ諸国は先進国グループのもとにいた。キューバのみは，カストロ革命で明白に非同盟グループに参加した。アジアではカンボジアが，中東ではイスラエルとトルコが，アフリカではレソト，スワジランド，ガボンなどの諸国が，自由主義ブロックに参加していた。図2-13の主成分解析では，第三世界諸国グループと先進国グループの分立を明白に確認でき，図2-14の主成分解析と図2-24のクラスター解析では，それぞれのグループの分散，第三世界諸国グループのなかでの共産ブロックの存在が示されている。アルバニアはその共産ブロックから離反している。同時に，フランスと並んでポルトガル，そして南アフリカが先進国グループから離反している。日本，中国（台湾）は，旧中間派の第三世界諸国グループと同調しており，固い先進国集団のなかにいない。

　以上について，図2-24の全加盟国クラスター解析から，集団別に議論すると，次のとおりである。

第1集団　共産圏ブロック，キューバのみが第三世界から参加し，第2集団と第3集団の連合に参加している。

第2集団　メキシコからシンガポールまで，第三世界諸国グループ。

第3集団　アフガニスタンからソマリアまで，エジプト，インドなどの非同盟グループが拡大して，第2集団と連合している。

第4集団　ボツワナからアルバニアまで，第三世界諸国であるが，先進国グループの第5集団と連繋し，共産ブロックから離反したアルバニアがここに参加している。

第5集団　ポルトガルからマラウイまで，先進国グループから分離して，第4集団と連合している。

第6集団　デンマークから英国まで，米国，英国が参加した先進国中核グループで，第7集団と第8集団の連合と連繋している。

第7集団　コスタリカからギリシャまで，第三世界諸国グループの親西欧先進国で，第6集団と連繋している。

第8集団　レソトからカンボジアまで，第7集団に同じ。

　全体の構成は，(1)第2集団と第3集団の第三世界諸国の拡大非同盟グループは第1集団の共産ブロックと連繋し，これに対して(2)第4集団と第5集団の連合である第三世界諸国親西欧派が第6集団の先進国グループと連繋し，さらに(3)第7集団と第8集団の連合の第三世界グループに不参加の第三世界諸国グループは第4・第5・第6集団の(2)グループと連繋して(1)のグループと分立した。ここでは，共産ブロックと連繋した拡大非同盟グループと先進国グループと連繋した第三世界諸国グループとのあいだに二分立が生じており，それを主導したのはインド，エジプトなど拡大非同盟グループの活動であったと解される。そこでの分散状況は，図2-32の全加盟国主成分解析からみると，1946-50年と似た分散状態を確認できるが，1961-70年世界の方がより流動的である。

4．1971-80年世界では，図2-4のクラスター解析にみると，ラテンアメリカ諸国が第三勢力の非同盟グループに参加し，それに対峙した形で共産国も参加した先進国グループとのあいだでの二分立を生むところとなっている。この二分化は，図2-15の主成分解析ではっきりと確認できるが，全加盟国の主成分解析である図2-33では，その分化が複雑であるた

めに，余りはっきりしない。図2-25の全加盟国クラスター解析では，さらに政情の不安定性のため出席が制約されたアンゴラ，カボベルデなど，そして小国のためにその行動が限定されるスリナム，サモア，セント・ビンセント・グレナディーン，セント・ルシアの諸国が，別枠で並んでいる。同様に，南アフリカは，総会委任状不採択のため，途中で不参加となった。図2-25の全加盟国クラスター解析によると，ウクライナから米国，イスラエルまでが1つの集団を形成し，そこにはウクライナ，チェコスロバキア，ポーランド，ハンガリー，中国（中華人民共和国）が参加するという新しいパターンが形成されていることが確認できる。この状態は全体的にみると一元化の方向が進行していて，特定国の行動に限定すれば，共産ブロックが解体して先進国グループに参加するというパターンの予備的進行にあると確認できる。共産ブロックの結束は大きく後退しており，すでに共産国の第三世界に対するイデオロギー工作は後退した。

5．1981－90年世界では，図2-5のクラスター解析で明らかにされるように，共産ブロックが完全に解体して霧散してしまい，その諸国の多くは自由主義諸国と協調した。他方，非同盟グループは，自由主義ブロックの先進国グループとのあいだで完全な2ブロック対立を形成した。そうした先進国グループのなかで，米国，イスラエル，またドミニカ共和国は独自の連繋をもって残った。その最大の特徴は，イスラエルと米国がこれまでの先進国グループに対し多くの決議採択への反対という独自の選択をとって別行動をみせたということである（このいわゆる反対派の状況は本章9節の内容分析をみよ）。この点は，図2-16の主成分解析をみると，先進国グループからの2国遊離がはっきりしている。にもかかわらず，図2-34の全加盟国主成分解析では，米国，イスラエルは第三世界諸国に対峙して英国，日本と連繋するパターンが確認できる。そして，

図2-26の全加盟国クラスター解析にみる，東ドイツ（西ドイツへ吸収），サントメ・プリンシペ，赤道ギニアなどは，審議欠席などの理由のために別枠にある。

　この共産ブロックの解体は本章3節で，さらに考察される。

6．図2-6のクラスター解析による1991－95年世界をみると，ロシアを含む先進国グループと，中国を含む第三世界諸国グループの二分立を確認できる。図2-17の主成分解析も，同様である。図2-27のクラスターでも同じである。同じパターンは1996－2000年でもいえるところで，図2-7のクラスター解析と図2-18の主成分解析，さらに図2-28の全加盟国クラスター解析でも同じである。ただ，図2-35の1991－2001年主成分解析では，米国，イスラエルにミクロネシアなどが引っ張られ，協調行動に走っていることが分かる。

7．図2-8の2001年世界のクラスター解析では，2001年世界は1991－2000年世界と同様である。ただし，図2-20の2001年世界の主成分解析をみると，非同盟勢力に対して米国，ミクロネシア，イスラエルの集団が別個に分離して存在しており，その集団は非同盟勢力との間でマーシャル，ボツワナ，アルバニアを引っ張っている一方，他方でクロアチア，デンマーク，英国，さらにトルコ，アルゼンチンとの関係展望をみせていることが注目される。米国，イスラエル，その他の集団は図3-38の五次元主成分解析で確認できる。図3-37の全加盟国主成分解析は，1つの集団としての第三世界諸国の分散状況を確認できる。図2-18の1991－2001年世界の主成分解析では，米国とイスラエルが遊離した存在にあり，ロシアとユーゴスラビア先進国グループと第三世界諸国グループの中間にあるが，図2-29の全加盟国クラスター解析では，ロシアは第三世界諸国グループに，ユーゴスラビアは先進国グループにそれぞれ参加している。

　図2-21の全時期にわたる主成分解析では，米国・イスラエル連合が確

認されるが，図2-9のクラスター解析では，その連合は先進国グループのなかにある。一方，依然，モンゴル，ブルガリア，ロシアは第三世界の中心にない。先進国グループの固まりが確認され，また北朝鮮，南アフリカ，エリトリアの非参加も確認できる。米国・イスラエル連合は図2-29の全加盟国クラスター解析でも確認できる。そしてその全加盟国主成分解析の図2-39，図2-40，図2-41，図2-42をみると，七次元で確認できるが，米国とイスラエルの存在が大きな位置にあることは自明で，あるいは第三世界諸国グループにおけるソ連の先進国グループへの参加は大きな流れであったことが分かる。

以上のような考察のなかで，最大の確認は第三世界諸国の台頭であり，1960年代以降，非同盟勢力が結成され，これが主導的立場を発揮してその潮流を形成してきており，いまなお非同盟勢力としての第三世界グループの存在は健全である。非同盟勢力の決議成立における存在は大きく，1981年以降，その決議成立に対する寄与率は50％以上を超えた（1960年代は20％前半，1970年代は40％後半を占めた）。加えて，1970年代以降，その投票行動における結束状況は90％を超えた（表1-6，表1-7をみよ）[1]。

そこで，非同盟勢力に焦点を当てて解析する。要点は，以下のとおりである。

1．1950年代までは，図2-43のクラスター解析でも，図2-52の主成分解析でも，ユーゴスラビアは共産ブロックにあり，インド，インドネシア，あるいはエジプトとの連合はない。
2．図2-44のクラスター解析では，1951－60年世界において，ユーゴスラビア，インド，エジプト，インドネシアの結集がみられ，図2-53の主成分分析では，ユーゴスラビアは共産ブロックから遊離したままで，その存在は明確でない。
3．1961－70年世界では，非同盟諸国は，図2-45のクラスター解析にみる

ように，キューバを含む共産グループと連繋した。この段階では，ラテンアメリカ諸国は非同盟勢力に参加していない。図2-54で，先進国グループと非同盟勢力が対抗している様相が確認できる。

4．1971-80年世界で，図2-46のクラスター解析で確認できるように，ラテンアメリカ諸国が1961-70年世界において成立した非同盟勢力（第1回非同盟諸国首脳会議は1964年10月）に参加し，拡大第三世界諸国グループが形成された。図2-55の主成分解析では，非同盟勢力とそれに協力したキューバを含む共産グループとの分離をみせる一方，この拡大第三世界グループが先進国グループと対抗しているパターンを確認できる。

5．図2-47のクラスター解析による1981-90年世界においては，共産グループが第三世界諸国グループと一体化した。これは図2-56の主成分解析でも，この一体化が確認できる。

6．1991-95年世界では，図2-48のクラスター解析に明らかなように，共産グループが解体し，その諸国は先進国グループへ参入したが，非同盟勢力の存在は健全である。それは図2-57の主成分解析でも確認できる。1996-2000年世界では，図2-49のクラスター解析のとおり，1991-95年世界と同じで，米国とイスラエルのみが先進国グループから遊離した。その一方，非同盟諸国のなかにあってインドが中国，キューバと接近し，エジプト，インドネシアはこのため別の一団を形成した。この混乱のため，ユーゴスラビアが引き離された存在にあることは，図2-58の主成分解析で分かる。

7．2001年の世界は，図2-50のクラスター解析にみるとおり，非同盟勢力が再結集した。非同盟勢力は，国連総会投票にみる限り，健全な存在にある。図2-59の主成分解析では，ロシアが非同盟勢力に参加している。

　　全時期にわたる非同盟諸国は，図2-51のクラスター解析から，ソ連など共産勢力の参加をみた。それは図2-60の主成分解析でも確認できる。

中国も同様に第三世界勢力に参加し，中国自身が第三世界の一員を自称している（この点は，本章9節で検証される）。

発足以後の国際連合は，当初，東西対決の場にあったが，1950年代以降，第三世界の台頭をみるところとなり，そして1960年代を通じ非同盟勢力の結集をみるところとなり，それは1970年代を通じ共産諸国集団を引き込んで大きく成長し，1980年代において世界の諸国配置を大きく二分した。1990年代に共産ブロックが解体し，この共産諸国は第三世界諸国から抜け出し，先進国グループに参入した。それが冷戦の終焉であった。

国際社会では南北問題は未解決で，第三世界諸国の役割は依然残存しており，その結集も続く。それ以上に，第三世界諸国は先進国の人道的介入という新しい事態に懸念している。この点の議論は，207頁をみよ。

【注】
(1) 前掲，浦野『第三世界の連合政治』15-16頁をみよ。

図2-1 主要加盟国の一致度クラスター解析
(1946-50年)

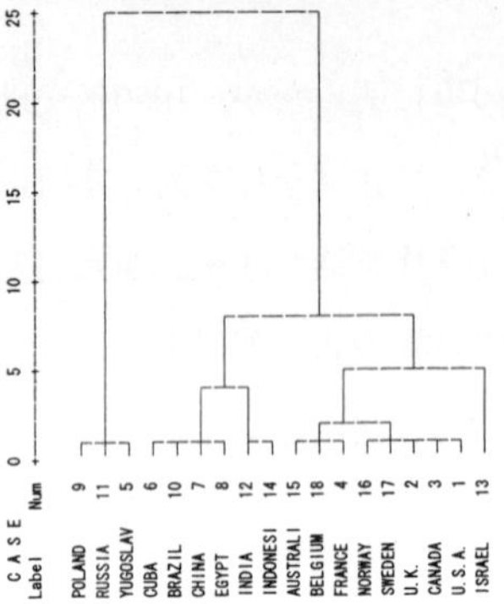

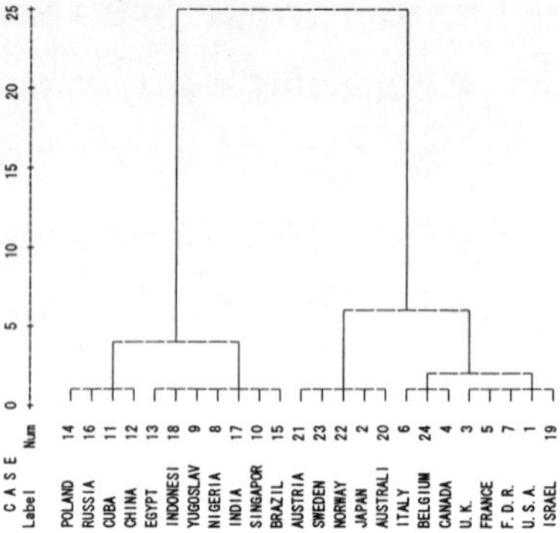

図2-2 主要加盟国の一致度クラスター解析
(1951-60年)

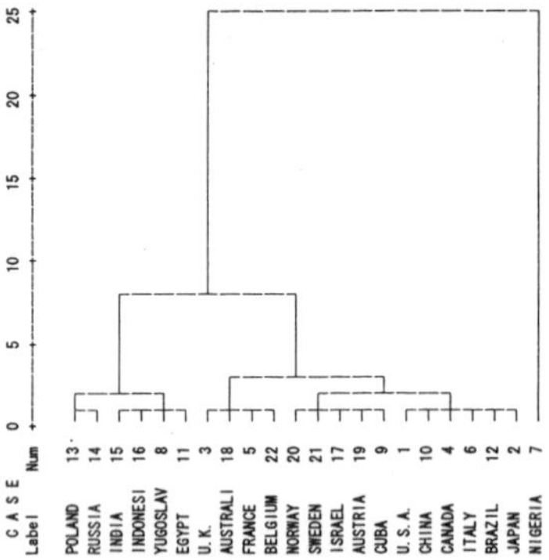

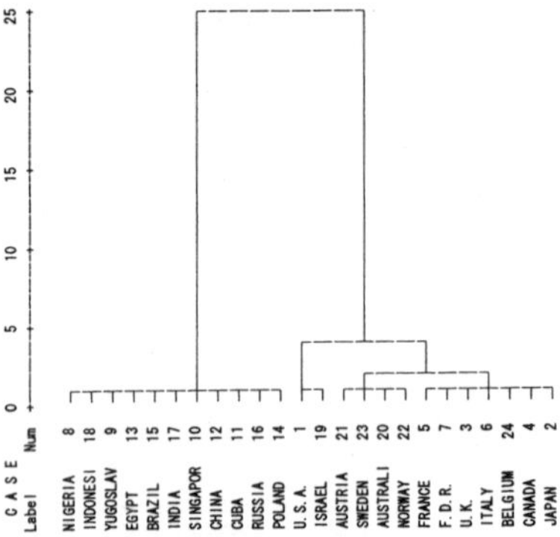

図2-3 主要加盟国の一致度クラスター解析
(1961-70年)

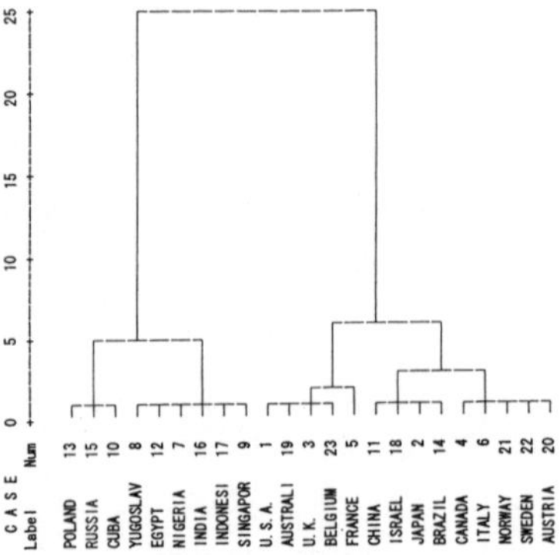

図2-4 主要加盟国の一致度クラスター解析
(1971-80年)

図2-5 主要加盟国の一致度クラスター解析
(1981-90年)

図2-6 主要加盟国の一致度クラスター解析
(1991-95年)

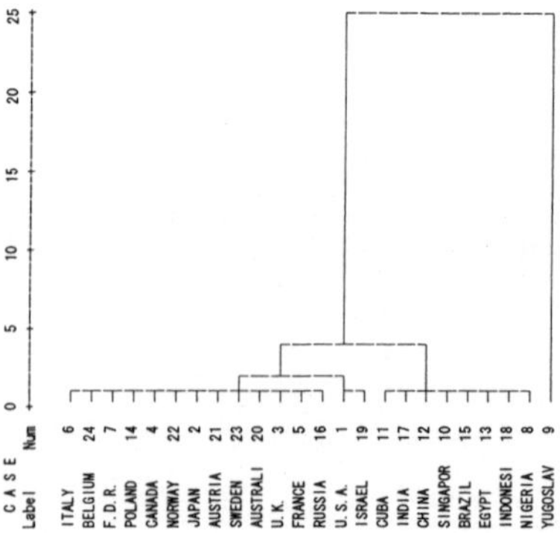

図2-7 主要加盟国の一致度クラスター解析
（1996－2000年）

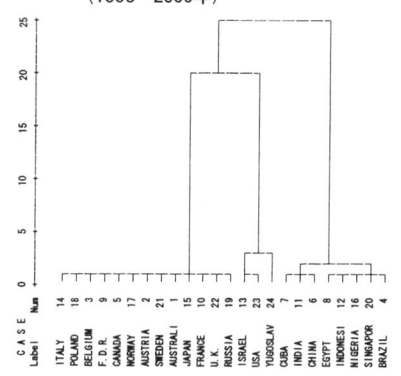

図2-8 主要加盟国の一致度クラスター解析
（2001年）

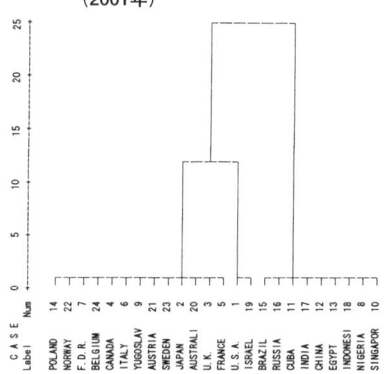

図2-9 主要加盟国の一致度クラスター解析
（全体）

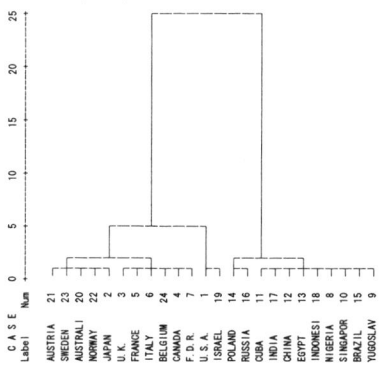

第2章 国連投票行動からみた国際社会の解析　*151*

図2-10 主要加盟国の一致度主成分解析（1946-50年）

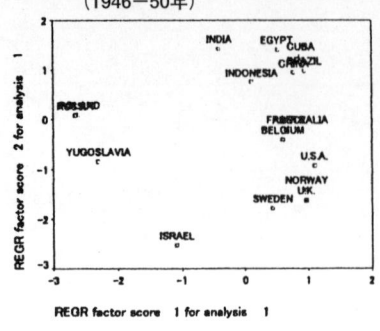

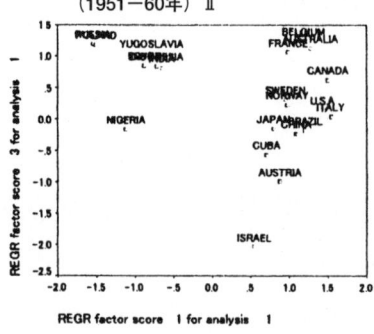

図2-13 主要加盟国の一致度主成分解析（1961-70年）Ⅰ

図2-11 主要加盟国の一致度主成分解析（1951-60年）Ⅰ

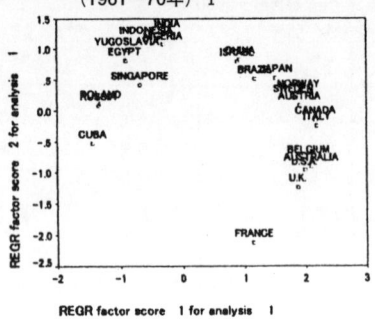

図2-14 主要加盟国の一致度主成分解析（1961-70年）Ⅱ

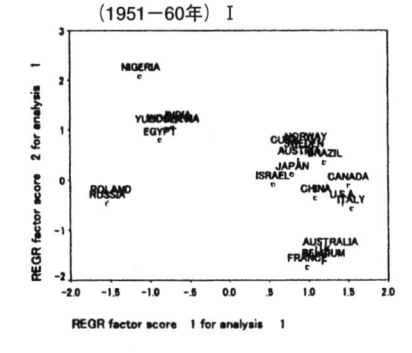

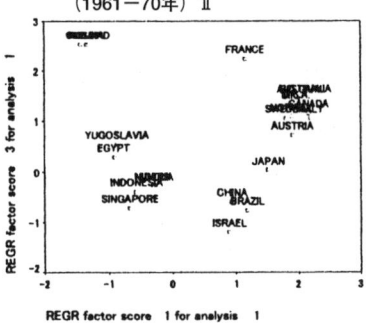

図2-12 主要加盟国の一致度主成分解析（1951-60年）Ⅱ

図2-15 主要加盟国の一致度主成分解析（1971-80年）

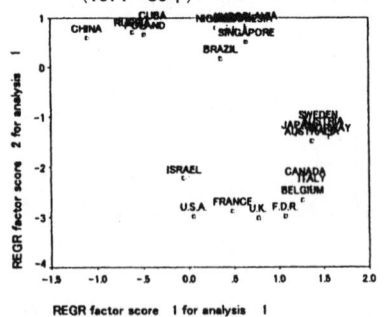

図2-16 主要加盟国の一致度主成分解析
　　　（1981－90年）

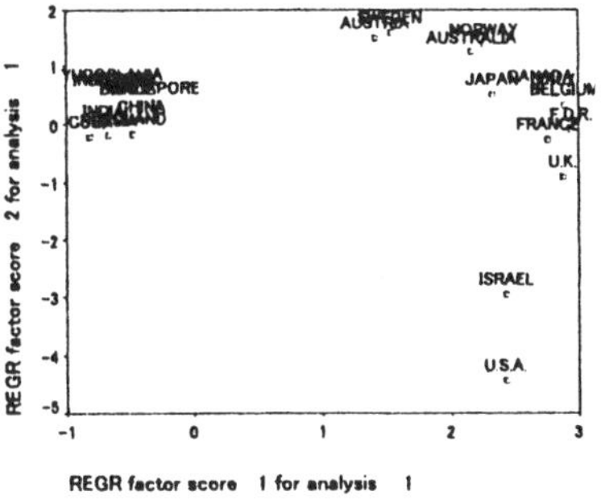

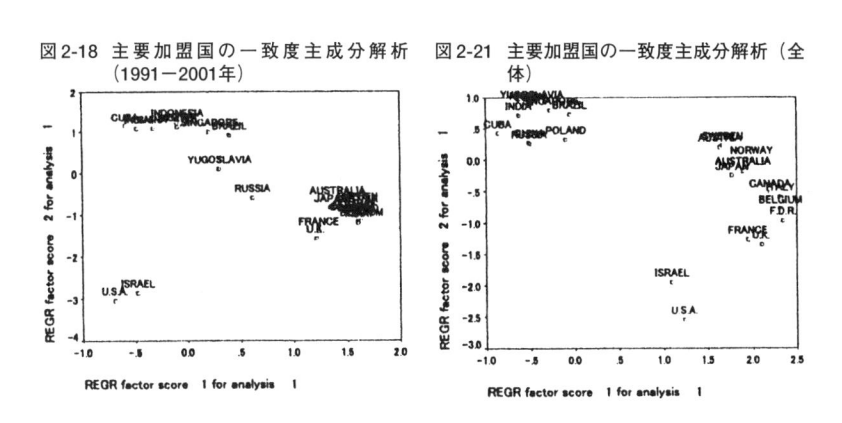

図2-19 主要加盟国の一致度主成分解析
　　　（1996－2000年）

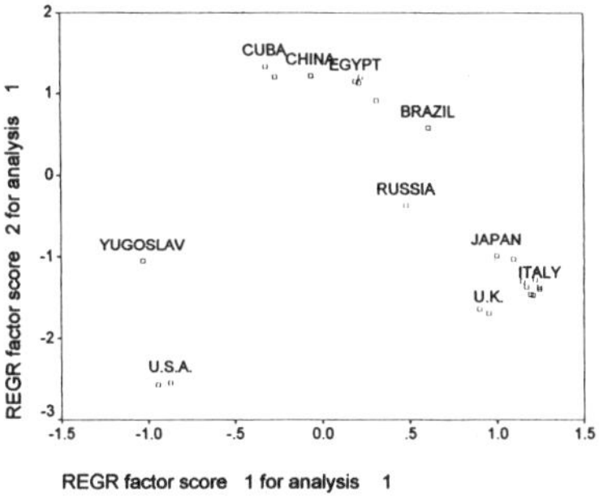

図2-17 主要加盟国の一致度主成分解析
　　　（1991－95年）

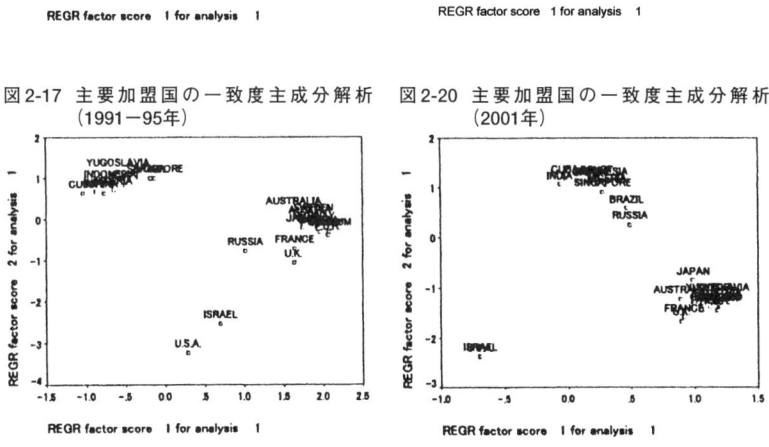

図2-20 主要加盟国の一致度主成分解析
　　　（2001年）

図2-18 主要加盟国の一致度主成分解析
　　　（1991－2001年）

図2-21 主要加盟国の一致度主成分解析（全体）

図 2-22　全加盟国の一致度クラスター解析（1946－50年）

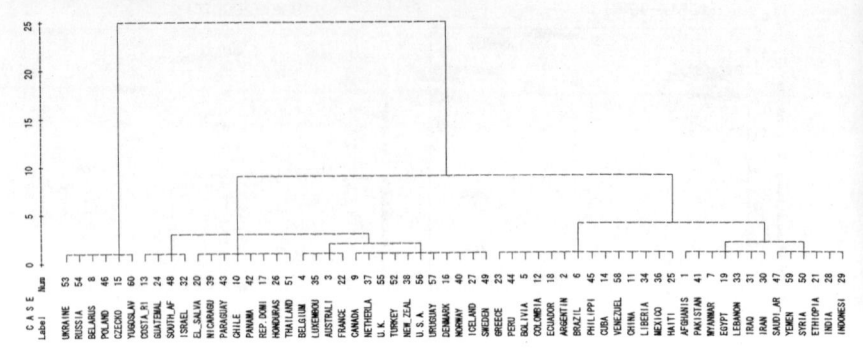

図 2-23　全加盟国の一致度クラスター解析（1951－60年）

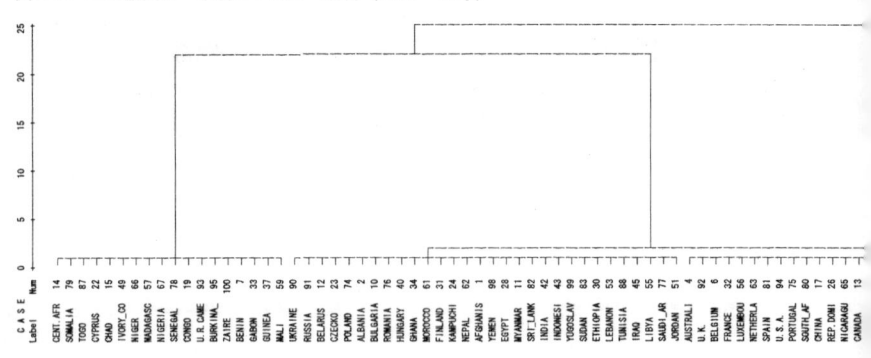

図 2-24　全加盟国の一致度クラスター解析（1961－70年）

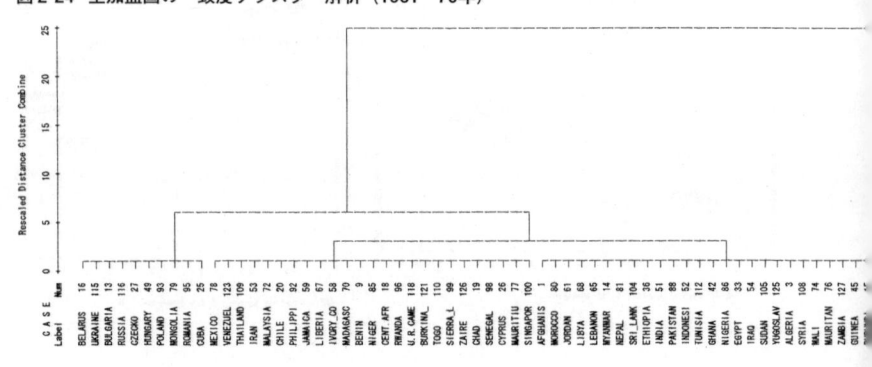

154　冷戦，国際連合，市民社会

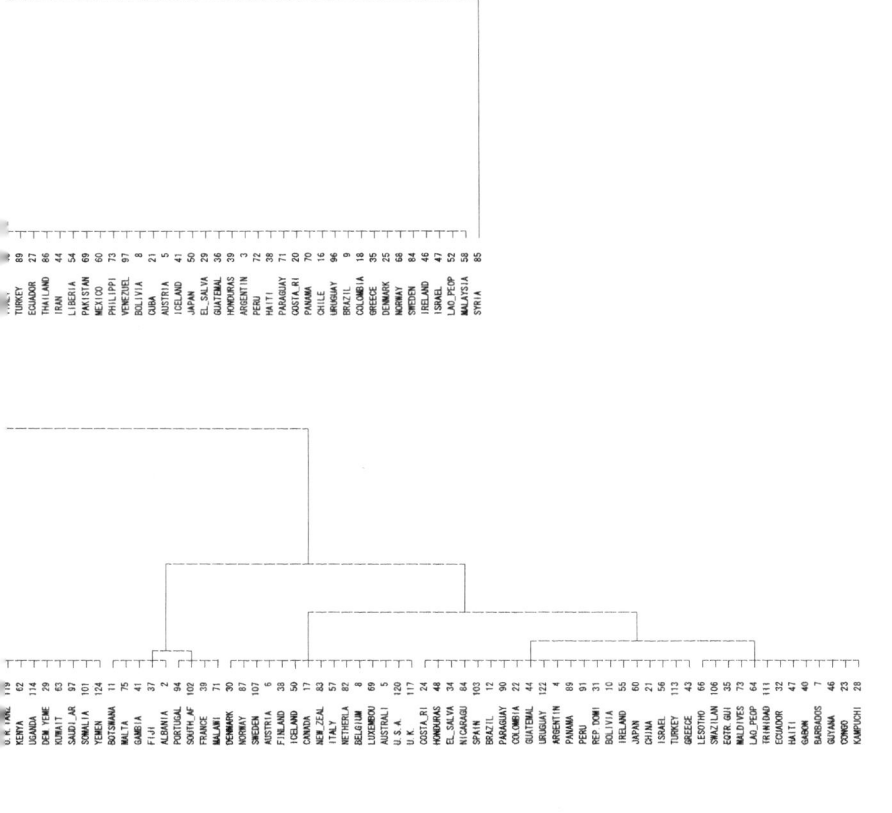

第 2 章 国連投票行動からみた国際社会の解析   155

図2-25 全加盟国の一致度クラスター解析（1971-80年）

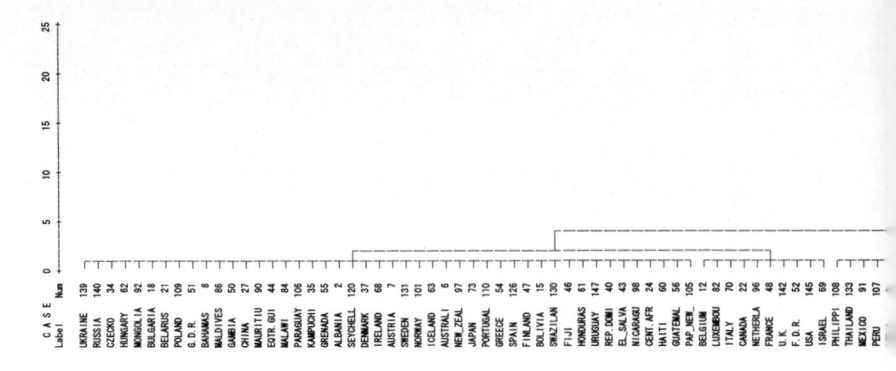

図2-26 全加盟国の一致度クラスター解析（1981-90年）

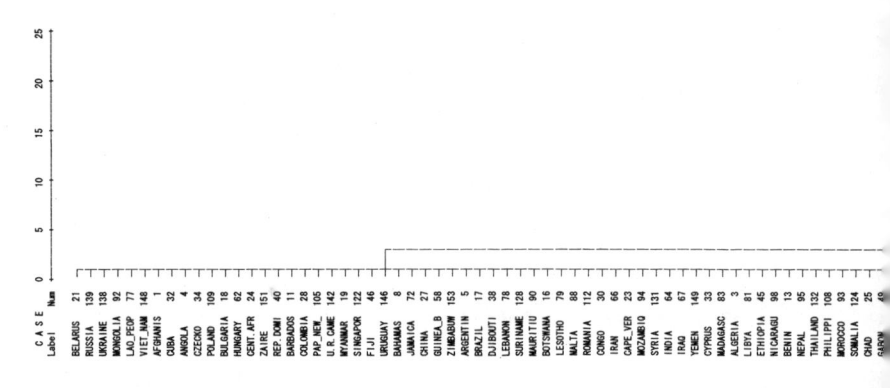

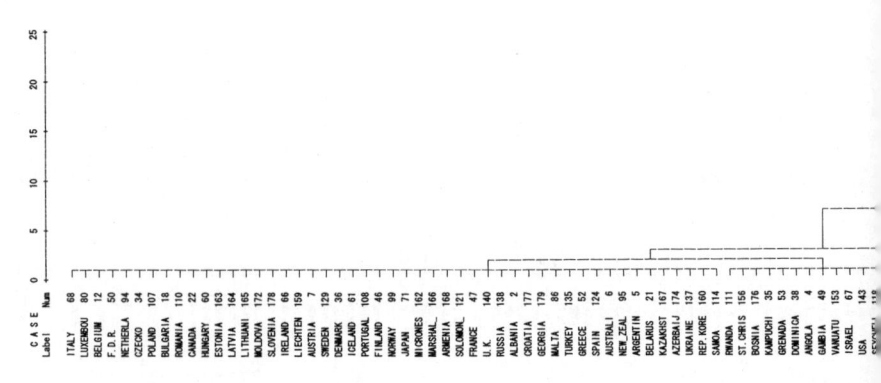

図2-27 全加盟国の一致度クラスター解析（1991-95年）

156　冷戦，国際連合，市民社会

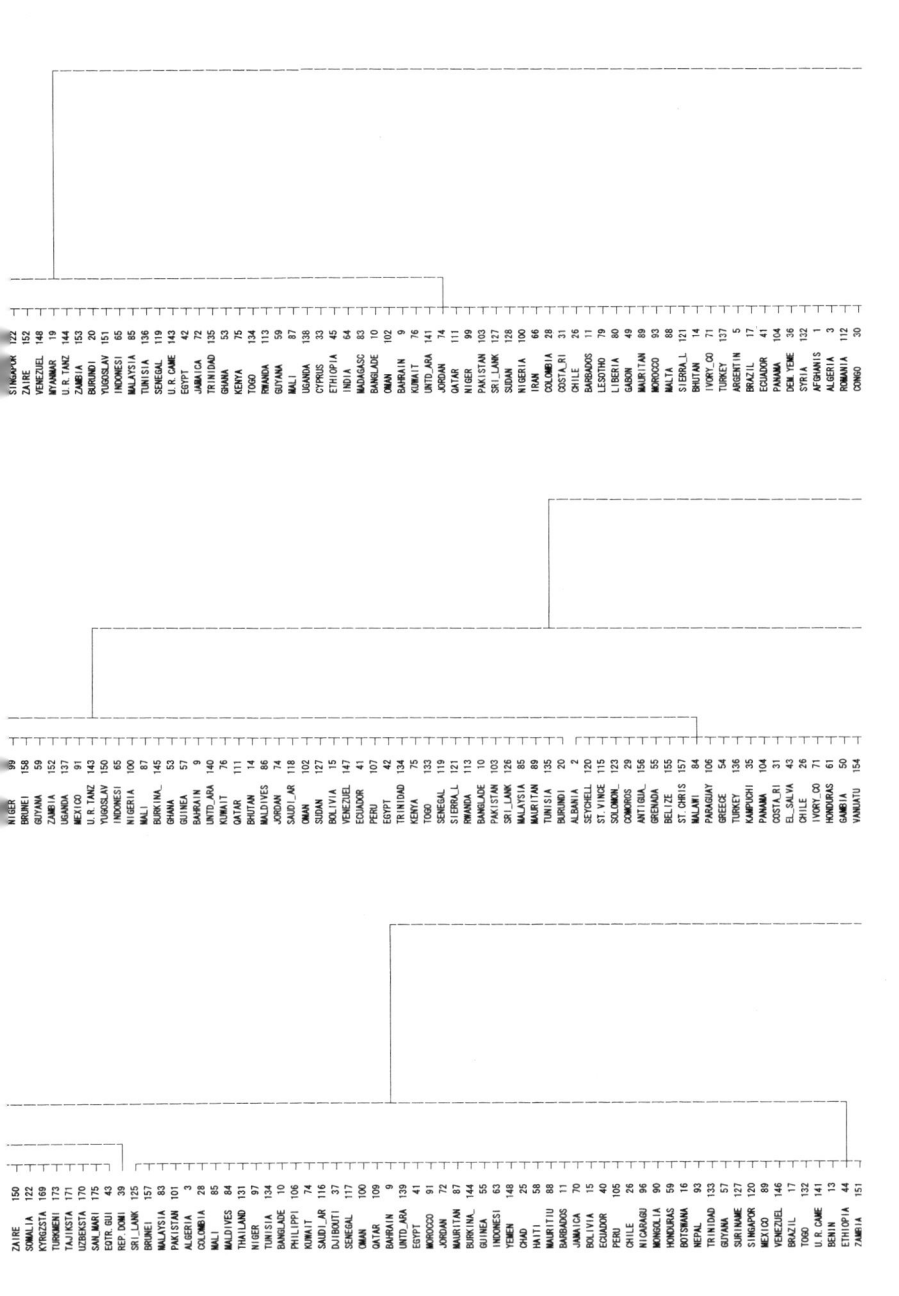

第 2 章 国連投票行動からみた国際社会の解析 157

158 冷戦，国際連合，市民社会

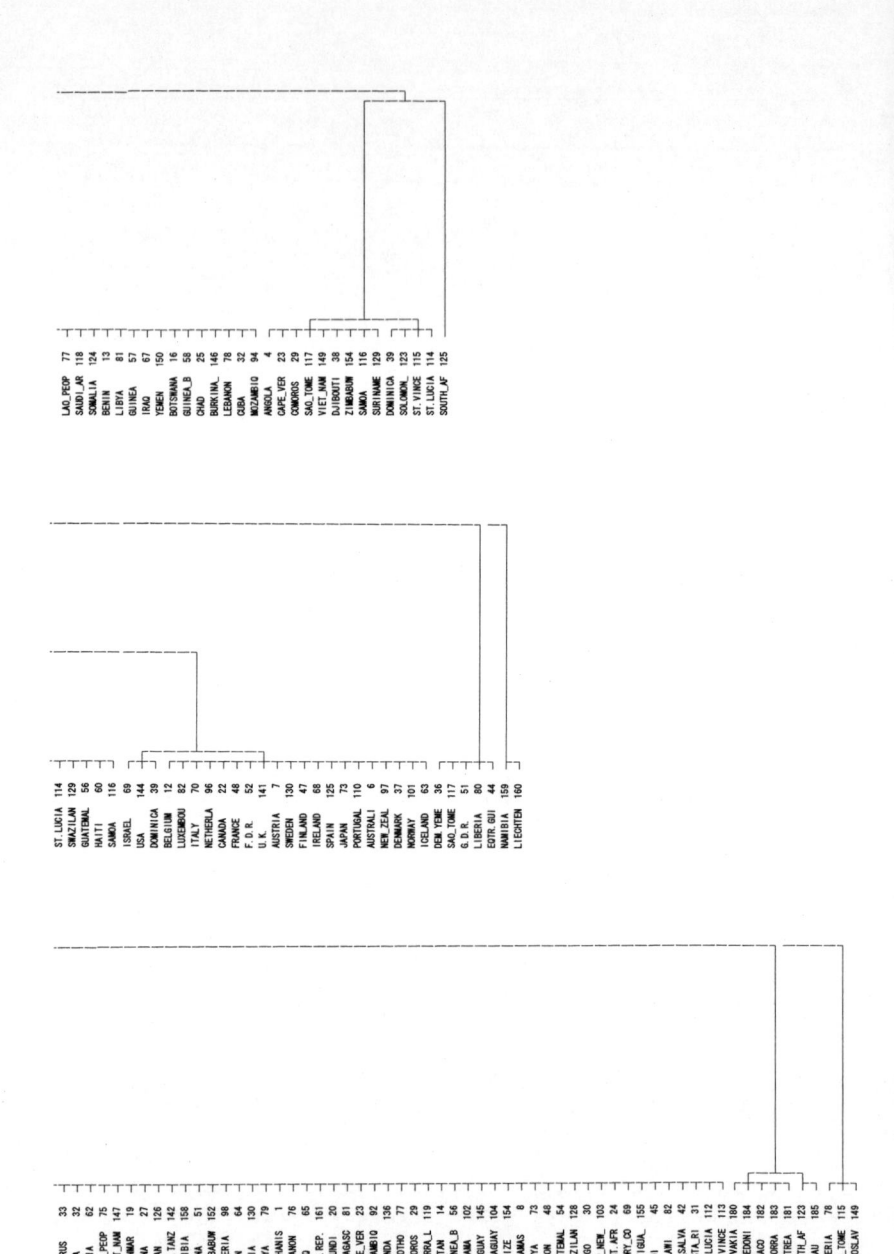

図2-28 全加盟国の一致度クラスター解析（1996－2000年）

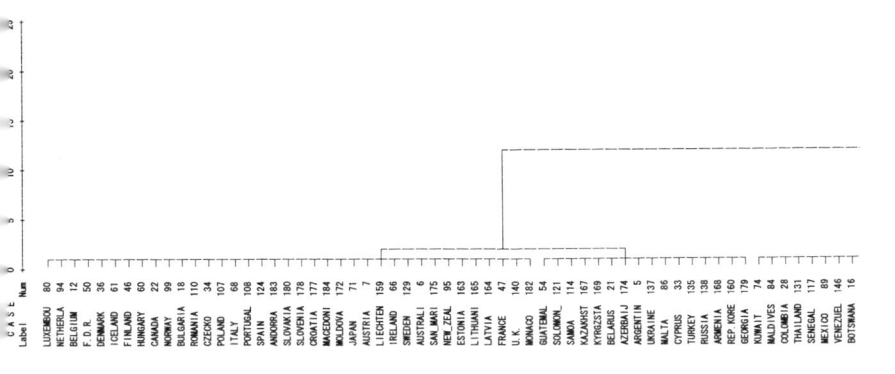

図2-29 全加盟国の一致度クラスター解析（2001年）

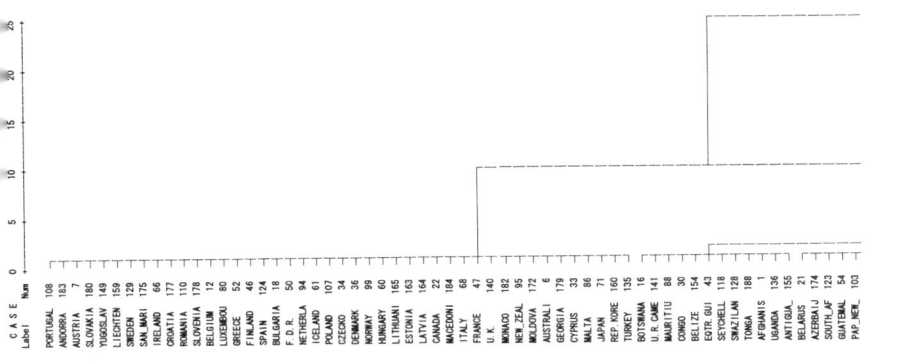

第2章 国連投票行動からみた国際社会の解析　159

160　冷戦，国際連合，市民社会

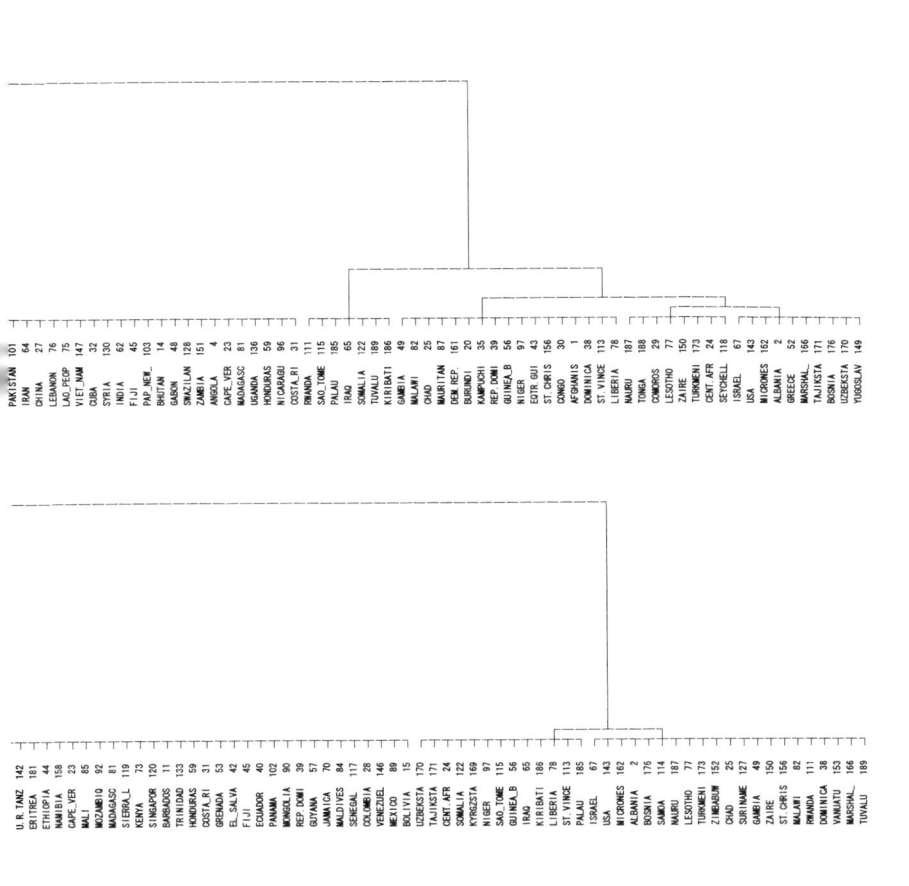

第 2 章 国連投票行動からみた国際社会の解析　161

図 2-30 全加盟国の一致度主成分解析
（1946－50年）

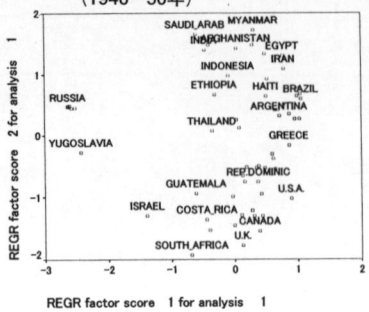

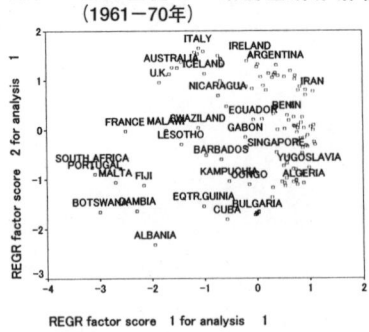

図 2-33 全加盟国の一致度主成分解析
（1971－80年）

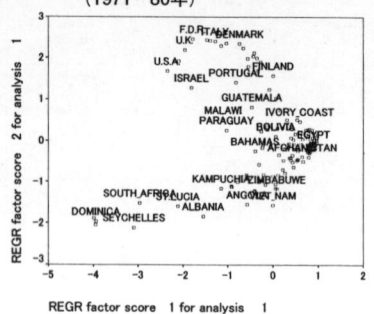

図 2-31 全加盟国の一致度主成分解析
（1951－60年）

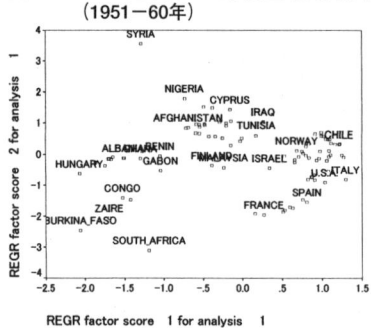

図 2-34 全加盟国の一致度主成分解析
（1981－90年）

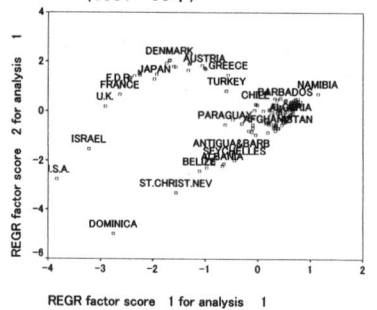

図 2-32 全加盟国の一致度主成分解析
（1961－70年）

図 2-35 全加盟国の一致度主成分解析
（1991－2001年）

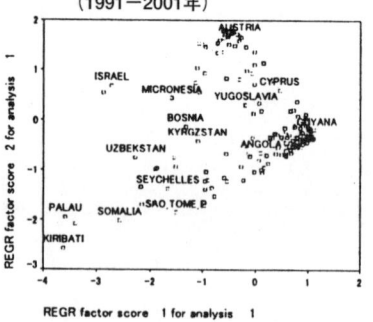

図2-36 全加盟国の一致度主成分解析（2001年）Ⅰ

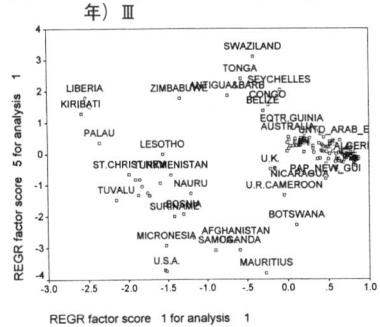

図2-39 全加盟国の一致度主成分解析（全体）Ⅰ

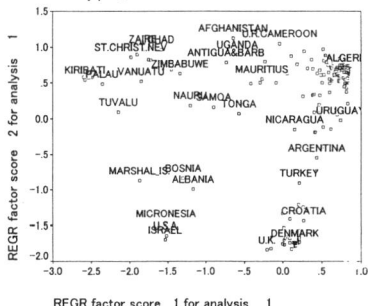

図2-37 全加盟国の一致度主成分解析（2001年）Ⅱ

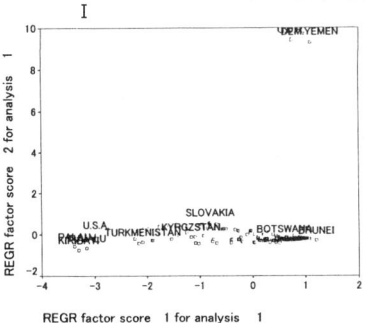

図2-40 全加盟国の一致度主成分解析（全体）Ⅱ

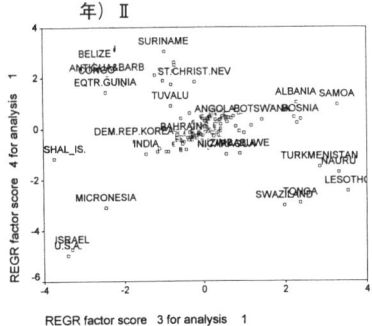

図2-38 全加盟国の一致度主成分解析（2001年）Ⅲ

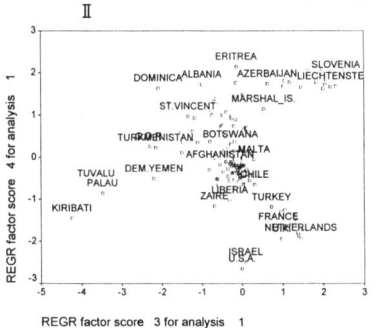

図2-41 全加盟国の一致度主成分解析（全体）Ⅲ

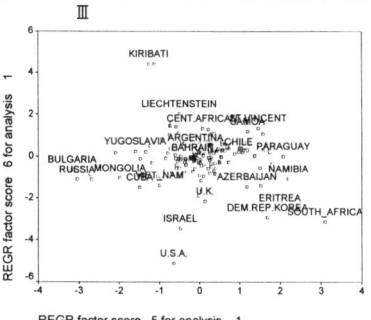

第2章 国連投票行動からみた国際社会の解析　163

図2-42 全加盟国の一致度主成分解析（全体）Ⅳ

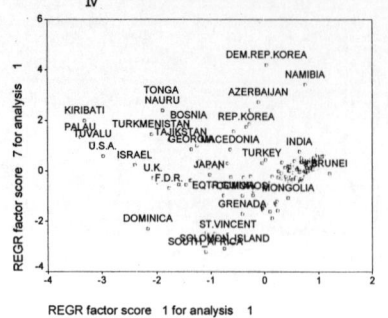

図2-43 主要非同盟国の一致度クラスター解析（1946－50年）

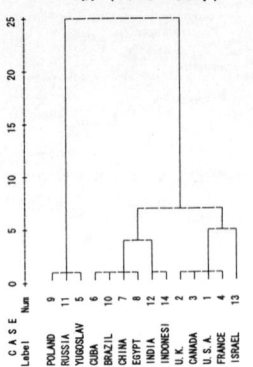

図2-44 主要非同盟国の一致度クラスター解析（1951－60年）

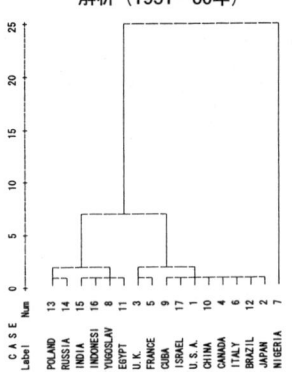

図2-45 主要非同盟国の一致度クラスター解析（1961－70年）

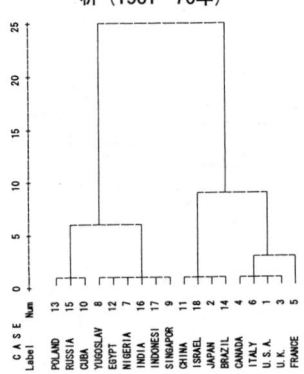

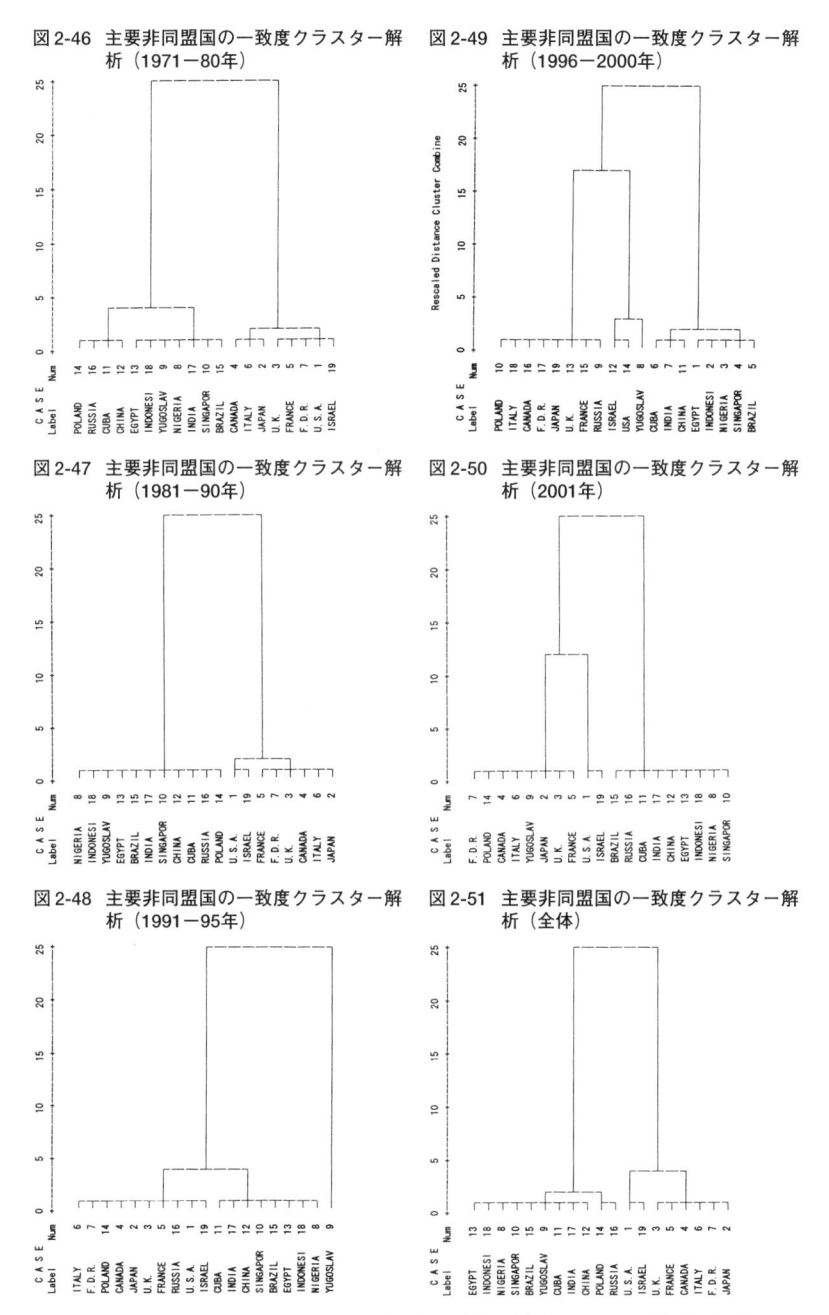

図 2-46 主要非同盟国の一致度クラスター解析（1971－80年）

図 2-47 主要非同盟国の一致度クラスター解析（1981－90年）

図 2-48 主要非同盟国の一致度クラスター解析（1991－95年）

図 2-49 主要非同盟国の一致度クラスター解析（1996－2000年）

図 2-50 主要非同盟国の一致度クラスター解析（2001年）

図 2-51 主要非同盟国の一致度クラスター解析（全体）

第2章 国連投票行動からみた国際社会の解析　*165*

図 2-52 主要非同盟国の一致度主成分解析
 （1946－50年）

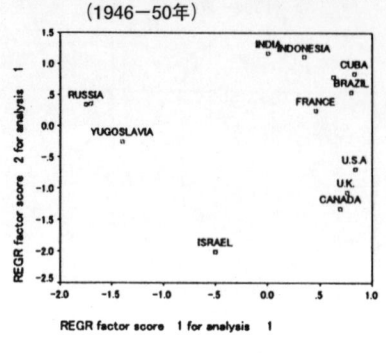

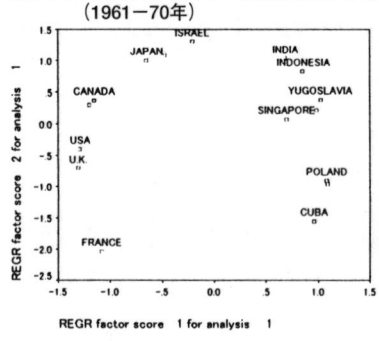

図 2-55 主要非同盟国の一致度主成分解析
 （1971－80年）

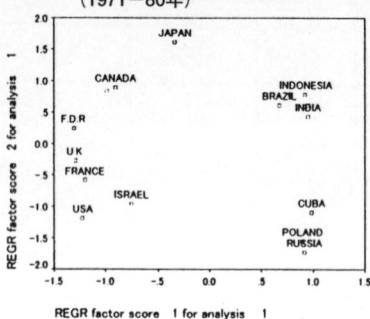

図 2-53 主要非同盟国の一致度主成分解析
 （1951－60年）

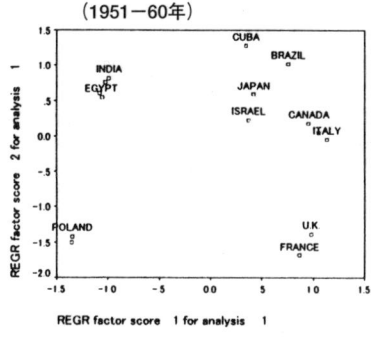

図 2-56 主要非同盟国の一致度主成分解析
 （1981－90年）

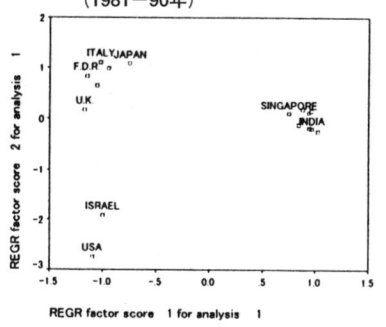

図 2-54 主要非同盟国の一致度主成分解析
 （1961－70年）

図 2-57 主要非同盟国の一致度主成分解析
 （1991－95年）

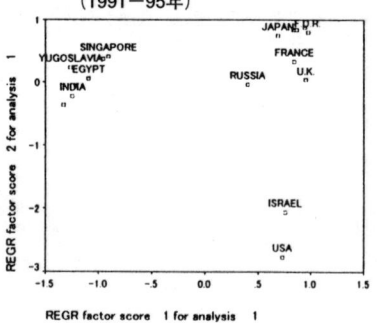

166　冷戦，国際連合，市民社会

図 2-58 主要非同盟国の一致度主成分解析
　　　　（1996－2000年）

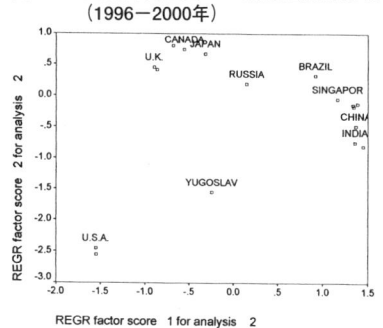

図 2-59 主要非同盟国の一致度主成分解析
　　　　（2001年）

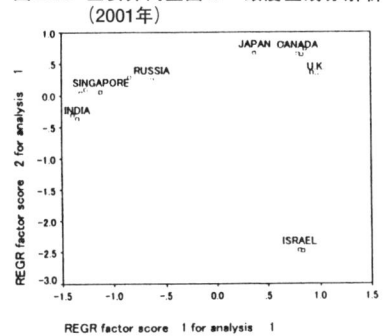

図 2-60 主要非同盟国の一致度主成分解析
　　　　（全体）

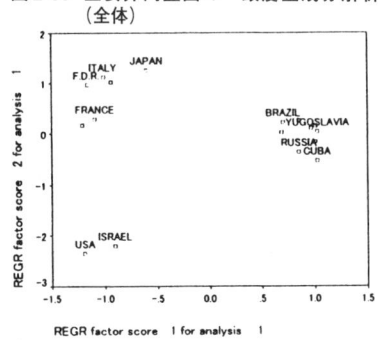

3．日本の国連投票行動の位置

　日本は，外交方針を国連中心主義，自由諸国の一員，およびアジア諸国の一員としている[1]。

　国連外交では，これまで大きく3つの立場が代表されてきた。第一は自由主義諸国の立場，第二は共産主義諸国の立場，そして第三に第三世界諸国から構成される非同盟勢力の立場である。

　その基本構造は米ソ対決，つまり共産主義勢力の挑戦に対する自由主義諸国の対決であった。表2-1によると，実際，米国とソ連との関係は，全体を通じて一致度20％台で，決して協力的とはいえなかった。1990年代後半には，冷戦の終焉で両国の一致度34.0％を記録した。ただし，2001年には再び22.2％へと戻った。同様に，第三世界の非同盟運動を担ったエジプトと米国の一致度も，1960年代における第三諸国の結集と抵抗をみてからは，20％前後に推移した。それ以前には，50％前後であった。これに対して，第三世界の立場を支持したソ連とエジプトの関係は，一致度60％以上であった。第三世界の代弁者と自称してきた中国（中華人民共和国）と米国の関係のそれは，中国が代表権を回復して以後，20％以下であった。一方，エジプト・ソ連関係は一致度70％前後を記録した。中国代表権が中華民国（台湾）にあった当時は，米中関係は一致度60〜70％と一致度は高かった。これに対して，ソ連・中国関係は1970年代には53.3％，80年代には40.8％であった。第三世界の盟主インドについても，同様なパターンが指摘できる。ソ連・インド関係は一致度70％前後，中国・インド関係も一致度70％前後をそれぞれ記録して推移しており，非同盟勢力同志のインド・エジプト関係は一致度80％以上という強固さをみせた。

　表2-4にみる米国の一致度状況をみても，自由主義諸国とのそれは60％を推移してきた。一致度の高い代表的な諸国としては，英国，ベルギー，

フランス，西ドイツ，カナダなどのNATO加盟国が優位にあり，中東のイスラエルも，同列の高い存在にあった。とりわけ，米国が国連投票でいわゆる反対投票などの行動を深めるほどに，同じパターンを踏襲したイスラエルとの接近が結果的に深まり，一致度も90％台に達した。この両国の一致度状況は，米国・ソ連関係における米国の同盟構造の一端[2]を代弁していた。この米国同盟に対する共産陣営も結束が堅固であったが，ソ連に接近した第三世界陣営全体としての連帯構造はソ連の戦略構造に比し決して強いとはいえなかった。

表2-5にみるエジプトの一致度状況は，いうまでもなくアジア・アフリカ・ラテンアメリカの第三世界諸国の連帯の高まりを反映している。とりわけその連帯が1960年代の非同盟運動の台頭とともに，非同盟諸国との一致度80％以上をみせていることは注目される。ちなみに，その英国，米国の非同盟諸国との一致度は30％以下である。

こうした状況において，表2-3にみる日本の各国との一致度状況はどうか。以下，要点を記する。

日本・米国の一致度は第三世界勢力の高揚までは60％台であったが，1970年代以降，40％前後となった。他方，日本・エジプト関係，日本・インド関係は，一致度50〜80％台を推移した。日本・中国関係も50％前後であった。前者は自由主義諸国との関係を示し，後者はアジア諸国の立場をみせた行動といえる。前者の自由主義諸国関係は，表2-2にみるよう，西欧諸国との一致度状況によって分かるが，日本はカナダ，イタリアなどのNATO諸国とともに，ノルウェー，デンマークなど北欧諸国と70〜80％台の一致度状況にあり，平和国家として対決に組み込まれないという指針がここにも反映されていた。そしてNATO加盟国との関係も決して低いわけではない。日本の一致度状況をみれば，こうした日本外交の選択をめぐり日本の選択肢の姿がよりいっそう分かる。一致度上位諸国の大半は自

由主義諸国である。共産圏の解体以後は，旧共産諸国が日本と態度を共通にしている。といっても，上位20カ国には，かつてはタイなど，現在は韓国など一部アジア・アフリカ諸国が入っている。国連加盟当時，日本は第三世界勢力でも非同盟になく自由主義に連携していた第三世界諸国としてのラテンアメリカ諸国とのあいだで行動の一致をみていたが，1960年代以降，少しずつアジア諸国との関係が深まり，それはアフリカ諸国にも広がった。

要するに，日本は，国連外交における投票態度をみる限り，外交3原則を堅持しているといえるのである。

次に，日本と中国の一致度は1970年代以降，40～50％台を推移したが，そこでの立場の相違を第55総会と第56総会のケースについて表2-6，表2-7に掲げる。その件数と内容を比較すると，以下のようになる。

第55総会

- ともに賛成（決議8件）――植民地諸国・諸人民独立付与宣言決議（先進国は棄権した），地雷条約決議，女性決議（イスラム諸国が棄権した）など。
- 日本は反対，中国は賛成（決議5件）――人権決議（先進国の立場で日本は反対したが，中国は第三世界との連帯で賛成した）など。
- 日本は棄権，中国は賛成（決議7件）――核軍縮決議，パレスチナ占領地域決議，往来の自由決議（いずれも先進国は棄権し，第三世界諸国は賛成した）など。
- 日本は賛成，中国は反対（決議2件）――イランの人権決議，スーダンの人権決議（先進国は賛成し，第三世界諸国はその連帯の立場から棄権と反対に分裂し，中国は原則的立場をとって反対した）。
- 日本は賛成，中国は棄権（決議2件）――イラクの人権決議，コンゴ民主共和国（旧ザイール）の人権決議（先進国は賛成し，第三世界諸国はその連帯の立場から棄権に回った）。

第56総会

- ともに賛成（決議8件）――パレスチナ平和解決決議，植民地諸国・諸人民独立付与宣言決議，非核兵器国の保障（いずれも，先進国は棄権した），地雷条約決議（一部の第三世界諸国が棄権した），国家主権・内政不干渉の尊重決議（先進国は棄権と反対に分裂した）など。
- 日本は反対，中国は賛成（決議6件）――人権決議（先進国の立場で日本は反対したが，中国は第三世界との連帯で賛成した），開発の権利決議[3]は先進国は棄権したが，日本は反対した）など。
- 日本は棄権，中国は賛成（決議12件）――ゴラン決議，パレスチナ人民権利委員会決議，ABM条約遵守決議，核軍縮決議，パレスチナ占領地域決議，往来の自由決議（いずれも先進国は棄権ないし反対し，第三世界諸国は賛成した）。
- 日本は賛成，中国は棄権（決議2件）――イラクの人権決議，スーダンの人権決議（先進国は賛成し，第三世界諸国はその連帯の立場から反対と棄権に分裂した）。

以上，日本と中国はそれぞれ先進国，第三世界諸国の立場にあるが，日本は第三世界諸国の要求に理解を示しており，第三世界の要求も受け入れており，この点，米国とは立場の違いをみせている。日本が賛成し，中国が反対に回る決議はなく，日本，中国ともに反対して成立した決議もない。同様に，日本が棄権し，中国が反対して成立した決議もない。その逆の日本が反対し，中国が棄権する決議の採択も同様にない。

【注】
(1) 1957年9月発表した日本外交の基本原則。『外交青書』外務省，1957年。
(2) ソ連から脱出するユダヤ人問題が対ソ穀物輸出など，米国のソ連政策と大きく連動していた。Dan Morgan, *Merchants of Grain*, NewYork: Viking Press, 1979. 喜多迅鷹・喜多元子訳『巨大穀物商社――アメリカ食糧戦略のかげに』日本放送出版協会，1980年。茅野信行『アメリカの穀物輸出と穀物メジャーの成長』中央大学出版

部，2002年，55-64頁をみよ。
(3) この決議56／150は，1986年12月採択の開発の権利に関する宣言決議41／128を再確認し，2001-2010年「第3回後発国会議の開発の10年のための行動計画」（A/CONF, 191/11）のブリュッセル宣言（A/CONF, 191/12）をエンドースした2001年7月の決議55／279を再確認し，開発提案・プロジェクトを第56総会で検討するというものである。

同2001年12月の決議56／227は，国連貿易開発会議を通じて適切に対応するというものであった。

表2-1 米国・ロシア・中国・日本・エジプト・インド相互の一致度

	46-50	51-60	61-70	71-80	81-90	91-95	96-00	01	全体
米国・ロシア	25.8	29.7	25.4	25.9	11.4	34.0	31.4	22.2	21.9
米国・中国	67.7	73.6	55.9	17.1	14.0	11.7	15.4	9.5	23.8
米国・日本	—	67.5	62.3	48.4	34.5	35.5	37.8	33.3	42.5
米国・エジプト	65.6	42.7	29.2	31.5	14.0	18.5	21.5	11.1	24.0
米国・インド	45.2	43.9	41.7	30.2	11.7	9.7	14.8	11.1	22.2
ロシア・中国	37.6	33.9	47.6	53.3	75.0	41.9	62.2	74.6	59.2
ロシア・日本	—	42.7	40.9	43.5	40.8	66.0	68.6	65.1	46.6
ロシア・エジプト	36.6	42.7	67.0	65.1	80.5	44.9	63.7	74.6	68.1
ロシア・インド	46.2	59.8	63.7	67.6	81.9	41.3	60.3	73.0	68.5
中国・日本	—	66.7	73.6	40.1	45.6	46.6	56.6	58.7	49.0
中国・エジプト	72.0	44.8	77.4	63.9	82.6	80.4	84.0	95.2	73.2
中国・インド	63.4	46.9	65.3	62.1	81.6	81.3	79.4	81.0	72.5
日本・エジプト	—	48.7	47.6	59.2	47.7	51.9	59.4	57.1	52.5
日本・インド	—	56.4	61.6	58.3	39.5	46.0	50.8	50.8	49.1
エジプト・インド	63.4	79.9	75.9	86.3	85.8	80.4	79.1	85.7	82.9

表2-2 日本の自由主義主要国との一致度

	51-60	61-70	71-80	81-90	91-95	96-00	01	全体
カナダ	73.5	73.7	69.6	76.3	39.2	86.8	84.1	76.0
ノルウェー	65.8	74.9	74.8	76.4	37.5	86.2	84.1	77.3
デンマーク	62.4	75.7	74.2	76.0	39.0	88.6	85.7	77.5
フランス	46.2	44.3	55.4	67.5	47.2	75.1	74.6	62.5
イタリア	65.8	72.9	72.4	77.1	41.3	86.5	79.4	76.6
西ドイツ	—	—	63.8	74.6	42.8	85.5	82.5	74.3
オーストラリア	59.0	64.0	73.7	74.5	32.3	85.2	77.8	74.9
英国	53.8	59.3	56.8	64.7	56.6	78.5	74.6	63.9
フィンランド	50.4	67.4	72.9	66.1	36.7	87.4	85.7	71.5

表2-3 日本との一致度（上位30カ国，下位10カ国）

1951—60		1961—70		1971—80		1981—90	
フィリピン	74.4	アイルランド	80.2	ニュージーランド	77.0	ベルギー	77.2
パナマ	74.4	デンマーク	75.7	アイルランド	75.8	イタリア	77.1
パキスタン	74.4	タイ	75.7	オーストリア	75.7	ルクセンブルグ	76.9
マレーシア	74.4	ノルウェー	74.9	スウェーデン	75.0	ポルトガル	76.9
カナダ	73.5	カナダ	73.7	ノルウェー	74.8	オランダ	76.5
コロンビア	73.6	中国	73.8	デンマーク	74.2	ノルウェー	76.4
アルゼンチン	73.5	スウェーデン	73.1	オーストラリア	73.7	カナダ	76.3
エクアドル	73.5	イタリア	72.9	フィンランド	72.9	アイスランド	76.2
パラグアイ	73.5	ニュージーランド	72.8	イタリア	72.4	デンマーク	76.0
タイ	73.5	マレーシア	72.2	スペイン	71.8	西ドイツ	74.6
ニュージーランド	72.6	ギリシャ	72.1	オランダ	71.0	オーストラリア	74.5
チリ	72.6	トルコ	71.7	カナダ	69.6	ニュージーランド	74.5
ベネズエラ	72.6	オーストリア	71.4	ギリシャ	69.1	スペイン	74.4
リベリア	71.8	アルゼンチン	70.8	アイスランド	68.8	アイルランド	71.5
ブラジル	70.9	オランダ	70.6	ベルギー	68.1	リヒテンシュタイン	71.4
ウルグアイ	70.9	フィリピン	70.6	ルクセンブルグ	68.1	フランス	67.5
コスタリカ	70.1	ブラジル	68.9	トルコ	66.4	スウェーデン	67.1
イラン	69.2	チリ	68.6	タイ	64.6	オーストリア	66.8
メキシコ	69.2	ジャマイカ	68.3	コートジボアール	64.5	フィンランド	66.1
オーストリア	68.4	イスラエル	68.2	ポルトガル	64.3	英国	64.7
米国	67.5	パラグアイ	67.9	西ドイツ	63.8	ギリシャ	64.5
中国	66.7	メキシコ	67.6	ウルグアイ	63.8	トルコ	62.0
アイスランド	66.7	フィンランド	67.4	フィリピン	63.1	コートジボアール	51.8
ハイチ	66.7	ベネズエラ	67.4	ネパール	63.1	チリ	51.6
イタリア	65.8	イラン	67.4	メキシコ	62.8	フィジー	51.4
ギリシャ	65.8	ルクセンブルグ	67.1	シンガポール	62.7	ウルグアイ	50.9
ホンジュラス	65.8	アイスランド	66.7	ベネズエラ	62.7	マルタ	50.5
エルサルバドル	65.8	ウルグアイ	65.7	インドネシア	62.4	コロンビア	49.7
⋮		⋮		⋮		⋮	
ギニア	39.7	レソト	37.6	コモロ	33.6	バヌアツ	35.4
ハンガリー	37.6	キューバ	34.0	グレナダ	33.6	グレナダ	35.2
ベナン	36.8	フィジー	29.4	南アフリカ	33.1	米国	34.5
シリア	32.7	南アフリカ	26.4	アンゴラ	31.6	赤道ギニア	32.4
南アフリカ	31.6	ポルトガル	25.9	アルバニア	27.1	アルバニア	32.3
マリ	31.6	マルタ	24.6	セント・ルシア	17.3	コモロ	31.6
カメルーン	31.6	ガンビア	23.2	セーシェル	7.7	ベリゼ	31.6
ザイール	31.8	赤道ギニア	21.1	ソロモン諸島	9.9	セーシェル	31.6
コンゴ	26.3	アルバニア	20.6	ドミニカ	0	セントクリストファ・ネビス	26.4
ブルキナファソ	21.1	ボツワナ	19.8	セント・ビンセント	0	ドミニカ	14.8

1991—95		1996—2000		2001		全体	
リヒテンシュタイン	88.0	デンマーク	88.6	デンマーク	85.7	リヒテンシュタイン	85.5
ポルトガル	87.4	スウェーデン	88.0	フィンランド	85.7	スロバキア	81.5
アイルランド	87.4	フィンランド	87.4	オーストリア	85.7	スロベニア	80.8
デンマーク	87.1	カナダ	86.8	スウェーデン	85.7	リトアニア	80.5
アイスランド	87.1	アイスランド	86.8	リヒテンシュタイン	85.7	モルダビア	79.5
スウェーデン	86.2	イタリア	86.5	ウクライナ	85.7	マケドニア	78.5
オーストリア	86.2	ポルトガル	86.5	ノルウェー	84.1	エストニア	78.2
オーストラリア	85.6	リヒテンシュタイン	86.5	ベルギー	84.1	ラトビア	77.9
ルクセンブルグ	84.5	ノルウェー	86.2	カナダ	84.1	デンマーク	77.5
ベルギー	84.2	オランダ	86.2	チェコ	84.1	韓国	77.4
オランダ	83.9	スペイン	85.8	アイスランド	84.1	ノルウェー	77.3
イタリア	83.9	アイルランド	85.8	ルクセンブルグ	84.1	ニュージーランド	76.9
ノルウェー	83.9	チェコ	85.8	ポーランド	84.1	イタリア	76.6
カナダ	83.6	アンドラ	85.8	ポルトガル	84.1	アイルランド	76.4
ニュージーランド	83.6	ドイツ	85.5	アンドラ	84.1	カナダ	76.0
西ドイツ	83.3	ポーランド	85.5	ユーゴスラビア	84.1	オランダ	75.6
ポーランド	83.9	ニュージーランド	85.5	韓国	84.1	アイスランド	75.1
フィンランド	82.7	ベルギー	85.2	西ドイツ	82.5	オーストラリア	74.9
チェコ	82.4	サンマリノ	85.2	オランダ	82.5	ルクセンブルグ	74.9
スペイン	81.8	オーストラリア	85.2	ギリシャ	82.5	カザフスタン	74.6
ギリシャ	81.8	ハンガリー	84.9	ルーマニア	82.5	ベルギー	74.3
ブルガリア	81.5	スロベニア	84.6	スペイン	82.5	ドイツ	74.3
アルゼンチン	80.9	スロバキア	84.3	スロベニア	82.5	スウェーデン	73.9
ハンガリー	80.6	リトアニア	82.5	サンマリノ	82.5	オーストリア	73.8
ルーマニア	79.2	アフガニスタン	82.2	アイルランド	82.5	アンドラ	73.7
リトアニア	79.2	ルーマニア	82.2	モルダビア	82.5	スペイン	72.9
マルタ	78.0	ウクライナ	81.5	クロアチア	82.5	アルメニア	72.0
モルドバ	77.3	グルジア	81.5	ブルガリア	81.0	クロアチア	71.7
スロバキア	76.6	ブルガリア	81.5	イタリア	79.4	フィンランド	71.5
ラトビア	76.5	クロアチア	80.6	エストニア	79.4	モナコ	69.7
·		モルドバ	80.6	·		·	
·		·		·		·	
·		·		·		·	
キルギス	34.2	アフガニスタン	37.2	マラウイ	14.3	コモロ	32.7
ルワンダ	32.3	ドミニカ	32.5	チャド	14.3	トンガ	32.5
エリトリア	29.9	セント・ビンセント	32.3	セントクリストファ・ネビス	9.5	ナウル	31.4
トルクメニスタン	27.9	リベリア	28.8	ルワンダ	9.5	セントクリストファ・ネビス	30.0
ウズベキスタン	25.9	コモロ	24.3	ザイール	9.5	トルクメスタン	25.7
セーシェル	20.8	レソト	23.8	ガンビア	9.5	セーシェル	24.6
ソマリア	20.7	ザイール	14.9	パラオ	7.9	ドミニカ	20.1
ザイール	18.5	ルワンダ	10.5	セント・ビンセント	3.2	ツバル	8.1
赤道ギニア	10.5	パラオ	6.8	キリバス	1.6	パラオ	6.3
パラオ	3.7	サントメ・プリンシペ	5.9	リベリア	1.6	キリバス	0.5

表2-4 米国との一致度（上位30カ国，下位10カ国）

1946—50		1951—60		1961—70		1971—80		1981—90	
ウルグアイ	81.7	イタリア	85.2	オーストラリア	85.7	英国	75.4	英国	58.9
カナダ	78.5	カナダ	80.3	英国	83.1	西ドイツ	69.4	イスラエル	53.6
デンマーク	77.4	スペイン	79.6	ニュージーランド	80.9	ベルギー	66.4	フランス	47.8
ノルウェー	77.4	ブラジル	79.1	カナダ	78.6	フランス	65.7	西ドイツ	46.3
アイスランド	75.6	コロンビア	77.4	ベルギー	77.4	ルクセンブルク	65.3	ベルギー	44.2
ボリビア	74.2	オランダ	77.4	イタリア	75.2	カナダ	61.9	ルクセンブルグ	42.7
オランダ	74.2	トルコ	75.4	ルクセンブルグ	73.1	イタリア	61.1	オランダ	42.2
フィリピン	74.2	ニュージーランド	74.5	オーストリア	66.6	オランダ	60.3	イタリア	41.5
トルコ	74.2	ペルー	74.5	ノルウェー	66.0	デンマーク	55.4	カナダ	41.3
エクアドル	73.1	中国	73.6	デンマーク	65.7	イスラエル	54.3	ポルトガル	38.9
英国	73.1	ベルギー	72.8	スウェーデン	63.7	アイレ	52.4	日本	34.5
ブラジル	72.0	タイ	72.7	日本	62.3	オーストラリア	51.2	ノルウェー	32.6
ギリシャ	72.0	ドミニカ共和国	72.4	アイレ	61.9	ノルウェー	50.4	デンマーク	32.3
ベネズエラ	72.0	フィリピン	72.4	アイスランド	60.1	ニュージーランド	48.7	オーストラリア	32.2
キューバ	71.0	ルクセンブルグ	72.0	ギリシャ	57.5	ポルトガル	48.8	アイスランド	31.9
スウェーデン	70.0	ニカラグア	72.0	フィンランド	57.1	日本	48.4	ニュージーランド	31.7
ルクセンブルグ	69.9	オーストラリア	71.5	トルコ	56.6	オーストリア	45.6	スペイン	28.6
ペルー	69.9	ギリシャ	71.5	中国	55.9	アイスランド	44.6	トルコ	27.3
チリ	68.8	英国	71.5	イスラエル	55.3	スウェーデン	44.5	アイレ	26.7
メキシコ	68.8	アルゼンチン	71.4	フランス	55.1	南アフリカ	44.2	スウェーデン	24.4
アルゼンチン	67.7	コスタリカ	71.1	ブラジル	54.3	スペイン	43.5	オーストリア	23.2
中国	67.7	チリ	70.7	アルゼンチン	52.4	ギリシャ	42.4	フィンランド	22.7
ベルギー	66.7	エクアドル	70.3	パラグアイ	52.1	フィンランド	41.7	ギリシャ	21.3
リベリア	66.7	パナマ	70.3	グアテマラ	51.3	トルコ	38.6	リヒテンシュタイン	17.9
ニュージーランド	66.7	デンマーク	69.9	フィリピン	51.1	グアテマラ	36.4	チリ	16.9
パナマ	66.7	ウルグアイ	69.9	タイ	51.1	ウルグアイ	36.0	グアテマラ	16.6
コロンビア	65.6	ホンジュラス	69.9	メキシコ	51.0	コスタリカ	35.6	パラグアイ	16.5
ドミニカ共和国	65.6	ノルウェー	69.5	ウルグアイ	50.9	チリ	34.8	ホンジュラス	16.4
エジプト	65.6	アイルランド	69.0	ベネズエラ	49.1	フィリピン	34.6	エルサルバドル	16.2
ホンジュラス	64.5	パキスタン	69.0	ドミニカ共和国	48.9	タイ	34.3	コスタリカ	16.1
				スペイン	48.9				
⋮		⋮		⋮		⋮		⋮	
シリア	49.5	コンゴ	21.1	モンゴル	23.5	サントメ・プリンシペ	16.6	ベトナム	7.9
インド	45.2	ガボン	21.1	タンザニア	22.9	カボベルデ	16.3	アフガニスタン	7.7
サウジアラビア	44.1	マダガスカル	21.1	ザンビア	22.7	グレナダ	15.7	民主イエメン	7.6
イエメン	44.0	マリ	21.1	民主イエメン	22.4	ベトナム	13.1	アンゴラ	7.5
ユーゴスラビア	38.7	ソマリア	21.1	キューバ	22.0	アンゴラ	12.5	ラオス	7.5
ベラルーシ	26.9	トーゴ	21.1	フィジー	19.6	アルバニア	9.3	アルジェリア	7.4
チェコスロバキア	26.9	カメルーン	21.1	ガンビア	15.5	セント・ルシア	7.0	キューバ	7.0
ポーランド	26.9	ザイール	21.1	ボツワナ	15.2	セーシェル	3.2	セーシェル	6.4
ウクライナ	25.8	ギニア	20.6	アルバニア	12.9	ソロモン諸島	2.0	ドミニカ	5.8
ソ連	25.8	ブルキナファソ	10.5	赤道ギニア	12.2	ドミニカ	0.4	アルバニア	4.5

1991—95		1996—2000		2001		全体	
イスラエル	66.6	イスラエル	74.5	イスラエル	74.6	英国	65.8
英国	56.6	英国	55.7	ミクロネシア	63.5	イスラエル	57.8
フランス	47.2	フランス	49.8	英国	50.8	ベルギー	55.0
西ドイツ	42.8	ミクロネシア	46.8	マーシャル	47.8	フランス	54.5
オランダ	42.5	オランダ	46.5	フランス	46.0	リヒテンシュタイン	54.1
ベルギー	41.9	ドイツ	46.2	デンマーク	42.9	オランダ	53.7
ルクセンブルグ	41.9	ルクセンブルグ	46.2	ノルウェー	42.9	カナダ	53.4
イタリア	41.3	ベルギー	45.5	ベルギー	41.3	イタリア	52.0
モナコ	41.1	ポーランド	45.2	カナダ	41.3	ドイツ	51.7
スロバキア	40.1	モナコ	45.2	チェコ	41.3	デンマーク	46.7
カナダ	39.3	カナダ	44.9	ドイツ	41.3	オーストラリア	46.1
デンマーク	39.0	イタリア	44.9	ハンガリー	41.3	ノルウェー	45.4
ポルトガル	39.0	ポルトガル	44.9	アイスランド	41.3	ニュージーランド	44.8
チェコ	38.7	アイスランド	44.6	ルクセンブルグ	41.3	ポルトガル	43.5
ハンガリー	38.7	ノルウェー	44.6	オランダ	41.3	モナコ	43.4
アイスランド	38.1	スペイン	44.6	ポーランド	41.3	アイスランド	42.9
ノルウェー	37.5	フィンランド	44.3	ブルガリア	39.7	日本	42.5
ポーランド	37.5	アンドラ	44.3	フィンランド	39.7	スロバキア	42.1
ルーマニア	37.5	スロバキア	44.0	ギリシャ	39.7	アイルランド	41.0
ブルガリア	37.0	スウェーデン	43.7	イタリア	39.7	スウェーデン	40.0
フィンランド	36.7	ブルガリア	43.7	ポルトガル	39.7	ミクロネシア	40.1
スペイン	36.4	ルーマニア	43.7	ルーマニア	39.7	アンドラ	39.7
日本	35.5	リトアニア	43.7	スペイン	39.7	スロベニア	39.5
スウェーデン	35.5	マーシャル諸島	43.7	リトアニア	39.7	南アフリカ	39.1
オーストリア	35.2	スロベニア	43.7	スロベニア	39.7	スペイン	39.0
ラトビア	34.9	オーストリア	43.1	アンドラ	39.7	トルコ	38.6
モルドバ	34.6	エストニア	43.1	オーストラリア	38.1	オーストリア	38.5
スロベニア	34.6	ラトビア	42.5	オーストリア	38.1	ラトビア	38.5
アイルランド	34.0	リヒテンシュタイン	42.2	マルタ	38.1	リトアニア	38.5
ロシア	34.0	アイルランド	41.8	スウェーデン	38.1	マーシャル	37.9
・		・		ユーゴスラビア	38.1	・	
・		・		リヒテンシュタイン	38.1	・	
・		・		エストニア	38.1	・	
				ラトビア	38.1		
				サンマリノ	38.1		
				スロバキア	38.1		
				・			
インド	9.7	ユーゴスラビア	10.8	レソト	4.8	セントクリストファ・ネビス	10.5
イラク	9.1	ベトナム	10.5	ジンバブエ	4.8	トルクメニスタン	10.5
ベトナム	9.8	トンガ	7.8	セントクリストファ・ネビス	4.8	アンゴラ	10.4
北朝鮮	8.8	中央アフリカ	7.4	トルクメニスタン	4.8	トンガ	9.4
ザイール	7.9	パラオ	7.4	ルワンダ	3.2	イエメン	9.2
キューバ	7.6	コモロ	7.2	ザイール	3.2	ドミニカ	8.7
セーシェル	7.0	ザイール	5.6	チャド	1.6	セーシェル	8.3
赤道ギニア	5.2	ルワンダ	5.2	ガンビア	1.6	北朝鮮	6.0
ソマリア	2.8	北朝鮮	4.0	北朝鮮	1.6	パラオ	5.9
パラオ	0.9	サントメ・プリンシペ	2.2	キリバス	1.6	キリバス	0.5

第2章 国連投票行動からみた国際社会の解析

表2-5 エジプトの一致度（上位30カ国，下位10カ国）

1946—50		1951—60		1961—70		1971—80		1981—90	
レバノン	87.1	ナイジェリア	94.4	イラク	89.7	マレーシア	90.6	ナミビア	97.7
イラク	86.0	シリア	92.4	ユーゴスラビア	87.4	インドネシア	90.4	チュニジア	94.3
キューバ	80.6	イエメン	89.1	アルジェリア	87.0	チュニジア	90.2	マレーシア	94.0
シリア	80.6	サウジアラビア	87.9	シリア	86.9	ユーゴスラビア	88.8	バングラデシュ	93.8
ビルマ	79.7	スーダン	87.2	スーダン	86.0	ブルンジ	88.4	ペルー	93.4
イラン	79.6	アフガニスタン	86.6	アフガニスタン	82.5	ヨルダン	88.3	エクアドル	93.4
ブラジル	78.5	トーゴ	84.2	ザンビア	82.3	カメルーン	88.1	オマーン	93.1
フィリピン	77.4	イラク	83.7	リビア	81.7	バーレーン	88.0	タイ	93.1
パキスタン	77.3	インドネシア	82.8	モロッコ	81.4	カタール	87.7	トーゴ	93.0
アフガニスタン	76.7	ユーゴスラビア	81.2	ヨルダン	81.3	フィリピン	87.5	ブルンジ	92.9
ボリビア	76.3	セイロン	80.3	インドネシア	81.2	クウェート	87.3	パキスタン	92.9
コロンビア	76.3	インド	79.9	マリ	81.0	ケニア	87.1	スリランカ	92.8
サウジアラビア	75.3	セネガル	78.9	モーリタニア	79.7	ペルー	87.0	スーダン	92.8
ベネズエラ	73.1	キプロス	78.9	イエメン	79.7	セネガル	86.9	バーレーン	92.7
中国	72.0	中央アフリカ	78.9	チュニジア	79.4	バングラデシュ	86.9	ヨルダン	92.6
アルゼンチン	72.0	ソマリア	78.9	ギニア	78.7	ザンビア	86.8	ネパール	92.8
エクアドル	72.0	ビルマ	78.2	ガーナ	77.4	タンザニア	86.8	トリニダッド・トバゴ	92.5
メキシコ	71.0	リビア	75.4	民主イエメン	76.9	アラブ首長国連邦	86.8	モーリタニア	92.3
ハイチ	69.9	レバノン	74.9	エチオピア	76.8	トーゴ	86.7	モルジブ	92.3
ギリシャ	69.9	ネパール	73.9	レバノン	76.5	マリ	86.6	シエラレオネ	92.2
リベリア	68.8	ニジェール	73.7	インド	75.9	ガーナ	86.5	インドネシア	92.0
チリ	67.7	チャド	73.7	パキスタン	75.9	エチオピア	86.4	セネガル	92.0
インドネシア	66.7	コートジボアール	73.7	ケニア	75.4	インド	86.3	ブルネイ	92.0
イエメン	66.7	モロッコ	73.5	ナイジェリア	75.1	スーダン	86.2	サウジアラビア	91.9
ウルグアイ	66.7	ヨルダン	72.5	ブルンジ	74.7	タイ	86.0	アラブ首長国連邦	91.7
米国	65.6	イラン	69.9	クウェート	74.5	ナイジェリア	86.0	ナイジェリア	91.7
トルコ	65.6	カンボジア	69.0	タンザニア	74.2	ガイアナ	85.6	ガボン	91.7
ルクセンブルグ	64.5	マダガスカル	88.4	サウジアラビア	74.1	スリランカ	85.6	ニジェール	91.7
ペルー	64.5	マリ	68.4	ソマリア	73.9	ジャマイカ	85.4	ユーゴスラビア	91.5
インド	63.4	チュニジア	87.5	セイロン	73.4	トリニダッド・トバゴ	85.3	ケニア	91.4
：		：		：		：		：	
スウェーデン	47.8	英国	34.3	フィジー	29.4	西ドイツ	38.9	カナダ	42.3
ニュージーランド	47.3	オーストラリア	33.9	米国	29.2	英国	36.2	イタリア	40.6
チェコスロバキア	39.8	フランス	33.1	オーストラリア	29.2	セントルシア	36.0	ベルギー	39.5
イスラエル	39.0	ルクセンブルグ	32.6	英国	26.8	フランス	33.2	ルクセンブルグ	39.4
ポーランド	38.7	ベルギー	31.8	フランス	25.2	米国	31.5	西ドイツ	35.9
ベラルーシ	38.7	ザイール	31.8	カンボジア	23.3	南アフリカ	24.8	フランス	35.4
ウクライナ	37.6	スペイン	29.6	マルタ	18.5	セーシェル	15.6	英国	30.9
南アフリカ	37.6	ブルキナファソ	26.3	南アフリカ	17.3	セント・ビンセント	4.0	イスラエル	23.8
ソ連	36.6	ポルトガル	26.1	ポルトガル	17.1	ドミニカ	2.8	ドミニカ	23.6
ユーゴスラビア	34.4	南アフリカ	16.7	ボツワナ	15.8	ソロモン諸島	2.8	米国	14.0

1991—95		1996—2000		2001		全体	
ユーゴスラビア	94.7	チュニジア	93.8	アルジェリア	98.4	ブルネイ	91.6
サントメ・プリンシペ	93.9	アルジェリア	92.9	レバノン	98.4	バーレーン	91.5
バーレーン	93.9	バーレーン	92.6	ミャンマー	98.4	バングラデシュ	91.5
オマーン	93.3	マレーシア	91.4	マレーシア	96.8	チュニジア	90.7
チュニジア	93.0	フィリピン	91.4	バーレーン	96.8	アラブ首長国連邦	90.2
ニジェール	93.0	スリランカ	91.4	ヨルダン	96.8	オマーン	90.1
アラブ首長国連邦	93.0	バングラデシュ	91.1	スリランカ	96.8	インドネシア	89.6
サウジアラビア	92.7	カタール	90.8	トーゴ	95.2	カタール	89.6
セネガル	91.9	サウジアラビア	90.8	インドネシア	95.2	ソロモン諸島	88.3
モロッコ	91.9	タイ	90.8	ジブチ	95.2	スリランカ	88.3
				チュニジア	95.2		
				中国	95.2		
スリランカ	91.3	ヨルダン	90.5	パキスタン	93.7	クウェート	88.3
タイ	91.3	モロッコ	90.2	バングラデシュ	93.7	マレーシア	88.2
カタール	91.3	ネパール	89.8	スーダン	93.7	アルジェリア	88.1
パキスタン	91.0	コロンビア	89.5	オマーン	93.7	セネガル	88.1
アルジェリア	91.0	クウェート	89.5	カタール	93.7	トーゴ	87.9
バングラデシュ	91.0	トーゴ	89.5	シリア	93.7	マリ	87.3
モルジブ	91.0	メキシコ	89.5	リビア	93.7	ネパール	87.2
モーリタニア	91.0	ジブチ	89.2	メキシコ	93.7	ザンビア	87.1
ヨルダン	91.0	パキスタン	89.2	イラン	93.7	ナイジェリア	87.1
ブルネイ	90.7	オマーン	89.2			モロッコ	87.1
		スーダン	89.2				
マリ	90.7	リビア	88.9	ネパール	92.1	ケニア	86.9
ガイアナ	90.4	ミャンマー	88.9	タンザニア	92.1	モーリタニア	86.9
マレーシア	90.4	ベナン	88.0	ザンビア	92.1	パキスタン	86.5
ボツワナ	90.4	ガイアナ	88.0	ガーナ	92.1	タンザニア	86.4
クウェート	90.4	ボスニア	87.7	タイ	92.1	ガーナ	86.4
チャド	90.3	セントルシア	87.7	ブルキナファソ	92.1	サウジアラビア	86.4
スリナム	90.1	タンザニア	87.1	クウェート	92.1	ガイアナ	86.3
コロンビア	90.1	ギニア	86.8	モロッコ	92.1	ジブチ	86.3
ブルキナファソ	89.5	モルジブ	86.5	マリ	90.5	ユーゴスラビア	86.1
メキシコ	89.2	コートジボアール	85.5	セネガル	90.5	ブルンジ	85.4
フィリピン	89.2	レバノン	85.5	カンボジア	90.5	フィリピン	85.4
.		.		キューバ	90.5		
.		.		ベネズエラ	90.5		
.		.		フィリピン	90.5		
				ナイジェリア	90.5		
				ブルネイ	90.5		
				.			
				.			
				.			
トルクメニスタン	34.8	ナウル	28.9	ポーランド	50.8	コモロ	60.4
アンドラ	34.0	トルクメニスタン	25.8	ギリシャ	50.8	グレナダ	60.3
グルジア	31.5	トンガ	24.2	ルーマニア	50.8	マラウイ	60.1
ザイール	31.1	米国	21.5	スロベニア	50.8	フィンランド	60.0
ウズベキスタン	26.2	ルワンダ	15.4	フィンランド	50.8	アルメニア	58.4
サンマリノ	25.2	パラオ	4.0	ノルウェー	50.8	スウェーデン	58.3
イスラエル	25.2	ツバル	1.6	アンティグア	49.2	オーストリア	58.1
米国	18.5	キリバス	1.6	ブルガリア	49.2	スペイン	58.1
赤道ギニア	14.1	ソマリア	1.5	カナダ	49.2	マケドニア	56.8
パラオ	3.7	イラク	1.5	西ドイツ	49.2	アイルランド	56.4

表2-6　第55総会（2000年）の中国・日本投票行動の一致状況

決議番号		委員会	日本	中国	備考
55/6	一方的経済的強制措置の除去	委員会なし	賛成 136	賛成 136	米国など反対2，一部先進国が棄権10（リビア提案）
55/146	植民地解消第2回国際年	委員会なし	賛成 125	賛成 125	反対2，一部先進国棄権30
55/147	植民地諸国・諸人民の独立付与宣言	委員会なし	賛成 138	賛成 138	反対2，一部先進国棄権18
55/31	非核兵器国の保障	第一委	賛成 111	賛成 111	反対2，先進国は棄権54
55/33U	兵器の移転	第一委	賛成 149	賛成 149	反対0，一部第三世界諸国棄権16
55/33V	地雷条約の履行	第一委	賛成 143	賛成 143	反対0，一部第三世界諸国棄権22
55/66	女性に対する犯罪除去	第三委	賛成 146	賛成 146	第三世界・先進国賛成，反対1
55/96	民主主義の促進・強化	第三委	賛成 157	賛成 157	イスラム諸国棄権26
55/86	人権・自決権違反の傭兵	第三委	反対 19	賛成 119	反対0，一部第三世界諸国棄権16
55/101	人権協力の国際連合憲章尊重	第三委	反対 52	賛成 104	一部第三世界諸国棄権35，先進国反対，第三世界賛成
55/102	人権享受のグローバル化	第三委	反対 46	賛成 112	第三世界諸国棄権15と賛成に分裂，先進国反対
55/107	民主的・衡平的国際秩序促進	第三委	反対 52	賛成 109	先進国反対，グアテマラなど第三世界棄権15
55/110	人権と一方的強制措置	第三委	反対 49	賛成 117	先進国反対，グアテマラなど第三世界棄権7
55/33A	ミサイル	第一委	棄権 65	賛成 97	第三世界支持，一部第三世界棄権6，先進国棄権
55/33T	核軍縮	第一委	棄権 20	賛成 109	反対0，第三世界支持，先進国棄権
55/33X	核兵器の非合法性判断	第一委	棄権 22	賛成 119	先進国反対39，第三世界支持
55/34G	核兵器禁止条約	第一委	棄権 61	賛成 91	反対28，先進国は棄権と反対に分裂
55/130	パレスチナ占領地域	特政・第四委	棄権 50	賛成 109	反対2，先進国は棄権

55/139	植民地諸国人民の独立付与宣言の国連機関履行	特政・第四委	棄権 50	賛成 106	反対0, 第三世界支持, 先進国棄権
55/100	往来自由・家族の権利尊重	第三委	棄権 67	賛成 106	米国の反対1, 第三世界支持, 先進国棄権
55/114	イランの人権	第三委	賛成 67	反対 54	先進国支持, 第三世界は棄権46に分裂
55/116	スーダンの人権	第三委	賛成 85	反対 32	先進国支持, 第三世界は棄権49と反対に分裂
55/115	イラクの人権	第三委	賛成 102	棄権 60	リビア・スーダン・モーリタニア反対3, 先進国支持, 第三世界棄権
55/117	コンゴ民主の人権	第三委	賛成 102	棄権 63	ルワンダ・ウガンダ反対2, 先進国支持, 第三世界棄権

(付記) ここでの先進国は旧共産国を含む。
(備考) 日本と中国が賛成し米国など特定数カ国のみが反対し棄権がほとんどなかった決議は省略した。
　　日本, 中国ともに反対はなし。
　　日本が棄権, 中国が反対はなし。
　　日本が反対, 中国が棄権はなし。

表 2-7　第56総会（2001年）の中国・日本投票行動の一致状況

決議番号		委員会	日本	中国	備　考
56/36	パレスチナ問題の平和解決	委員会なし	賛成 131	賛成 131	反対6, 一部先進国が棄権20
56/74	植民地諸国・諸人民の独立付与宣言	委員会なし	賛成 132	賛成 132	反対2, 一部先進国棄権21
56/16	インド洋平和地帯	第一委	賛成 110	賛成 110	反対3, 一部先進国棄権41
56/22	非核兵器安全保障	第一委	賛成 105	賛成 105	反対0, 先進国は棄権54
56/24M	地雷条約の履行	第一委	賛成 138	賛成 138	反対0, 一部第三世界諸国棄権19
56/154	国家主権・内政不干渉の尊重	第三委	賛成 99	賛成 99	第三世界賛成, 先進国は反対10と棄権59
56/146	人権条約機関の地理的配分	第三委	反対 47	賛成 113	一部第三世界諸国棄権5, 先進国反対, 第三世界賛成
56/150	開発の権利	第三委	反対 4	賛成 123	先進国棄権44, 第三世界賛成, 米国・デンマーク・イスラエル・日本が反対
56/151	民主的・衡平的国際秩序促進	第三委	反対 53	賛成 109	先進国反対, グアテマラなど第三世界棄権6

決議番号	件名	委員会	反対/棄権	賛成	備考
56/152	人権協力の国際連合憲章尊重	第三委	反対 54	賛成 100	先進国反対，グアテマラなど第三世界棄権15
56/165	人権享受のグローバル化	第三委	反対 46	賛成 116	第三世界支持，一部第三世界棄権9，先進国棄権
56/232	人民の自決権行使	第三委	反対 20	賛成 77	第三世界支持，先進国は棄権20と反対に分裂
56/32	ゴラン	委員会なし	棄権 54	賛成 90	米国など反対5，第三世界支持，先進国棄権
56/33	パレスチナ人民権利委員会	委員会なし	棄権 48	賛成 106	米国など反対5，第三世界支持，先進国棄権
56/34	事務局パレスチナ人権部	委員会なし	棄権 47	賛成 107	米国など反対5，第三世界支持，先進国棄権
56/20	軍縮の科学技術	第一委	棄権 17	賛成 92	反対46，第三世界支持，先進国は棄権と反対に分裂
56/24A	ABM条約遵守	第一委	棄権 62	賛成 82	米国など反対5，第三世界支持，先進国棄権
56/24B	ミサイル	第一委	棄権 68	賛成 98	反対0，第三世界支持，先進国棄権
56/24C	核危機の除去	第一委	棄権 14	賛成 98	先進国反対45，第三世界支持
56/24S	核兵器の非合法性判断	特政・第四委	棄権 21	賛成 111	反対29，先進国は棄権と反対に分裂
56/25B	核兵器禁止条約	特政・第四委	棄権 11	賛成 104	反対46，先進国は棄権と反対に分裂
56/59	パレスチナ占領地域	第二委	棄権 58	賛成 83	米国など反対4，第三世界支持，先進国棄権
56/67	植民地諸国・諸人民独立付与宣言の国連機関履行	特政・第四委	棄権 50	賛成 106	反対0，第三世界支持，先進国棄権
56/179	政治経済手段としての一方的経済措置	第二委	棄権 46	賛成 100	米国の反対1，第三世界支持，先進国棄権
56/174	イラクの人権	第三委	賛成 100	棄権 63	リビア・スーダン反対2，先進国支持，第三世界は支持と棄権に分裂
56/175	スーダンの人権	第三委	賛成 79	棄権 48	反対37，先進国支持，第三世界は反対と棄権に分裂

(付記) ここでの先進国は旧共産国を含む。
(備考) 日本と中国が賛成し米国など特定少カ国のみが反対し棄権がほとんどなかった決議は省略した。
　　　日本は賛成，中国は反対はなし。　　日本，中国ともに反対はなし。
　　　日本が棄権，中国が反対はなし。　　日本が反対，中国が棄権はなし。

182　冷戦，国際連合，市民社会

4. アジア世界の動向

　ここではアジア諸国を対象とし，対象国は日本，中国，韓国，北朝鮮（朝鮮民主主義人民共和国），タイ，マラヤ／マレーシア，シンガポール，ブルネイ，フィリピン，カンボジア，インドネシア，ビルマ／ミャンマー，インド，パキスタン，セイロン／スリランカ，アフガニスタン，オーストラリア，ニュージーランドの主要18カ国と，米国，カナダ，メキシコ，ソ連の太平洋諸国の計22カ国に限定して考察する。

　アジア世界では，図2-61のクラスター解析にみられるように，1946-50年を通じてインド亜大陸諸国と連携したタイ，インドネシアが1つの集団を形成し，中国（国民政府／台湾）およびフィリピンは分立し，さらにソ連，そして米国など自由主義諸国の4つの集団があった。図2-70の主成分解析によると，(1)アジア諸国集団の他，(2)分離したソ連，そして(3)米国，オーストラリア，ニュージーランドのアンザス諸国がもうひとつの集団を構成し，そして(4)タイ，フィリピン，ビルマ，メキシコの親米諸国集団がアジア諸国集団から独立した存在にあり，この四分立であったが，アジア諸国集団，親米諸国集団，およびアンザス諸国が連繋してソ連に対立している東西対立のパターンを確認できる。このアジア諸国集団は，アフガニスタンを含むインド，パキスタン，ビルマの諸国である。

　図2-62のクラスター解析によると，1951-60年世界では，ソ連も参加したインド亜大陸・インドシナ・東南アジア諸国が結集して第1集団を形成し，西側同盟に参加のフィリピン，タイ，およびパキスタンがそこから分離した第2集団を形成し，これは米国など自由主義諸国の第3集団と連繋していた。とくに中国（国府／台湾）は米国と提携した。この分立はその主成分解析である図2-71，図2-72でより明確に描かれており，そこでは，一方にソ連の，他方に米国の牽制が生じており，その中間にアジア中立主

義諸国が存在し，これにはオーストラリアや日本も参加していたが，マラヤ内戦にあったマラヤの立場は東西の綱引きにおいて微妙な存在をみせていた。これは図2-72の主成分解析における三次元解析において，よりはっきりしている。

　図2-63のクラスター解析に示される1961－70年世界では，日本が中国（台湾）と提携し，これとタイ，インドネシア，マレーシア，フィリピンの（1967年東南アジア諸国連合ASEAN結成）諸国との連合が形成された。マレーシアはこれまでの中立主義の強かった選択を転換した。そこでは，インド，パキスタン，シンガポール，ビルマ，セイロン，アフガニスタンのいわゆる中立主義を掲げてきている諸国集団へのソ連の参加を得て，この中立主義諸国集団がASEAN諸国連合と連繋するスタイルが確認された。パキスタンは親米勢力から中立主義諸国に戻った。この中立主義諸国の主導勢力はインドとインドネシアであり，アフガニスタンもその立場が明確である。図2-73の主成分解析をみると，ソ連のアジア諸国の非同盟勢力としての結集とそれはソ連の同調にもかかわらず，ソ連の関与は限定的であることが分かる。中国（台湾）の位置は，図2-63のクラスター解析にもかかわらず，図2-73の主成分解析では，日本の方がより米国との同調が高いことが分かり，米国は自ら参加のANZUS諸国勢力（オーストラリア，ニュージーランド，米国）のなかに存在していることも分かる。

　図2-64のクラスター解析にみる通り，1971－80年世界では，中国が新中国（中華人民共和国）に交代し，中国・ソ連集団の共産グループがアジア諸国集団に参加し，この連立がアジアの第三世界グループを代表した。この第三世界グループは，日本，米国，カナダ，オーストラリア，ニュージーランドの自由主義先進国グループと分立していたが，その分立には対中国政策が作用していた。インド，インドネシアの非同盟勢力は中国に接近する一方，こうした第三世界グループのなかに新たにマレーシア，シンガ

ポール，フィリピン，タイのＡＳＥＡＮ諸国とメキシコの集団が登場してきたことを確認できる。

　図2-65のクラスター解析に示される1981－90年世界は，まったく同様の二分立，すなわち先進国グループと中国およびソ連が参加した第三世界の非同盟グループの二分立がより明確になっている。そこでは，ソ連および中国は完全に第三世界諸国と連合していた。図2-75の主成分分析でも，そのパターンは明白で，その第三世界の非同盟勢力のなかにあっても，マレーシア，ミャンマー，シンガポール，タイのＡＳＥＡＮ諸国およびメキシコの現実主義の非同盟勢力の固まりが注目される存在として確認できる。

　図2-66のクラスター解析における1991－95年世界は，ソ連の解体もあり，1981－90年世界で確認されたＡＳＥＡＮ諸国を中心とした現実主義の非同盟勢力，そして中国，北朝鮮，ミャンマー，インド，アフガニスタンなど原則主義の非同盟勢力の２つの集団が確認されており，この２集団に対する(1)オーストラリア，ニュージーランド，韓国の新勢力集団，そして(2)これと連繋した日本，カナダ，およびロシアの先進国グループ，ならびに前者の先進国グループから分離した米国といった，米国と２集団の存在を確認でき，つまり１国と４勢力の分立が検出できた。

　1996－2000年世界も，図2-67のクラスター解析に明らかなように，同様なパターンが継承された。

　2001年世界は，図2-68のクラスター解析にみるように，一方に，オーストラリア，ニュージーランド，日本，韓国，さらにカナダの先進国グループとそれから分離した米国があり，他方に，これ以外の諸国がロシアを含めた第三世界勢力を形成しており，二分立となっている。これは図2-77の主成分解析でも確認でき，米国とメキシコを除いてアジア諸国は結集している。このパターンは，図2-76のクラスター解析でも同様である。

　図2-76の1991－2000年の主成分解析でも，この１国と４集団の存在が明

確である。

　全時期にわたるアジア世界のクラスター解析は，図2-69に示されているとおり，米国，日本・カナダなどの先進国グループ，ソ連を含む共産勢力とそれに連携したアジア非同盟グループの存在を確認でき，南・北朝鮮は新加盟で別存在となっている。これを図2-78の主成分解析でみると，図2-76の主成分解析に明らかなように，北朝鮮も参加したアジア非同盟グループ，そして韓国を擁した先進国グループ，さらに米国の1国分離のパターンを確認できる。

　以上，アジア諸国は，冷戦構造が持ち込まれて以降，ソ連のアジア非同盟勢力への接近をみるところとなり，このアジア非同盟勢力に対して先進国グループが対立する様相がとられてきた。そして1980年代以降，アジア非同盟勢力のなかでもとりわけＡＳＥＡＮ諸国勢力の指導力が注目されるところとなった。

　なお，オーストラリア，ニュージーランドは，日本とともに，常に先進国グループの一員である。

図 2-61 主要アジア加盟国の一致度クラスター解析（1946－50年）

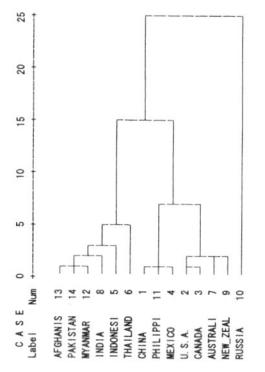

図 2-62 主要アジア加盟国の一致度クラスター解析（1951－60年）

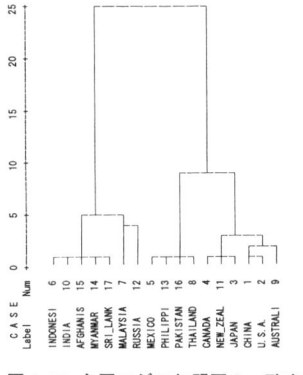

図 2-63 主要アジア加盟国の一致度クラスター解析（1961－70年）

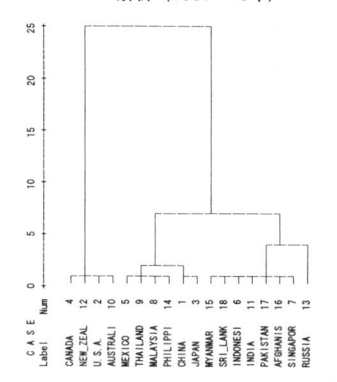

図 2-64 主要アジア加盟国の一致度クラスター解析（1971－80年）

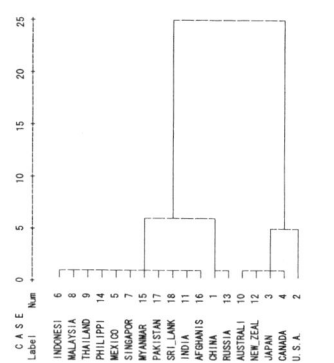

図 2-65 主要アジア加盟国の一致度クラスター解析（1981－90年）

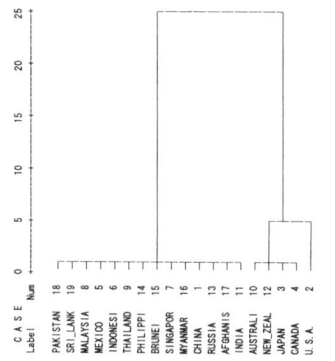

図 2-66 主要アジア加盟国の一致度クラスター解析（1991－95年）

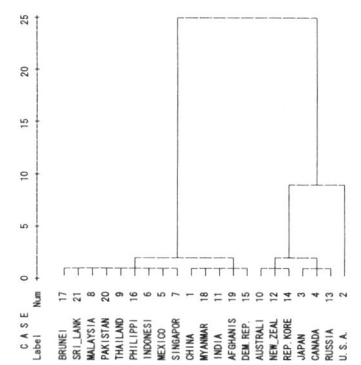

第2章 国連投票行動からみた国際社会の解析　187

図2-67 主要アジア加盟国の一致度クラスター解析（1996－2000年）

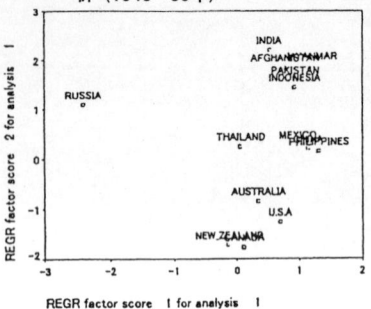

図2-68 主要アジア加盟国の一致度クラスター解析（2001年）

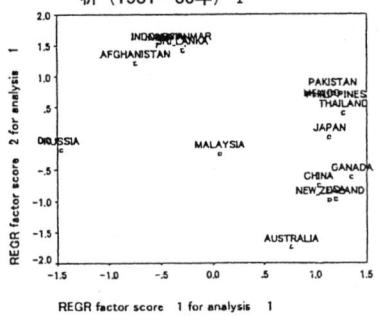

図2-69 主要アジア加盟国の一致度クラスター解析（全体）

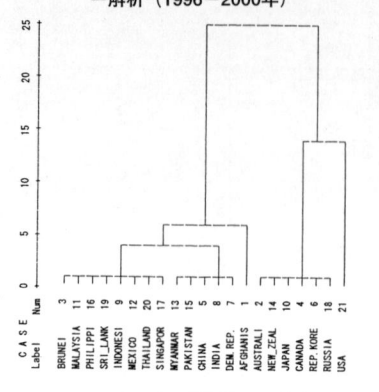

図2-70 主要アジア加盟国の一致度主成分解析（1946－50年）

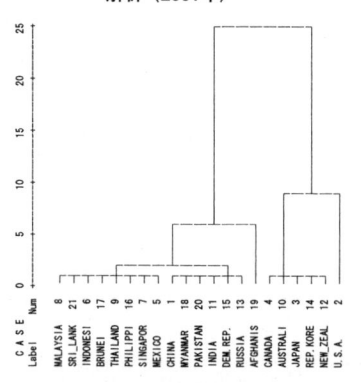

図2-71 主要アジア加盟国の一致度主成分解析（1951－60年）Ⅰ

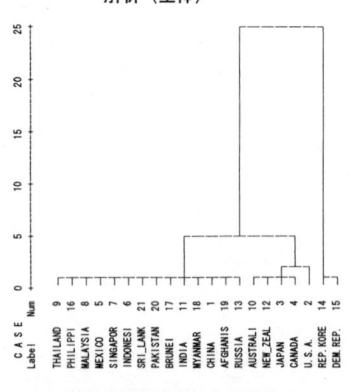

図2-72 主要アジア加盟国の一致度主成分解析（1951－60年）Ⅱ

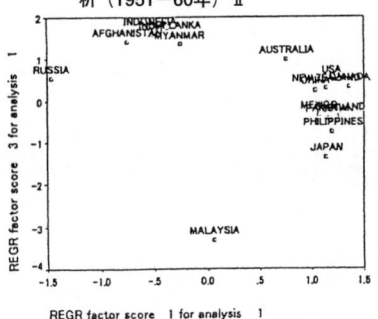

188　冷戦，国際連合，市民社会

図 2-73 主要アジア加盟国の一致度主成分分解析（1961－70年）

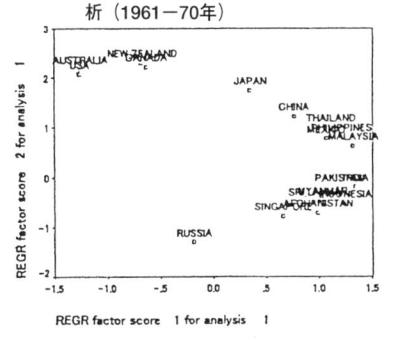

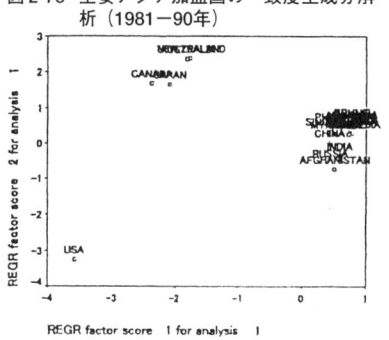

図 2-76 主要アジア加盟国の一致度主成分分解析（1991－2000年）

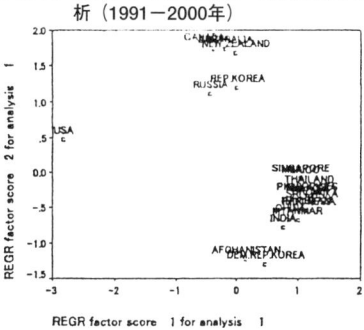

図 2-74 主要アジア加盟国の一致度主成分分解析（1971－80年）

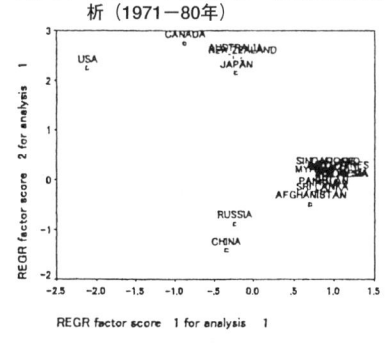

図 2-77 主要アジア加盟国の一致度主成分分解析（2001年）

図 2-75 主要アジア加盟国の一致度主成分分解析（1981－90年）

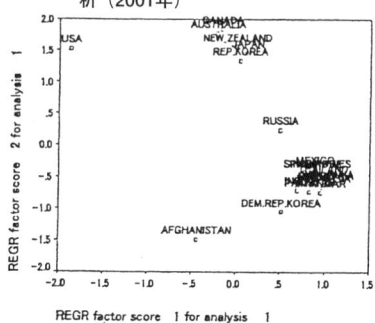

図 2-78 主要アジア加盟国の一致度主成分分解析（全体）

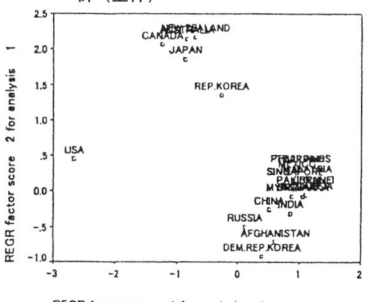

5. 中東世界の動向

ここでは、ギリシャ、トルコ、イスラエル、イラン、パキスタン、インドの非アラブ諸国、エジプト、シリア、イラクのマシュリク・アラブ諸国、サウジアラビア、クウェート、イエメン、民主イエメン（南イエメン、1990年にイエメンと統合）のガルフ・アラブ諸国、モロッコのマグレブ（北アフリカ）アラブ諸国、および米国、英国、ソ連、日本の域外国を対象に、各国の態度を考察した。なお、これらのアラブ諸国はすべてアラブ連盟（ＡＬ、1945年結成）に参加している。

1. 1946－50年中東世界は、図2-79のクラスター解析に明らかなように、ソ連からのユダヤ移民もあって、ソ連とイスラエルが連携していた[1]。米国はギリシャ、トルコと連携し、これに英国、フランスが加わったが、中東世界は、エジプト、イラク、イラン、およびパキスタンの集団とイエメン、シリア、サウジアラビア、およびインドの集団の二分立となった。この中東アラブ国は、域外国の米国、英国、フランスの関与を拒否し、イスラエルに隣接した諸国がパレスチナ戦争を戦ったが、域外3国は同戦争の終結とともにソ連に接近したイスラエルに干渉し、中東体制の維持に努め、アラブ諸国に干渉した。

その構成は、以下のとおりである。

(1) エジプトからパキスタンまでの中東諸国集団、ただし、パキスタンはイスラム国であっても、アラブ国でない。

(2) サウジアラビアからインドまでの中東諸国集団、ただし、インドは中立国でイスラム国でない。

(3) トルコから英国までの域外国、ただし、トルコ、ギリシャは非アラブ国で、トルコはイスラム国、ギリシャはギリシャ正教国、ここでは、米国、英国、フランスの域外国が参加し、トルコ、ギリシャを加えてＮＡ

ＴＯ体制が成立している。

(4) イスラエルとソ連，非アラブのイスラエルとソ連との連繋。イスラエルは第一次中東戦争でアラブ諸国と戦った。ソ連とはユダヤ移民の関係が深い。

　集団(1)と集団(2)との対立は，インド・パキスタン対立に照応しているが，この２つの集団が連繋して，(3)の域外国と分立している。そしてその３つの連合が集団(4)と対立している。そこでは，域外勢力の関与はソ連のイスラエルに対するものとともに，ＮＡＴＯ諸国の米国，英国，フランスによるトルコ，ギリシャの組み込みが成立している。図2-87の主成分解析では，ソ連集団，先進国グループの域外国集団，およびインド，パキスタンを含む中東アラブ国の３つの成分が確認でき，先進国グループは分散的であるのに対して，中東アラブ国はその固まりにおいて結束している。

2. 図2-80のクラスター解析にみる1951－60年世界は，アラブ・イスラエル対決の中東戦争もなく，アラブ諸国の一元的結集に，インド，パキスタンも，トルコ，ギリシャも，ソ連も，米国，英国，フランスも，日本も接合した。シリアのみが分離しているが，それはシリアの内政上の問題から，国連審議への参加が限定されたためであった。図2-88の主成分解析でも，アラブ諸国のまとまりを確認できる。

3. 1961－70年世界は，図2-81のクラスター解析に明白なように，1967年ヨム・キプル戦争と1973年第４次戦争へ至る軍備対決のエスカレーションを反映して，中東アラブ集団からイスラエルが分離して日本，イラン，トルコとともに別の第３集団を形成した。そこでは，アラブ国の第一集団の形成へのソ連接近による拡大第１集団の成立，そして前記の中東アラブ集団からインド，パキスタンが分離してイランと連繋したところの第２集団の形成，および前記のイラン，トルコ，日本などの第３集団，ならびに米国，英国，フランスも分離して独立の先進

国グループの第4集団となっており，第1集団と第2集団の連合に第3集団が加わり，これと第4集団とが分立した。この第1アラブ集団には，新参加のモロッコ，クウェートも加わってアラブ諸国勢力の大結集が確立した。この分立と連繋は図2-89の主成分解析で確認される。

4. 1973年の第4次中東戦争を挟んだ1971-80年世界は，図2-82のクラスター解析に明らかなとおり，トルコもイランもイスラム諸国連帯でアラブ諸国に同調して大連合をみたアラブ，非アラブの中東勢力が，イスラエルならびに米国，英国，およびフランスと明白に対峙した。そこでの日本，ソ連は，産油国アラブの支持に回った。ここでは，ギリシャもアラブに接近した。図2-90の主成分解析では，イスラエルおよび先進国グループと中東諸国集団ならびにびその連繋国との拮抗状態が明白で，ソ連と日本はアラブ勢力の両端に位置している。

5. 図2-83のクラスター解析で確認されるように，1981-90年世界では，ロシアがアラブ勢力に参加し，日本はイスラエル並びに米国，英国，およびフランスの先進国グループに加わった。そして1991-2000年世界では，図2-84のクラスター解析に明らかなように，この傾向がより明白となり，ロシアが日本とともに米国・イスラエル集団に加わり，固いアラブ勢力との二分立となった。そこでは，米国など先進国グループにギリシャ，トルコも参加した。アラブ勢力の結集に対するイスラエルを含む先進国諸国の分散状況は，図2-91の主成分解析に明らかである。イラン・イラク戦争の影響は大きく，イラクがアラブ勢力から離れたことは，図2-92の主成分解析においてより明白である。そこでは，米国・イスラエル集団も分離している。なお，図2-83のクラスター解析における民主イエメンの分離は，これまでの審議欠席とイエメンへの統合のためである。

6. 2001年世界では，図2-93の主成分解析に析出されており，1991-2000

年世界と同様に，アラブ勢力から分離しているのは，米国・イスラエル集団とイラクである。このアラブ勢力の外でイラクの動向が依然，注目される存在にある。

その構成は，以下のとおりである。

(1) エジプトからインドまで，アラブ勢力に連繋した拡大アラブ勢力集団。
(2) フランス，英国，およびギリシャの集団，(4)イスラエル・米国連合の成立で生じた。
(3) 日本，ロシア，およびトルコの集団，フランス，英国，およびギリシャの集団(2)に連合している。
(4) イスラエル・米国連合。
(5) イラク。イラクが(4)集団と連合しているのは，(1)，(2)，および(3)の連繋に入っていないために，例外的に接合しているものである。

以上について，図2-93の主成分解析によってみると，イスラエル・米国連合とイラクの遊離状態が明白である。

全時期にわたる中東世界は，図2-86のクラスター解析では，一元的結集となっている。民主イエメンが枠外にあるのは，イエメンとの統合のためである。図2-94の主成分解析によると，米国およびイスラエルの分離，そして先進国グループの分散状況が確認でき，そこにおいては，フランスがとくに離れていることは注目すべきところである。

中東世界は，以上の解析を総括して，アラブ勢力の結集とこれに対するイスラエルおよび域外先進国グループの拮抗状況を通じて展開されており，それは中東戦争が大きく作用している。そこでのソ連の関与には限界があった[2]。日本はアラブに対して対決的でない中立的立場をとってきたトルコとの同調にあって，先進国グループにあった。一方，1980年代以降，イラクの独自行動が目立ってきたことは注目される[3]。

【注】
(1) Israel, Misrad ha-huts; Cumming Center For Russian and East European Studies, *Documents on Israeli-Soviet Relation 1941-1953*, 2 Vols., London: Frank Cass, 2000.
(2) ソ連の関与と限界は，前掲，浦野『現代世界における中東・アフリカ——その国際関係とソ連の関与およびパレスチナ問題』第5章ソ連と中東をみよ。
(3) イラクの大国化は，浦野起央『南アジア・中東の国際関係』南窓社，1993年，131頁をみよ。そこでは，湾岸戦争の事態も，すでに予想されていた。

図2-79 主要中東加盟国の一致度クラスター解析（1946－50年）

図2-81 主要中東加盟国の一致度クラスター解析（1961－70年）

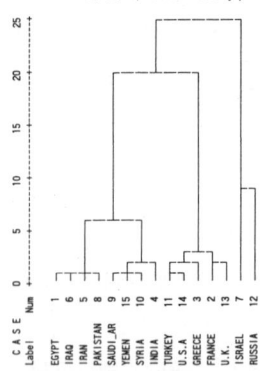

図2-80 主要中東加盟国の一致度クラスター解析（1951－60年）

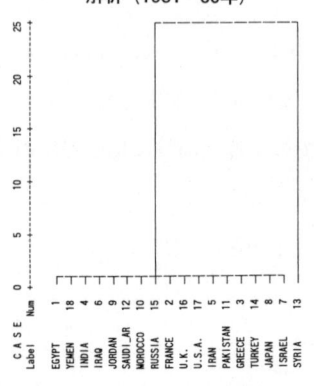

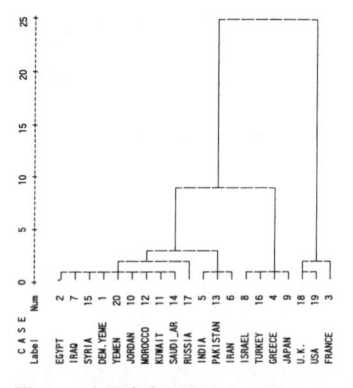

図2-82 主要中東加盟国の一致度クラスター解析（1971－80年）

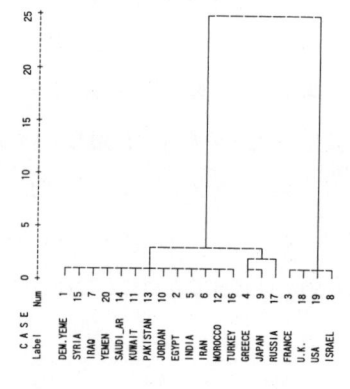

図 2-83 主要中東加盟国の一致度クラスター解析（1981－90年）

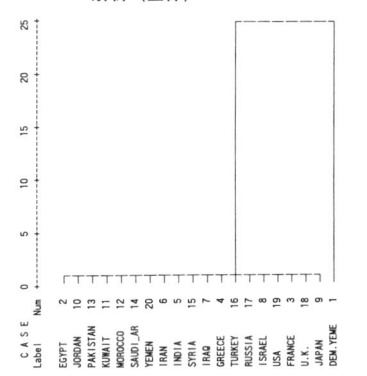

図 2-84 主要中東加盟国の一致度クラスター解析（1991－2000年）

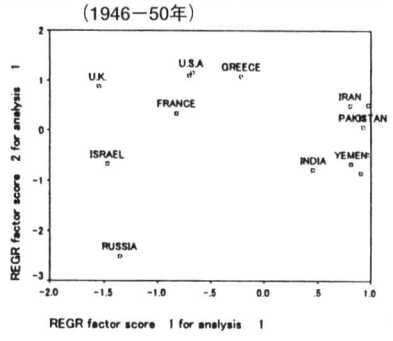

図 2-85 主要中東加盟国の一致度クラスター解析（2001年）

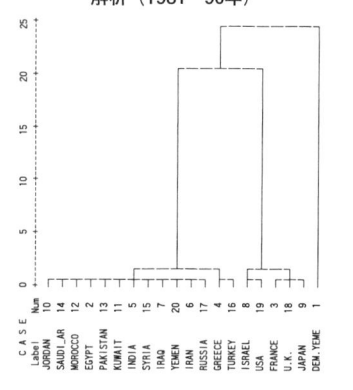

図 2-86 主要中東加盟国の一致度クラスター解析（全体）

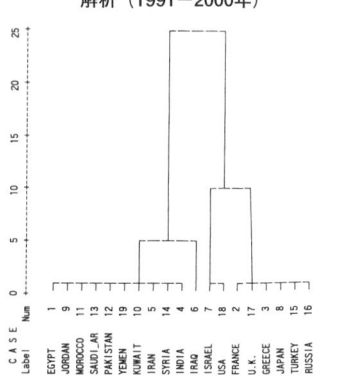

図 2-87 主要中東加盟国の一致度主成分解析（1946－50年）

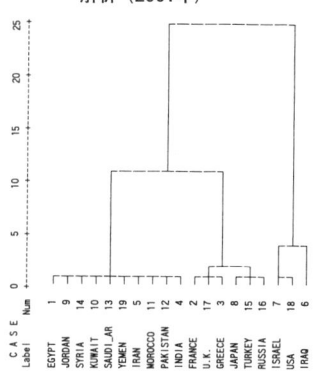

図 2-88 主要中東加盟国の一致度主成分解析（1951－60年）

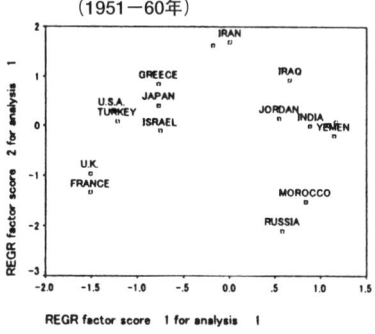

図2-89 主要中東加盟国の一致度主成分解析
　　　（1961－70年）

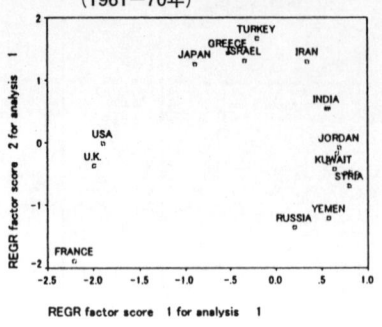

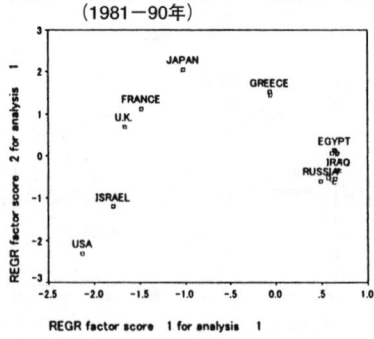

図2-92 主要中東加盟国の一致度主成分解析
　　　（1991－2000年）

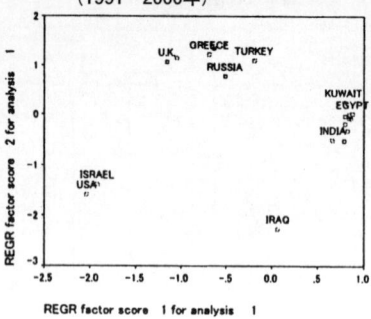

図2-90 主要中東加盟国の一致度主成分解析
　　　（1971－80年）

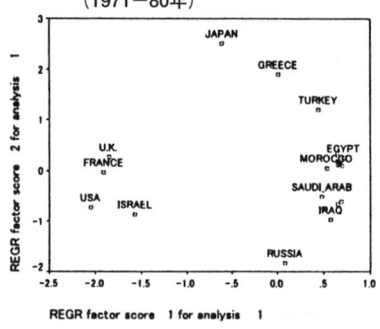

図2-93 主要中東加盟国の一致度主成分解析
　　　（2001年）

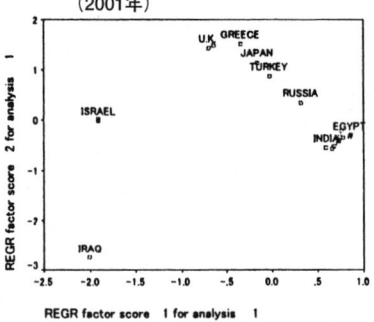

図2-91 主要中東加盟国の一致度主成分解析
　　　（1981－90年）

図2-94 主要中東加盟国の一致度主成分解析
　　　（全体）

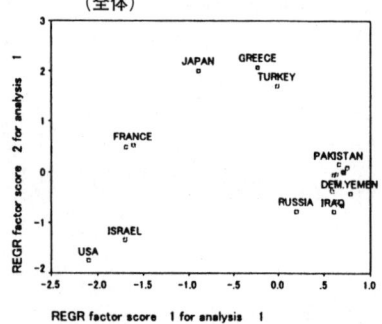

6．アフリカ世界の動向

　域外国として米国，英国，フランス，ソ連，日本，およびインドを加えて考察した。エジプトも加えたが，同国は中東のアラブ国とともにアフリカ国家であるからである。

1．1946－50年世界は，図2-95のクラスター解析から，当然に独立国は白人支配のアパルトヘイト体制[1]にあった南アフリカのみで，米国，英国，フランスの西側先進国と南アフリカが接合し，ソ連と対立した。エジプトとインドのアジア・アラブ中立国は，この南アフリカ・西欧先進国連合と分立したが，その上で，この両者と連合を結び，ソ連と対立した。ソ連はアフリカ諸国とまったくの連繋がなかった。図2-103の主成分解析では，この先進国，南アフリカ，アジア・アラブ中立国，およびソ連の四分立を確認できる。

2．1951－60年世界は，図2-96のクラスター解析から，(1)インド，エジプトとスーダン，モロッコのマグレブ諸国がソ連と合流した連合，(2)南アフリカを含む西側先進国の2集団で，後者には日本も参加しており，さらに(3)新生の黒人アフリカ諸国という三分立を確認できる。図2-104の主成分解析によると，少し離れた第2集団，アフリカ6カ国の第3集団のなかに第1集団およびソ連が存在している。

3．1960年にアフリカ諸国が大挙独立して，アフリカ諸国と域外国とが明白に分立した。この大分立のもと，モロッコ，スーダンのマグレブ国はエジプトとならんで，新生のケニア，タンザニアと連繋し，この集団にソ連も加わった。これに対して，パン・アフリカ主義を掲げる黒人アフリカ諸国はインドとともに独自の勢力結集をみせ，日本はこれに参加した。この2つの連合に対立したのが第3集団で，南アフリカを含む域外先進国である。

その構成は，図2-97のクラスター解析によると，以下のとおりである。

第1集団　エジプト，スーダン，モロッコの北フリカ国とケニア，タンザニアの東アフリカ国，エジプトに関係深いソ連も参加。

第2集団　ナイジェリア，セネガル，コートジボアール，ザイール，ガボン，およびマダガスカルで構成，インドと日本も参加。

第3集団　米国，英国の集団，フランス，南アフリカの集団の2つで構成，南アフリカと政治経済関係が深いボツワナは後者の集団に参加。

第1集団と第2集団が連合し，第3集団と拮抗した。図2-105の主成分解析によると，第3集団と第1・第2連合集団の分立が確認できるが，日本は先進国の第3集団に近い。一方，ソ連はアフリカ諸国の第2集団のなかにいる。

4．1971-80年世界は，図2-98のクラスター解析から，アフリカ諸国の一元的結集をみている（アフリカ統一機構ＯＡＵ憲章の1963年5月調印で発足，現アフリカ連合ＡＬ）。このことは，人種主義の対決が決定的局面をみせ，南アフリカの国連代表権問題が1970年総会以来提起され，1974年総会で総会委任状が否認され，総会審議は不参加となったためである。欠席の南アフリカは枠外に存在している。日本とソ連は第一次的にアフリカ集団に参加し，米国，英国，およびフランスの別集団も第二次的にアフリカ集団に参加しているが，新生のセーシェル，そして内戦に直面したアンゴラはいくらか離れ，二次的に参加した。これを，図2-106の主成分解析でみると，(1)セーシェル，南アフリカの集団，(2)先進3カ国集団，(3)それから遊離した日本とアフリカ諸国集団，そのなかでのソ連の位置を確認できる。

5．1981-90年世界は，図2-99のクラスター解析から確認できるように，米国，英国，およびフランス，並びに日本の先進国グループがアフリカ

諸国勢力から完全に分離した。一方，ソ連は，アフリカ諸国勢力に同調した。その一方，そのアフリカ諸国勢力のなかでも，コートジボアール，ザイール，セーシェルの親西欧諸国は，独自の集団を形成した。図2-107の主成分解析をみると，米国が遠く離れた形での先進国グループ，セーシェルなど親西欧3カ国が遠く離れた位置にあるアフリカ諸国勢力の存在を確認できる。ソ連はこの図にはないが，アンゴラの近くにいて，アフリカ諸国勢力に参加している。

6. 1991－2000年世界では，図2-100のクラスター解析に明らかなように，資源大国ザイールを含めた域外勢力にソ連が加わって，アフリカ諸国勢力と分立した。南アフリカは1991年にアパルトヘイト体制は解消して[2]アフリカ諸国勢力の一員となって，1994年に平和的手続きによる全人種国家へ移行し，5月ネルソン・マンデラ政権の樹立とともに，国連議席を回復した。図2-108の主成分解析によると，米国が遠く離れた先進国グループ，そしてセーシェルなど親西欧3カ国が遠く離れた位置にあるアフリカ諸国勢力を確認でき，ソ連はそのアフリカ諸国勢力から離れ，先進国グループから離れたところにいる日本と近い位置にあることが確認できて興味深い。

7. 2001年のアフリカ世界は，図2-101のクラスター解析をみると，米国が離れ，内政の混乱で外交が行き詰まったコンゴ民主共和国（ザイール）が分離した存在にある。日本は，ここでは，先進国グループの一員となっており，アフリカ諸国勢力に同調していない。一方，ロシアはアフリカ諸国勢力に組み込まれたままである。図2-109の主成分解析によると，ロシアはアフリカ諸国の集団の中にいて，日本は先進国グループであるが，アフリカ諸国集団に接近している。

全時期にわたる図2-102のクラスター解析では，南アフリカを含む域外勢力が分立した存在にある。これを図2-110の主成分解析でみると，日本

を含む先進国グループ，南アフリカとセーシェルの連携，そしてソ連を含むアフリカ諸国勢力の3つの配置を確認できる。

アフリカ国際社会の動向は，アフリカ諸国の結集と域外勢力である先進国グループの二分立が明確である一方，日本は必ずしもアフリカ諸国と拮抗しているわけではない[3]。白人体制下の南アフリカは先進国グループと連繋していたが，アパルトヘイト体制の解体で，アフリカ諸国と行動をともにしてきた。ソ連はアフリカ諸国に接近したが，その行動は限定的であった[4]。

【注】
(1) アパルトヘイト体制は，浦野起央『アフリカ国際関係論』有信堂，1975年，第8章南アフリカの人種問題，および浦野『資料体系アジア・アフリカ国際関係政治社会史』パピルス出版，第4巻アフリカⅡc第8章南アフリカの人種問題をみよ。アパルトヘイト体制の国連審議は，同書，第4巻アフリカⅢc第12章アパルトヘイト政策の国際審議をみよ。
(2) アパルトヘイト体制の解消へ向かう動向は，浦野起央「アパルトヘイト──歴史的文脈から」平和研究，第11号，1986年，および浦野『アフリカの国際関係』南窓社，1992年，第2章南部アフリカにおける紛争と平和をみよ。
(3) 前掲，浦野『アフリカ国際関係論』第6章日本とアフリカをみよ。2001年1月森喜朗首相が南アフリカ，ケニア，ナイジェリアのアフリカ諸国を訪問した。現在，日本はアフリカ開発会議を主催している（1993年10月第1回会議，1998年10月第2回会議，2003年9月第3回会議開催）。
(4) ソ連のアフリカ関与は，前掲，浦野『現代世界における中東，アフリカ──その国際関係とソ連の関与およびパレスチナ問題』第6章ソ連とアフリカをみよ。

図2-95 主要アフリカ加盟国の一致度クラスター解析（1946－50年）

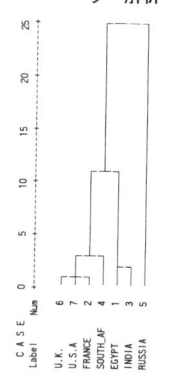

図2-96 主要アフリカ加盟国の一致度クラスター解析（1951－60年）

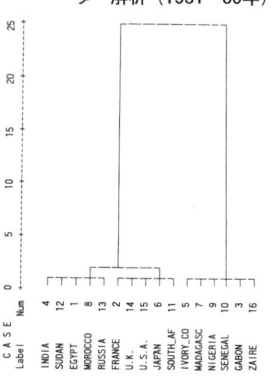

図2-97 主要アフリカ加盟国の一致度クラスター解析（1961－70年）

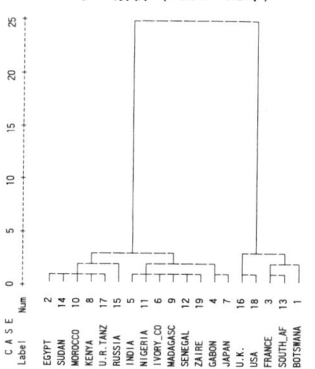

図2-98 主要アフリカ加盟国の一致度クラスター解析（1971－80年）

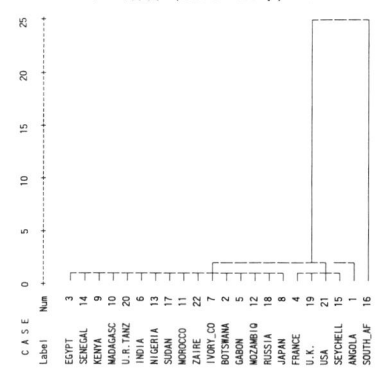

図2-99 主要アフリカ加盟国の一致度クラスター解析（1981－90年）

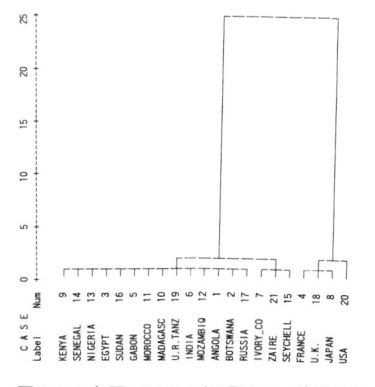

図2-100 主要アフリカ加盟国の一致度クラスター解析（1991－2000年）

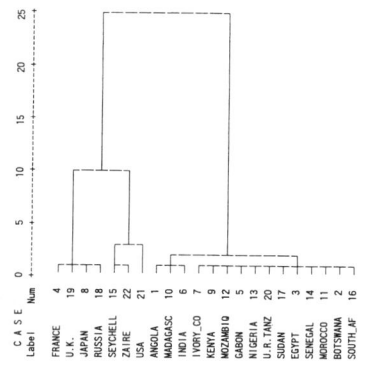

第2章 国連投票行動からみた国際社会の解析　201

図2-101 主要アフリカ加盟国の一致度クラスター解析（2001年）

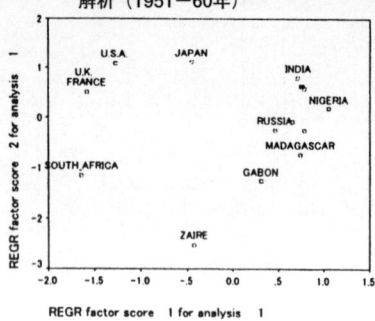

図2-102 主要アフリカ加盟国の一致度クラスター解析（全体）

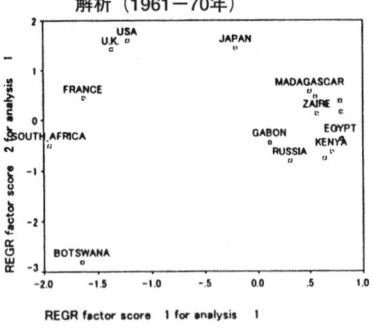

図2-103 主要アフリカ加盟国の一致度主成分解析（1946－50年）

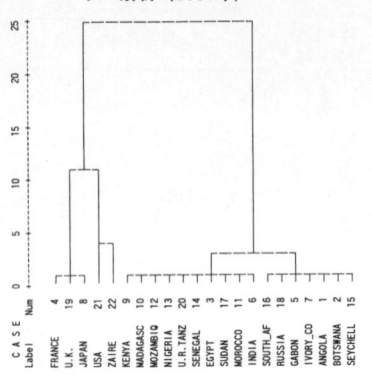

図2-104 主要アフリカ加盟国の一致度主成分解析（1951－60年）

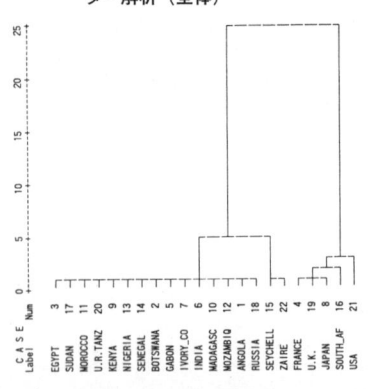

図2-105 主要アフリカ加盟国の一致度主成分解析（1961－70年）

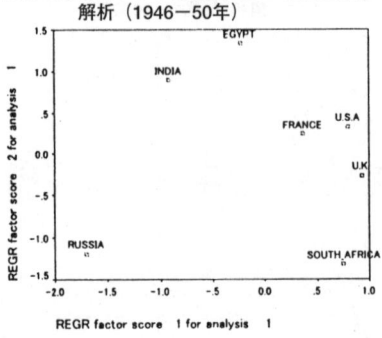

図2-106 主要アフリカ加盟国の一致度主成分解析（1971－80年）

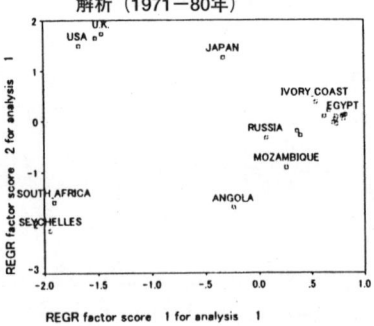

図2-107 主要アフリカ加盟国の一致度主成分解析（1981-90年）

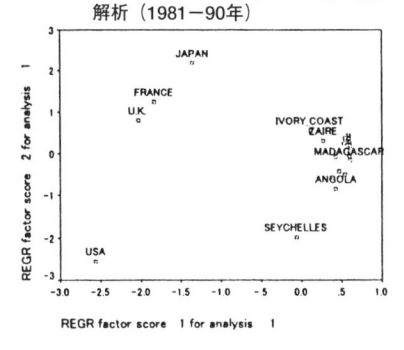

図2-110 主要アフリカ加盟国の一致度主成分解析（全体）

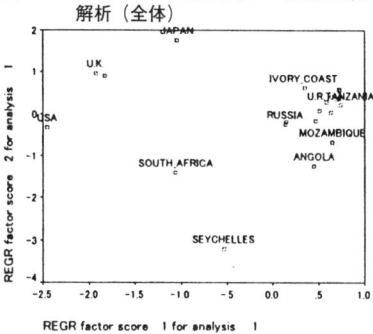

図2-108 主要アフリカ加盟国の一致度主成分解析（1991-2000年）

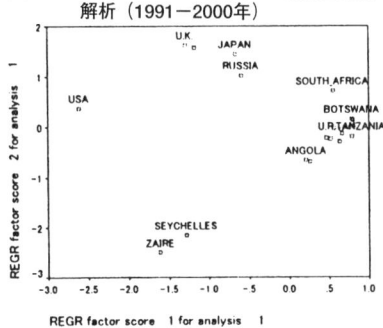

図2-109 主要アフリカ加盟国の一致度主成分解析（2001年）

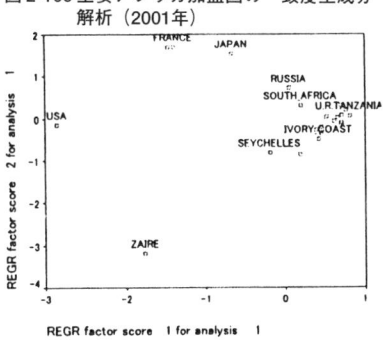

第2章 国連投票行動からみた国際社会の解析　203

7. ヨーロッパ世界の動向

　ヨーロッパ世界は，第2次世界大戦後，東ヨーロッパに共産圏が成立し，米国も参加した西ヨーロッパはNATO体制をテコに堅い協力態勢をとり，共産圏と対決した。その結束は一枚岩の共産圏諸国に比して自由主義諸国の場合は緩やかで，行動の自由もあった。

　ここでは，米国，ソ連，日本を加えて考察する。

　図2-111のクラスター解析にみる1946－50年ヨーロッパ世界は，東西対決にあっても，西側陣営においてフランス，ベルギーは独自性を残した。その西ヨーロッパは，オランダ，米国，スペイン，イタリアの強い反共諸国集団，そして英国，ベルギー，フランス，ポルトガルのやや緩い反共諸国集団，およびノルウェー，デンマーク，スウェーデンの独自の選択をした北欧諸国集団の3つの集団勢力から形成され，日本は北欧諸国と同調した。ソ連と対立したユーゴスラビアは，東欧共産圏から分離し北欧諸国集団に参加した。以上の各国の選択は図2-111のクラスター解析では十分読みとれないが，図2-120の主成分解析において明確である。黒い固まりが共産圏諸国である。図2-120の主成分解析は，東欧共産圏の集団化に比して，自由主義諸国の選択の拡がりが大きいことをみせている。図2-120の主成分解析で確認されたフランスとベルギーの接近は図2-121の主成分解析における3次元で確認されており，いうまでもなくこの両国は共産圏との対決では他のNATO諸国と連繋している。同じ3次元にみる米国・英国関係は一体化している。同じ視点で，北欧諸国の固まりも指摘できる。

　1951－60年世界は，図2-112のクラスター解析をみると，共産圏諸国は一体である。だが，図2-122の主成分解析で明らかなのは，ハンガリー，アルバニア，およびユーゴスラビアのその中核からの離反である。そしてノルウェー，デンマーク，スウェーデンの北欧諸国は独自の結束をみせて

いる。日本の位置は，北欧諸国集団，ユーゴスラビア，そして米国の3点から等距離にあるが，北欧諸国により接近しているとの指摘は，図2-112のクラスター解析よりも図2-123の主成分解析における3次元の交差において，はっきりと確認できる。さらに，米国，イタリア，オランダ，スペインの協力関係を確認できるが，この集団と英国，フランス，ポルトガル，ベルギーの連繋が一次元の緩い枠から指摘できる。

1961－70年世界は，図2-113のクラスター解析によると，1968年の5月危機の余波を受けたフランス，および1974年に植民地体制の維持をめぐり軍部運動の無血クーデタによってアントニオ・デ・オリベイラ・サラザール独裁体制が崩壊し，以後，政治的動揺が続いたポルトガルは，西側諸国勢力から分離した。図2-124の主成分解析によると，脱フランコ体制へと進むスペインも，同様の道を歩んでいる。同様に，1966年11月の文化大革命，翌67年2月の無信教国家宣言，さらに同66年以降，中国に接近しソ連と徹底的に対決し，加えて，1968年9月共産圏の中核組織ワルシャワ条約機構からも脱退したアルバニアも，東西対決の共産ブロックから離脱している。そのアルバニアの離反は，図2-113のクラスター解析では，フランス，ポルトガルの連繋をもって表示されるが，その離反がユーゴスラビア以上のものであることは，図2-124の主成分解析で，はっきり分かる。注目すべきは，西側陣営においてもノルウェー，デンマーク，スウェーデンの北欧諸国は独自の外交を堅持し，日本もこれに同調しているということである。その分析は本章第3節の分析に詳しい。

図2-114のクラスター解析で観察される1971－80年世界では，ユーゴスラビアが，独自の非同盟勢力の立場をとりつつも，ヨーロッパの対決均衡にあっては共産陣営に連繋し，西側諸国と対峙した。一方，アルバニアはそこから分離したままである。西側陣営では，前記の北欧諸国勢力に1975年にフランシス・フランコ・バアモンデ独裁体制が終焉したスペインが参

加して，独自の集団が堅持されている一方，日本も引続きこの北欧諸国集団のなかにある。他方，西側陣営では，北欧諸国集団に対してイタリア，ベルギー，デンマーク，オランダ，およびポルトガルの中間対決集団，そして英国，フランス，西ドイツ，および米国のソ連との対決における中核対決集団の3つで構成され，これが全体として共産陣営に対決した。図2-125の主成分解析では，西側陣営に対して結束した共産圏諸国，そこから離反しているユーゴスラビア，さらにそのなかでより決定的に対決しているアルバニアの姿が，はっきりと確認できる。図2-126の主成分解析によると，そのパターンはより的確で，この図では，米国からスペインまでの諸国が1次元において反共諸国として存在しており，3次元からみると，アルバニアの方がより西側陣営に対決的であることが分かる。

図2-115のクラスター解析に従うと，1981－90年世界では，1989年1月のイズベスチャの呼びかけに応えて，1990年7月アルバニアはソ連との国交を回復し，共産陣営に復帰したことがまず確認できる。ただし，図2-127の主成分解析では，ユーゴスラビアも参加した旧共産陣営に，アルバニアは参加していない。一方，1987年9月エーリヒ・ホーネッカー議長の西ドイツ訪問以来，現実的立場をとった東ドイツは，共産陣営から分離した存在にあって，そのホーネッカーも1989年10月高まる民主化要求に直面して解任された。そして1990年8月31日東・西ドイツ統一条約が調印された。そこでの東ドイツの選択は空洞化している。そしてその一方で，1981－90年世界を通じて，米国は西欧陣営から独立した存在をみせた。この米国の遊離は，図2-127の主成分解析にも明白で，その半面，いまだ共産圏諸国は弱い一つのまとまりをみせている。共産グループの解体にもかかわらずである。

以上，動きつつある変動は，1989年11月マルタの冷戦終結宣言で1つの決着をみた。この1990年における新しい構図は，すでに図2-116のクラスタ

ー解析や図2-129の主成分解析で確認されているところであった。1990年11月全欧安保協力首脳会議は東・西ヨーロッパの協力を確認し，1994年1月クリントン米大統領がロシアを訪問して米ロ協調を確認した。その一方，図2-116のクラスター解析で確認できるように，1991－95年世界はユーゴスラビアがセルビア内戦（旧ユーゴ内戦）でヨーロッパ協調から脱落した。

そして，図2-117のクラスター解析にみられる1996－2000年世界は，ユーゴスラビア，ウクライナ，ロシア，アルバニアで混乱があった。このアルバニア，ロシア，ウクライナ，そしてユーゴスラビアの激動による非協調状態は図2-128の主成分解析での分立の存在をもって確認できる。

1991－2001年世界を確認したのが図2-129の主成分解析である。そこでは，ヨーロッパ体制において旧ユーゴスラビア，ウクライナ，ロシア，さらにアルバニアが他国と協調していない点がみられ，いうまでもなくいわゆる反対堅持派の米国は分離したまま存在している。

2001年世界は，図2-118のクラスター解析で確認できるように，ほぼヨーロッパの協調行動が回復した。ただし，日本のほか，ウクライナ，ロシアは，この同調に加わっていない。米国，アルバニアも同様である。米国とアルバニアの孤立状態は図2-130の主成分解析，さらに図2-131の主成分解析に明白である。

全時期を通じての主成分解析である図2-132，図2-133からは，東・西ドイツの統一を果たしたドイツ，ユーゴスラビア，および旧共産国の集団，そしてアルバニアの分離，さらに北欧諸国をも含めた西欧諸国集団，並びに米国の分離が読みとれる。図2-132の主成分解析では，より東西対決のかつてのパターンがはっきりと描かれている一方，そこでの米国の孤立存在が注目される。

要するに，ヨーロッパでは，東西対決のパターンを残しつつも，その対決が霧散した現実が，ここでの一連の解析を通じて明らかである。

第2章 国連投票行動からみた国際社会の解析　207

図 2-111 主要ヨーロッパ加盟国の一致度クラスター解析（1946－50年）

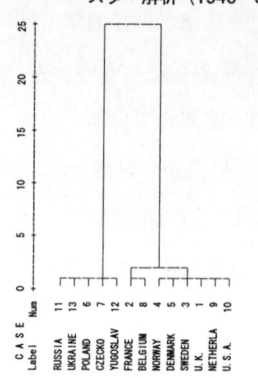

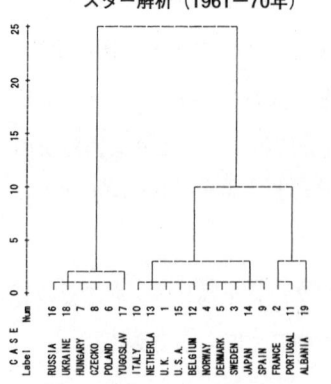

図 2-114 主要ヨーロッパ加盟国の一致度クラスター解析（1971－80年）

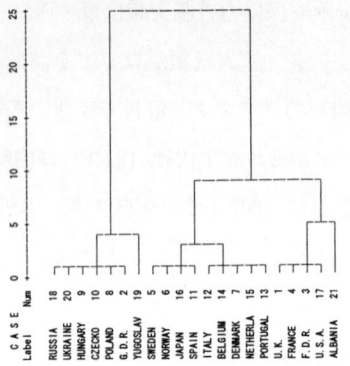

図 2-112 主要ヨーロッパ加盟国の一致度クラスター解析（1951－60年）

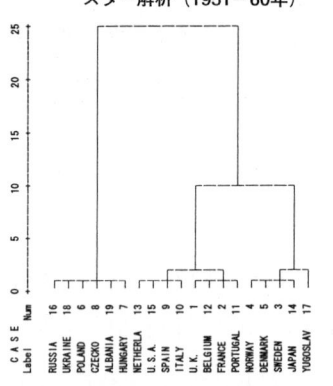

図 2-115 主要ヨーロッパ加盟国の一致度クラスター解析（1981－90年）

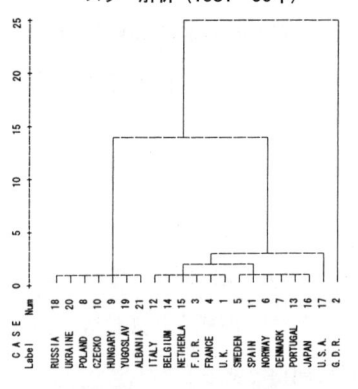

図 2-113 主要ヨーロッパ加盟国の一致度クラスター解析（1961－70年）

図 2-116 主要ヨーロッパ加盟国の一致度クラスター解析（1991－95年）

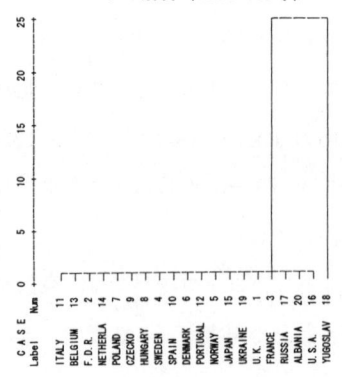

図2-117 主要ヨーロッパ加盟国の一致度クラスター解析（1996－2000年）

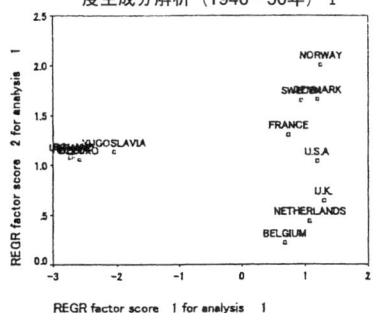

図2-118 主要ヨーロッパ加盟国の一致度クラスター解析（2001年）

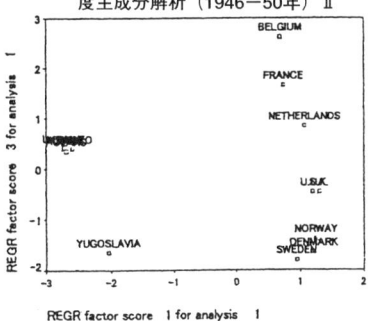

図2-119 主要ヨーロッパ加盟国の一致度クラスター解析（全体）

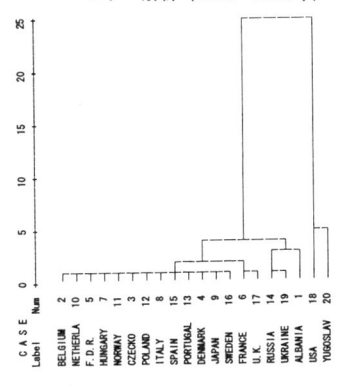

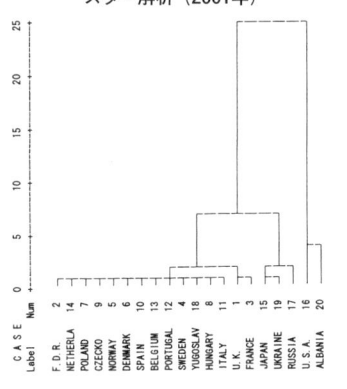

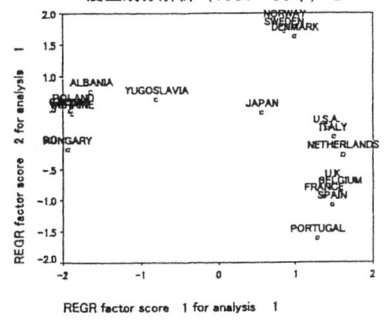

図2-120 主要ヨーロッパ加盟国の一致度一致度主成分解析（1946－50年）Ⅰ

図2-121 主要ヨーロッパ加盟国の一致度一致度主成分解析（1946－50年）Ⅱ

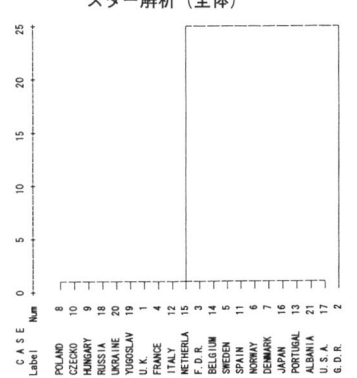

図2-122 主要ヨーロッパ加盟国の一致度一致度主成分解析（1951－60年）Ⅰ

第2章 国連投票行動からみた国際社会の解析 209

図2-123 主要ヨーロッパ加盟国の一致度一致度主成分解析（1951—60年）Ⅱ

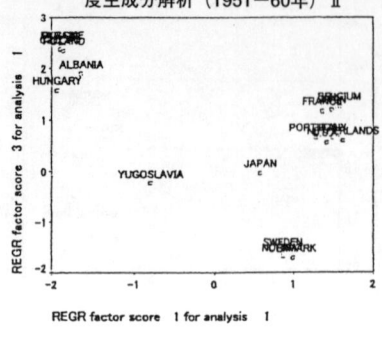

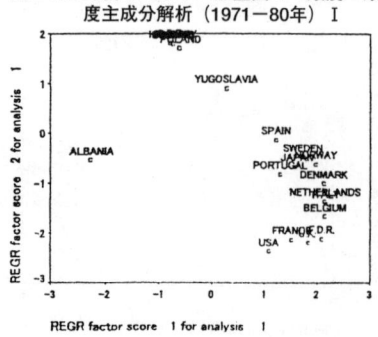

図2-126 主要ヨーロッパ加盟国の一致度一致度主成分解析（1971—80年）Ⅱ

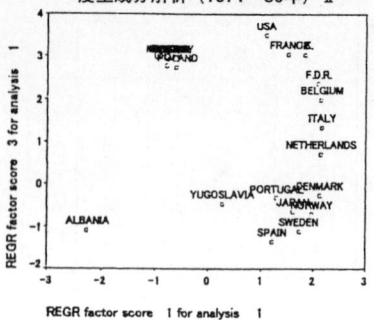

図2-124 主要ヨーロッパ加盟国の一致度一致度主成分解析（1961—70年）

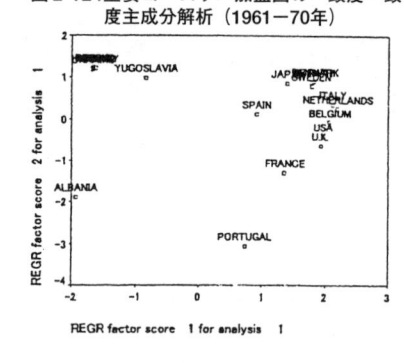

図2-127 主要ヨーロッパ加盟国の一致度一致度主成分解析（1981—90年）

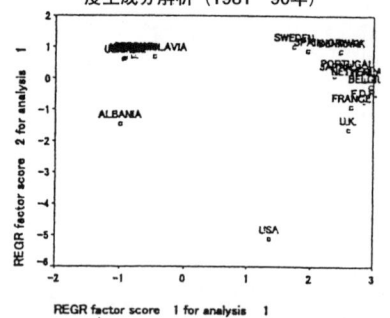

図2-125 主要ヨーロッパ加盟国の一致度一致度主成分解析（1971—80年）Ⅰ

図2-128 主要ヨーロッパ加盟国の一致度一致度主成分解析（1991—95年）

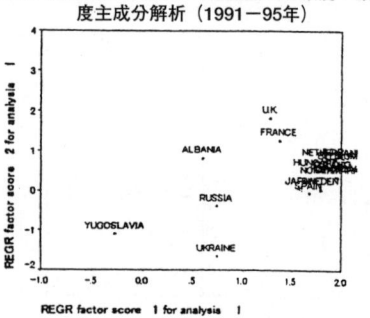

図2-129 主要ヨーロッパ加盟国の一致度一致度主成分解析（1991－2001年）

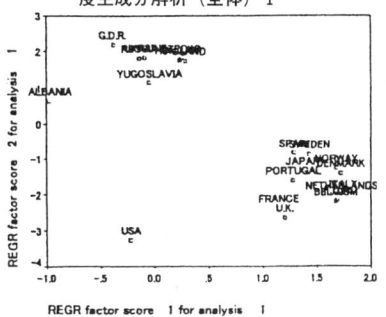

図2-130 主要ヨーロッパ加盟国の一致度一致度主成分解析（1996－2000年）

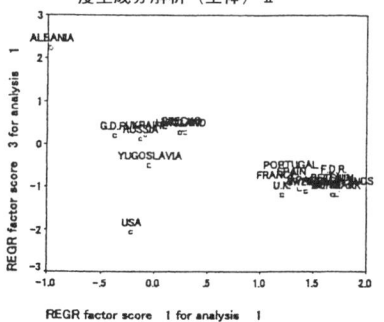

図2-131 主要ヨーロッパ加盟国の一致度一致度主成分解析（2001年）

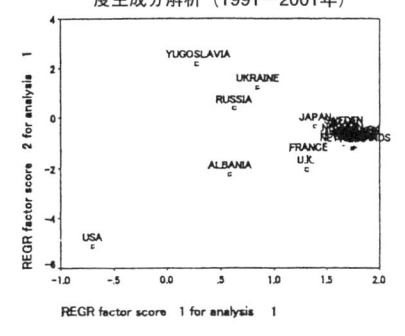

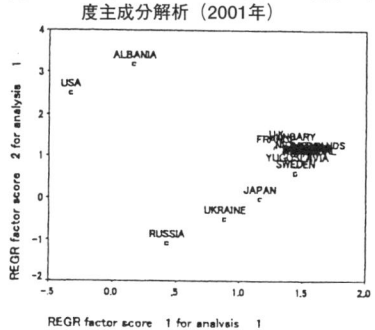

図2-132 主要ヨーロッパ加盟国の一致度一致度主成分解析（全体）Ⅰ

図2-133 主要ヨーロッパ加盟国の一致度一致度主成分解析（全体）Ⅱ

8. 米州世界の動向

　ここでは，ソ連，日本をも加えて，米国，カナダ，およびラテンアメリカ主要諸国を対象に考察した。

　1946－50年米州世界は，図2-134のクラスター解析によると，ほぼ一元的結集にあったが，その中核は第2集団の米国，カナダ，ウルグアイの諸国で形成されており，これに第3集団のチリ，パナマ，ペルー，ニカラグア，パラグアイ，およびコスタリカが参加し，さらに第1集団のブラジルなど他のラテンアメリカ諸国が参加するといった構成であった。ウルグアイは民主主義の優等国で，その外交パターンは先進国のそれであった。域外勢力のソ連は，まったく孤立した存在にあった。図2-143の主成分解析によると，ソ連の孤立がよく分かる。同時に，ベネズエラからコスタリカにいたる中間に米国，ウルグアイが位置していることは，それが全体的に中心的存在にあると解される。ベネズエラ，ブラジル，メキシコ，およびパラグアイの集団が確認できることは，図2-134のクラスター解析におけるブラジルからアルゼンチンの第1集団に，チリからパラグアイまでの第3集団が連携していることを示唆している。

　1951－60年世界は，図2-135のクラスター解析にみると，ソ連はまったく干渉の余地なく，アナスタシオ・ソモサ独裁の自由主義陣営ニカラグアを加えたカナダ，米国，日本の諸国とラテンアメリカ諸国の第三世界の二分立がとられた。これを図2-144の主成分解析でみると，ソ連の分離存在はより明白であり，ニカラグア，カナダ，および米国のグループ化も，はっきりと確認できる。

　図2-136のクラスター解析に示される1961－70年世界は，1961年の在米キューバ人によるキューバ侵攻事件に始まって1962年以降成立したソ連・キューバ連合の存在が決定的に特徴的であった。一方では，ソ連とキュー

バの連合，他方では，米国とカナダの連合，そして後者の連合寄りにラテンアメリカ諸国勢力が並び，日本もこれに整列した。ただし，ラテンアメリカ諸国のなかでも，ベネズエラ，メキシコ，およびチリは進歩派政権で，独自の立場をとった。このことは，図2-145の主成分解析，その解析次元を深めた図2-146の主成分解析でも確認でき，ペルー，パナマ，コスタリカ，そしてニカラグアがラテンアメリカとして独自の行動をみせていることが読みとれる。

　図2-137のクラスター解析にみる1971-80年世界は，キューバ・ソ連連合がラテンアメリカ諸国と提携するパターンをみせており，これに同調できない軍事政権のパラグアイとニカラグア（1979年にソモサ独裁大統領の追放）はカナダ，日本と提携し，さらに米国と連繋している。この様相を図2-147の主成分解析で確認すると，日本の域外的存在がはっきりと分かる。そして，アルフレッド・ストロエスネル長期独裁政権のパラグアイがラテンアメリカ集団から離れているが，そのパラグアイの存在は，図2-148の主成分解析では，よりはっきりしている。

　1981-90年世界は，図2-138のクラスター解析によると，いわゆる第三世界のパターン（ソ連の接近）に倣ってラテンアメリカ諸国とキューバ・ソ連連合の一元的結集が成立しており，それからはずれてチリ，コスタリカ，およびパラグアイの軍事政権が存在した。これらラテンアメリカ諸国集団に対峙したのがカナダと日本の2国で，米国は独自の立場でカナダと日本の集団に加わった。図2-149の主成分解析では，米国，カナダ－日本とともに，ソ連を含むラテンアメリカ諸国内の三角形の存在構造が確認でき，ソ連とキューバは一体である一方，ラテンアメリカ集団はこの集団に参加していない。

　図2-139のクラスター解析は1991-95年世界の構造を明らかにしており，安全保障理事会理事国となったアルゼンチンが米国との関係を改善して，

カナダ，日本，およびロシアの集団に参加したが，米国は依然，分離していて，独自の存在を貫いた。

図2-140のクラスター解析にみる1996-2000年世界では，アルゼンチンのみが他のラテンアメリカ諸国に比し先進国への親和的立場を堅持した。米国は，これまでと同様に，独自の存在を貫いた。そこでのラテンアメリカ諸国は，メキシコからウルグアイまで9カ国と，コスタリカ，ニカラグア，およびキューバの2つの集団で構成される。ちなみに，コスタリカは右派の台湾支持派であり，ニカラグアはサンディニスタ革命以後の動揺にあり，キューバは対米対決をとっており，いずれも独特な外交条件にある。

2001年世界で，アルゼンチンは，ラテンアメリカ諸国勢力に復帰した。カナダと日本が連繋した立場は，米国よりもラテンアメリカ諸国に近く，米国は独自の存在から抜け出していないことは，図2-141のクラスター解析，およびその主成分解析の図2-153から分かる。図2-153の主成分解析から2001年世界において確認できるところは，ロシアが二次元においてチリとニカラグアのラテンアメリカ諸国第二集団に加わり，キューバはこの集団から遊離している様相である。

図2-151は1991-2001年世界の主成分解析で，それによると，(1)米国，そして(2)カナダ，日本，ロシア，およびアルゼンチンの集団，さらに(3)ラテンアメリカ諸国集団，そして(4)これから遊離したキューバの存在を確認できる。そこでは，国際社会の地殻変動で，冷戦の終焉によるロシアの先進世界への組み入れとなって，キューバがラテンアメリカ諸国から孤立しているパターンが，はっきりと確認できる。

以上の解析から，以下のように要約できる。

米国は，独自の立場で国際連合に参加しつつも，内部では妥協を欠いた対決的態度を残していた特質があって，それは本章第2節の世界全体のクラスター解析でも，他のラテンアメリカ諸国を含む主成分解析でも，確認

されている（米国の国連外交は第1章2をみよ）。

全体的にみて，米国とカナダは第三世界のラテンアメリカの集団にはない。ソ連とキューバの連繋から，キューバは独自の存在にある。図2-154の全期間にわたる主成分解析では，米国の独自の存在，カナダと日本の先進国グループ，さらに，ロシアととともにキューバのラテンアメリカ諸国からの遊離が確認されており，そこでのソ連・キューバ関係は全期間からみれば，一体ではない。そうしたなかでも，ニカラグアが一時的にソ連に近づいたパターンが確認できた。

図2-134 主要米州加盟国の一致度クラスター解析（1946－50年）

図2-136 主要米州加盟国の一致度クラスター解析（1961－70年）

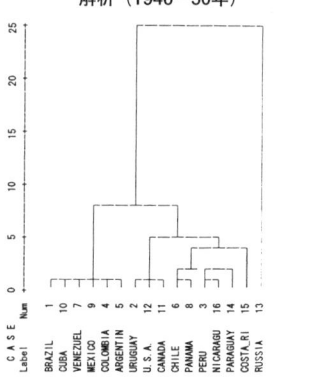

図2-135 主要米州加盟国の一致度クラスター解析（1951－60年）

図2-137 主要米州加盟国の一致度クラスター解析（1971－80年）

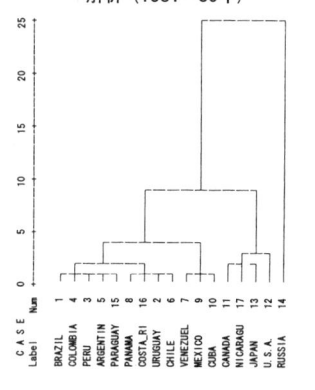

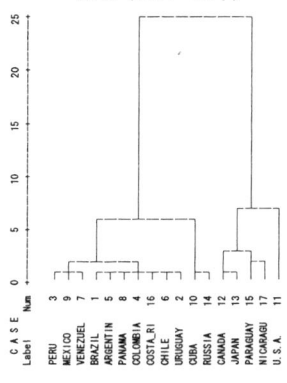

第2章 国連投票行動からみた国際社会の解析　215

図 2-138 主要米州加盟国の一致度クラスター解析（1981－90年）

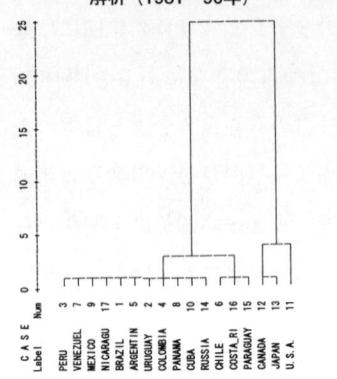

図 2-141 主要米州加盟国の一致度クラスター解析（2001年）

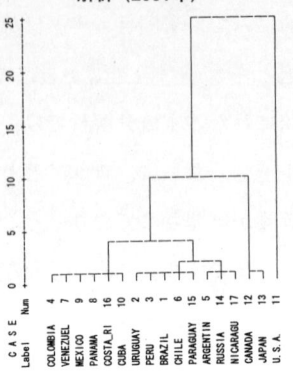

図 2-139 主要米州加盟国の一致度クラスター解析（1991－95年）

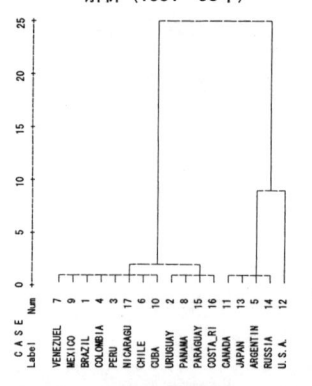

図 2-142 主要米州加盟国の一致度クラスター解析（全体）

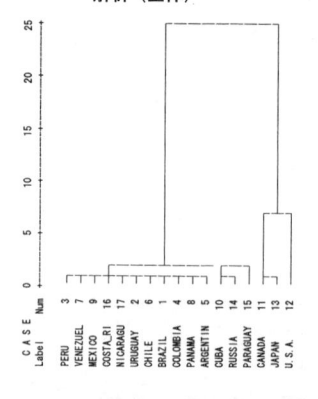

図 2-140 主要米州加盟国の一致度クラスター解析（1996－2000年）

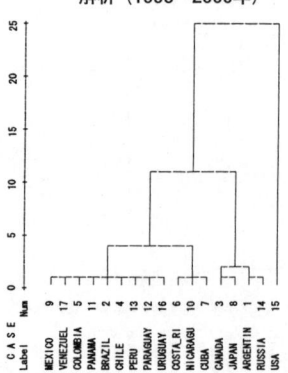

216　冷戦，国際連合，市民社会

図2-143 主要米州加盟国の一致度主成分解析
（1946－50年）

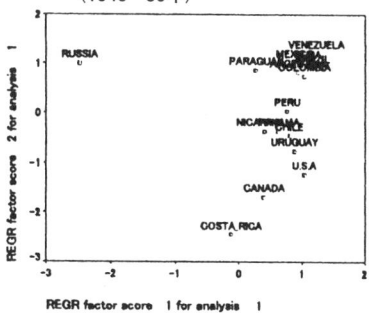

図2-146 主要米州加盟国の一致度主成分解析
（1961－70年）Ⅱ

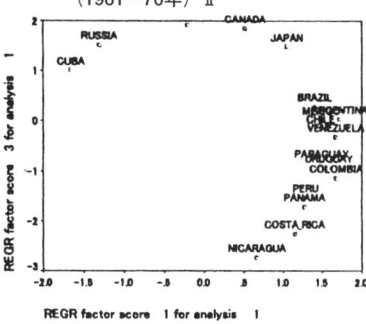

図2-144 主要米州加盟国の一致度主成分解析
（1951－60年）

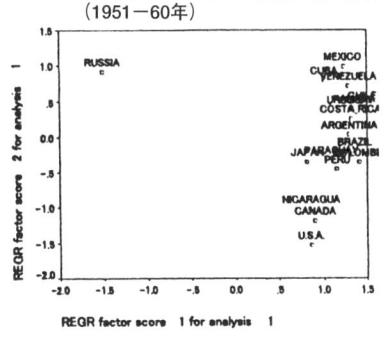

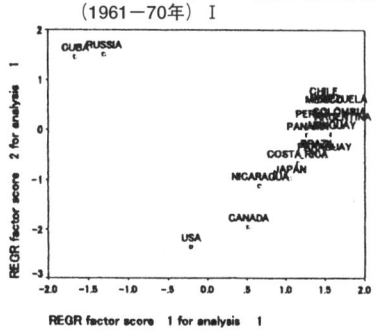

図2-147 主要米州加盟国の一致度主成分解析
（1971－80年）Ⅰ

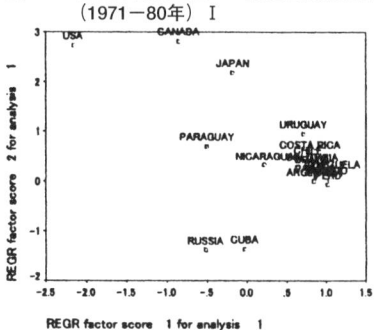

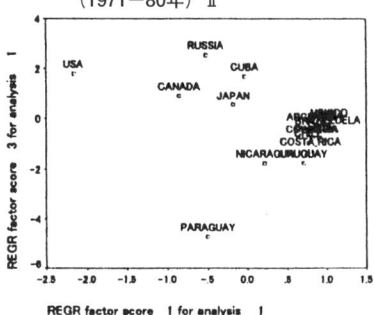

図2-145 主要米州加盟国の一致度主成分解析
（1961－70年）Ⅰ

図2-148 主要米州加盟国の一致度主成分解析
（1971－80年）Ⅱ

図2-149 主要米州加盟国の一致度主成分解析（1981－90年）

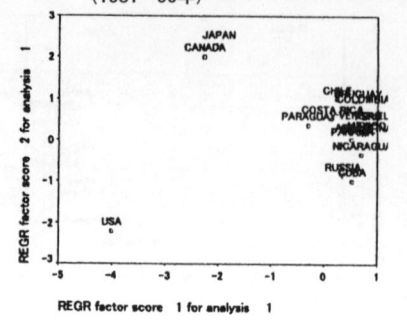

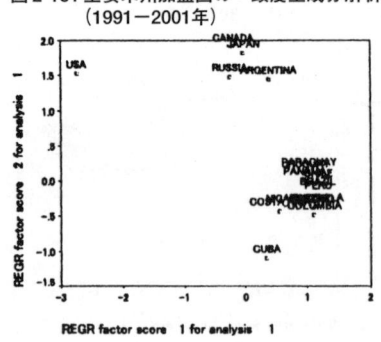

図2-152 主要米州加盟国の一致度主成分解析（1996－2000年）

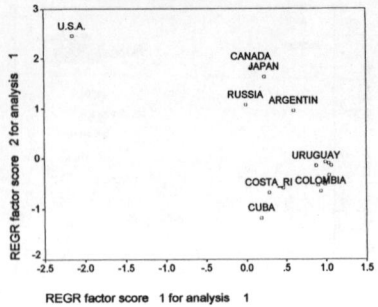

図2-150 主要米州加盟国の一致度主成分解析（1991－95年）

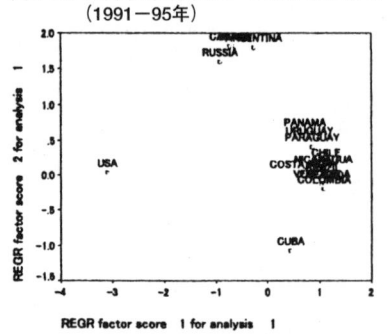

図2-153 主要米州加盟国の一致度主成分解析（2001年）

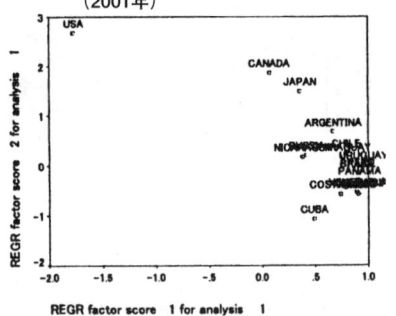

図2-151 主要米州加盟国の一致度主成分解析（1991－2001年）

図2-154 主要米州加盟国の一致度主成分解析（全体）

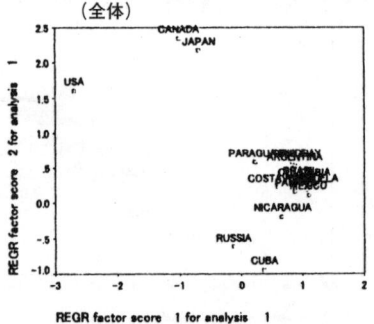

9. 国連投票行動の内容分析

　これまでの解析で，第三世界諸国間の一致度状況が高く，第三世界諸国グループは，先進国とのあいだではその一致度状況が低いということが明らかになった。これを表2-8に従って賛成・反対・棄権率を示した投票状況でみると，実際，旧共産国を含めて第三世界諸国の賛成率はほぼ80％以上であるのに対して，先進国の賛成率は日本が50％台，フランス，英国は40％台，そして米国は30％以下となっている。ここに米国が独自の行動のいわゆる反対堅持派とされる理由がある（表1-6をみよ）。

　これをさらに表2-9の一致度平均でみると，米国は1981－90年が最低の16.3％，同じ年次の英国とフランスは30％台，日本は47.8％，ノルウェーは53.0％となっている。米国に同調してきたイスラエルは，1980年代以降，20％台である。このイスラエルと米国との同調は，1980年代以降においてイスラエルが中東世界における米国の大国に対する特別な周辺的大国構造をみせ始めたからであるが，それは，世界の構造においては，米国へのイスラエルの従属化と解することが正しい。これに対して，ソ連，中国，インド，エジプト，ブラジルといった旧共産国と第三世界諸国は70％台で，それも全体として1980年代以降のことであった。その分立傾向というのは，1960年代における第三世界勢力の台頭とととともに始まって，旧共産国もこの勢力に同調していった。中国は中華人民共和国が代表権を得て復帰した1970年代は，その態度が未だ明確でなかったが，1980年代を通じ第三世界の立場をいっそう鮮明にして，その連帯行動を高めていった。それには，中ソ対立の影響も作用していた。こうした全般的傾向は，1990年代にはいくらか弱まったが，そこでの分立は，依然，確認できる。

　そこで，どういう問題が，とりわけ対立を生んでいるかについての状況を，2つのデータで検討した。

1つは，反対決議の状況，表2-10でとくに1〜5カ国反対で成立の決議を取り上げてみた。表2-11，表2-12，表2-13の事例をみると，それが明白で，中東問題，パレスチナ人の民族自決権問題やパレスチナ人の権利に関わる調査委員会問題，さらにパレスチナ難民問題，あるいはイスラエルが占領しているゴラン高原問題，そしてイスラエル入植地への非難，ないしは中東の核拡散問題などが代表的で，これらの問題に対しては米国とイスラエルが一貫して反対の態度をとってきている。最近では，この米国とイスラエル両国の投票ににマーシャル諸島，ミクロネシアが同調をみせてきている。民族自決権問題では，この米国，イスラエルに，さらに旧植民地主義国の英国，フランスが合流して，反対に廻っている。概して，非核地帯構想には，核保有国の米国，英国，フランスが反対に廻っている。これと対極にあるのが人権問題で，イラン，イラク，スーダン，その他諸国の人権問題では，第三世界諸国が反対している。この人権問題は，表2-5，表2-6で指摘した日本と中国のあいだでの態度の分立にも現れた。

とくに，2000年総会では，表2-12にみるように，核兵器拡散条約の遵守，地域軍縮，核兵器の全面撤去ないし核のない世界の問題では，パキスタンとの核対立にあるインドが反対の態度を明白にした。表2-13にみる2001年総会でも，インドは同様の態度を堅持し，核実験禁止条約の遵守決議では，米国が反対した。

いま1つのデータは，総会議席の4分の1に近い40カ国が棄権し，相当の反対，つまり40カ国程度が反対して成立しているいわゆる分裂決議の状況についてである。表2-14の件数がそれで，多くの争点は，先の1〜5カ国反対決議での争点と重なるところが多い。先進国は，イスラエルのパレスチナ問題，非核国の非核地帯を含めて，自国の安全保障にかかわる問題に対しては厳格に反対をしており，さらに第三世界諸国の人権問題を提起している。これらの問題では，第三世界諸国が反対してきた。

こうした3分の1以上棄権の決議は，一律に論じられないが，各総会で成立決議のほぼ3分の1，75件前後がまず投票記録決議で，その4分の1以上が棄権による拒否的内容を含んだ形で決議が成立している。

1980年の第35総会で第三世界諸国が主導した人権侵害信託基金決議35／190は，第三世界の分裂で，賛成57，反対39，棄権46で成立した。その投票態度の分布は，おおよそ以下のようであった。

賛成57　日本，西欧諸国，チリ，ラテンアメリカ一部諸国。
反対39　共産国。
棄権46　第三世界のアフリカ諸国。

その後，1996年の人権決議51／103では，以下の分裂状態で決議が採択された。

賛成57　ロシアを含む第三世界諸国。
反対45　一部旧共産国を含む先進国。
棄権59　ウクライナを含む第三世界諸国。

同じ現象は，2000年のイランの人権決議55／114，2001年の同決議56／171でも起きた。

決議55／114の構成は，以下のとおりであった。

賛成67　英国，米国，日本，イタリア，ノルウェーを含む先進国，イスラエル，マルタ，他にスリナムなどラテンアメリカ諸国。
反対54　中国[1]も含め，アフガニスタン，トルクメニスタン，リビア，セネガルなどのイスラム諸国，そして他にキューバ，ラオスなどの共産国で，イスラム諸国が主勢力であった。
棄権46　アンゴラ，ナミビアなどアフリカ諸国。

この決議案をめぐる支持の分裂は，イラン革命以後におけるイスラム秩序の理解をめぐり対立が生じているところによる[2]。

もっとも，全体として，総会は，現在，イデオロギーで分裂しているというよりも，先進国と第三世界諸国の潜在的対立を残しており，それは，

先進国の安全保障など基本的国益の追求，あるいは第三世界諸国の先進国による人道的介入への拒絶，ないしは民族自決権の貫徹がその分裂の基底的局面にある。

　こうしたなか，現在，国際連合が果たしつつあるのは21世紀に向けた国際連合の改革であり，2005年において2015年までに達成されるべきミレニアム開発目標（MDGs）の設定であり，そのためのプログラムの確立と取り組みである（第1章3節国際連合半世紀の成果をみよ）。

　国際連合はその役割は大きいが，決して一枚岩ではない。イデオロギー分裂は後退したが，国益や権利主張の要求をめぐる対立は残る。それも，1990年代以降は人権をめぐる南北対立があり[3]，それは南北問題よりもはっきりした姿をみせている。

【注】
(1) 中国はイスラム教徒を抱えている。それは文明的価値の対立にある。今永清二『東方のイスラム』風響社，1992年。王柯『東トルキスタン共和国研究　中国のイスラムと民族問題』東京大学出版会，1995年。今谷明『中国の火薬庫— 新疆ウイグル自治区の近代史』集英社，2000年をみよ。
(2) 文明の対立の主題がそれである。Samuel Philips Huntington, "The Coming Clash of Civilization or, the West against the Rest," *The NewYork Times*, 6 June 1993. Huntington, "Clash of Civilizations?," *Foreigun Affairs*, Vol. 72 No. 3, 1993.「文明の衝突」中央公論，1993年8月号。Huntington, *Clash of Civilizations and the Remaking of World Order*, New York: Simon & Schuster, 1996. 鈴木主悦訳『文明の衝突』集英社，1998年。前掲，浦野『国際関係のカオス状態とパラダイム』196-206頁をみよ。
(3) 中国を含む第三世界議国の西欧的人権観の拒否は著しい。前掲，浦野『人間的国際社会論』27-28頁をみよ。

表 2-8　米国・英国・フランス・中国・ロシア・日本・エジプト・インドの投票状況（賛成率・反対率・棄権率）

	米国	英国	フランス	中国	ソ連	日本	エジプト	インド
賛成率	29.9	41.5	41.3	77.5	71.2	54.4	88.3	84.2
反対率	43.6	23.8	19.4	2.7	13.0	7.6	1.9	3.7
棄権率	25.6	33.4	37.6	10.4	15.1	31.0	7.8	11.2

表 2-9　主要国の一致度平均値

	米国	英国	フランス	中国	ソ連	日本	ノルウェー	イスラエル	インド	エジプト	ブラジル
1946-50	61.8	53.3	55.0	62.1	37.6	―	57.4	41.5	52.7	62.5	64.5
1951-60	52.3	44.7	43.1	53.4	49.8	56.6	61.5	56.5	60.2	59.8	61.5
1961-70	41.3	39.5	30.9	57.4	50.6	54.3	51.0	57.7	62.0	59.2	55.4
1971-80	31.5	37.2	35.1	54.5	56.2	53.8	55.9	47.0	69.1	59.4	64.8
1981-90	16.3	34.6	39.0	71.6	72.5	47.8	53.0	26.4	73.4	78.2	74.0
1991-2001	23.5	49.6	51.0	62.0	53.1	63.8	64.4	26.5	59.7	67.9	68.4

表 2-10　1～5カ国反対で成立の決議の件数

総会番号	年	1カ国反対	2カ国反対	3カ国反対	4カ国反対	5カ国反対
45	1990	17	26	4	2	0
46	1991	14	24	4	1	1
47	1992	14	18	9	1	1
48	1993	11	15	5	3	2
49	1994	6	19	6	4	2
50	1995	7	15	6	6	0
51	1996	6	16	12	4	0
52	1997	8	20	9	0	0
53	1998	7	20	5	0	0
54	1999	10	15	11	2	0
55	2000	8	18	6	2	1
56	2001	6	9	9	8	4

表 2-11　第49総会（1994年）の 1 〜 5 カ国反対で成立決議の内容と主要反対国

決議番号	内　容	反　対　国
1 カ国反対		
55／33 D	核兵器非拡散条約	インド
55／33 P	地域軍縮	インド
55／33 R	核兵器の全面除去	インド
55／50	エルサレム	イスラエル
55／100	旅行と家族の再会自由	米国
55／123	パレスチナ難民援助	イスラエル
55／134	ゴラン高原	イスラエル
55／179	国連と全欧安保協力機構	米国
2 カ国反対		
55／6	強制的経済措置の撤廃	米国，イスラエル
55／7	海洋法	セントキッツ・ネービス，トルコ
55／51	ゴラン高原	米国，イスラエル
55／52	パレスチナ権利委員会	米国，イスラエル
55／54	国連パレスチナ広報	米国，イスラエル
55／55	パレスチナ問題の解決	米国，イスラエル
55／87	パレスチナの民族自決権	米国，イスラエル
55／117	コンゴ民主共和国の人権	ルワンダ，ウガンダ
55／125	1967年パレスチナ難民	米国，イスラエル
55／128	パレスチナ難民の大学	米国，イスラエル
55／129	パレスチナ難民の財産・所得	米国，イスラエル
55／130	パレスチナ人権委員会	米国，イスラエル
55／131	パレスチナ占領地域	米国，イスラエル
55／138	非自治地域	米国，イスラエル
55／146	第 2 次植民地主義根絶の10年	英国，米国
55／147	植民地独立付与宣言	英国，米国
55／209	パレスチナ占領地域主権	米国，イスラエル
3 カ国反対		
55／20	キューバ制裁の解除	マーシャル諸島，米国，イスラエル
55／33 C	核兵器のない世界	インド，パキスタン，イスラエル
55／36	中東の核拡散	ミクロネシア，米国，イスラエル
55／115	イラクの人権	リビア，モーリタニア，スーダン
55／133	占領地域問題	マーシャル諸島，米国，イスラエル
55／180	国連暫定レバノン軍	マーシャル諸島，米国，イスラエル
4 カ国反対		
55／33 I	南半球の非核地帯	フランス，モナコ，英国，米国
55／132	イスラエルの入植	マーシャル諸島，ミクロネシア，米国，イスラエル
5 カ国反対		
55／33 B	ABM制限条約	アルバニア，ホンジュラス，ミクロネシア，米国，イスラエル

表2-12　第55総会（2000年）の1～5カ国反対で成立決議の内容と主要反対国

決議番号	内容	反対国
1カ国反対		
55／33D	核兵器非拡散条約	インド
55／33P	地域軍縮	インド
55／33R	核兵器の全面除去	インド
55／50	エルサレム	イスラエル
55／100	旅行と家族の再会自由	米国
55／123	パレスチナ難民援助	イスラエル
55／134	ゴラン高原	イスラエル
55／179	国連と全欧安保協力機構	米国
2カ国反対		
55／6	強制的経済措置の撤廃	米国，イスラエル
55／7	海洋法	セントキッツ・ネービス，トルコ
55／51	ゴラン高原	米国，イスラエル
55／52	パレスチナ権利委員会	米国，イスラエル
55／54	国連パレスチナ広報	米国，イスラエル
55／55	パレスチナ問題の解決	米国，イスラエル
55／87	パレスチナ民族自決権	米国，イスラエル
55／117	コンゴ民主共和国の人権	ルワンダ，ウガンダ
55／125	1967年パレスチナ難民	米国，イスラエル
55／128	パレスチナ難民の大学	米国，イスラエル
55／129	パレスチナ難民の財産・所得	米国，イスラエル
55／130	パレスチナ人権委員会	米国，イスラエル
55／131	パレスチナ占領地域	米国，イスラエル
55／138	非自治地域	米国，イスラエル
55／146	第2次植民地主義根絶の10年	英国，米国
55／147	植民地独立付与宣言	英国，米国
55／209	パレスチナ占領地域主権	米国，イスラエル
3カ国反対		
55／20	キューバ制裁の解除	マーシャル諸島，米国，イスラエル
55／33C	核兵器のない世界	インド，パキスタン，イスラエル
55／36	中東の核拡散	ミクロネシア，米国，イスラエル
55／115	イラクの人権	リビア，モーリタニア，スーダン
55／133	占領地域問題	マーシャル諸島，米国，イスラエル
55／180	国連暫定レバノン軍	マーシャル諸島，米国，イスラエル
4カ国反対		
55／33I	南半球の非核地帯	フランス，モナコ，英国，米国
55／132	イスラエルの入植	マーシャル諸島，ミクロネシア，米国，イスラエル
5カ国反対		
55／33B	ABM制限条約	アルバニア，ホンジュラス，ミクロネシア，米国，イスラエル

表 2-13　第56総会（2001年）の１～５カ国反対で成立決議の内容と主要反対国

決議番号	内　容	反　対　国
１カ国反対		
56／12	海洋法	トルコ
56／24 I	地域軍縮	インド
56／24 O	核兵器拡散条約	インド
56／49	核実験禁止条約	米国
56／179	強制的経済措置の撤廃	米国
２カ国反対		
56／31	エルサレム	イスラエル，ナウル*
56／52	パレスチナ難民援助	イスラエル，マーシャル諸島**
56／63	ゴラン高原	イスラエル，マーシャル諸島**
56／66	非自治地域	米国，イスラエル
56／73	非植民地化広報	英国，米国***
56／74	植民地独立付与宣言	英国，米国
56／155	食糧の権利	米国，イスラエル
56／174	イラクの人権	リビア，スーダン
56／214	国連レバノン暫定軍	米国，イスラエル
３カ国反対		
56／9	キューバ制裁解除	マーシャル諸島，米国，イスラエル
56／16	インド洋平和地帯	フランス，英国，米国
56／24 N	核兵器なき世界	インド，ミクロネシア，米国
56／27	中東の核拡散	ミクロネシア，米国，イスラエル
56／56	ＵＮＲＷＡ	マーシャル諸島，米国，イスラエル****
56／57	パレスチナ難民の財産	マーシャル諸島，米国，イスラエル****
56／58	パレスチナ難民	マーシャル諸島，米国，イスラエル****
56／142	パレスチナの民族自決権	マーシャル諸島，米国，イスラエル****
56／173	コンゴ民主共和国の人権	イラン，ルワンダ，ウガンダ
４カ国反対		
56／24 G	南半球の非核地帯	フランス，モナコ，英国，米国
56／35	パレスチナ問題の広報	マーシャル諸島，ミクロネシア，米国，イスラエル
56／59	パレスチナ権利委員会	マーシャル諸島，ミクロネシア，米国，イスラエル
56／60	パレスチナ占領地域	マーシャル諸島，ミクロネシア，米国，イスラエル
56／61	イスラエルの入植	マーシャル諸島，ミクロネシア，米国，イスラエル
56／62	パレスチナ占領地域人権	マーシャル諸島，ミクロネシア，米国，イスラエル
56／150	開発の権利	デンマーク，日本，米国，イスラエル
56／204	パレスチナ占領地域主権	マーシャル諸島，ミクロネシア，米国，イスラエル
５カ国反対		
56／24 A	ＡＢＭ制限条約	アルバニア，ベナン，ミクロネシア，米国，イスラエル
56／32	ゴラン高原	マーシャル諸島，ミクロネシア，ツバル，米国，イスラエル
56／33	パレスチナ人民の権利行使	マーシャル諸島，ミクロネシア，ツバル，米国，イスラエル
56／34	パレスチナ事務局	マーシャル諸島，ミクロネシア，ツバル，米国，イスラエル

（注）＊マーシャル諸島，ミクロネシア，米国は棄権。
　　　＊＊米国，ミクロネシアは棄権。
　　　＊＊＊フランス，マーシャル諸島，ミクロネシア，イスラエルは棄権。
　　　＊＊＊＊ミクロネシアは棄権。

表2-14 棄権40カ国以上で成立決議の件数（第15総会以降）

総会番号	15	16	17	18	19	20	21	22	23	24	25	26	27	28	29	30	31	32	33	34	35
年次	1960	1961	1962	1963	1964	1965	1966	1967	1968	1969	1970	1971	1972	1973	1974	1975	1976	1977	1978	1979	1980
決議数	2	2	5	1	0	3	1	0	3	4	2	10	8	1	1	3	3	3	7	4	8

総会番号	36	37	38	39	40	41	42	43	44	45	46	47	48	49	50	51	52	53	54	55	56
年次	1981	1982	1983	1984	1985	1986	1987	1988	1989	1990	1991	1992	1993	1994	1995	1996	1997	1998	1999	2000	2001
決議数	10	9	7	11	15	13	11	12	8	4	5	17	21	17	19	17	18	12	17	11	17

表2-15 棄権40カ国以上で成立決議の内容と主要棄権集団

年次	決議番号	賛成	反対	棄権	内容	棄権主要集団
1960—61	1590（ⅩⅤ）	39	11	44	コンゴ国連作戦	第三世界
	1601（ⅩⅤ）	45	3	49	コンゴ共和国の事態	第三世界・他
1970	2672（ⅩⅩⅤ）C	47	22	50	UNRWA	第三世界
	2727（ⅩⅩⅤ）	52	20	43	イスラエルの占領	第三世界
1980	35／8	68	0	47	自然保護の国家責任	先進国
	35／19	88	8	43	西サハラの民族自決	先進国
	35／27	58	35	46	東チモール	先進国・他
	35／130B	78	0	62	人権と科学技術	共産国・第三世界
	35／148	96	3	44	南アジア非核地帯	先進国
	35／169B	86	22	40	パレスチナ占領非難	先進国
	35／185	77	8	47	ボリビアの人権	第三世界
	35／190	57	39	46	人権侵害信託基金	第三世界
	35／192	70	12	55	エルサルバドルの人権	第三世界
1990	45／58H	131	0	52	2国間核軍縮交渉	第三世界
	45／63	98	2	50	イスラエルの核軍縮	第三世界
	45／74A	101	2	43	占領地権利委員会	先進国・他
	45／83B	84	23	41	ゴラン高原	先進国
1996	51／22	56	4	76	経済強制措置	第三世界
	51／23	104	2	46	パレスチナ民族的権利	先進国
	51／24	107	2	46	パレスチナ事務局	先進国
	51／28	84	2	71	ゴラン高原	先進国・他
	51／43	125	0	45	非核国の安全保障	先進国・他
	51／44	126	0	44	宇宙空間	先進国・他
	51／89	89	4	76	旅行の自由と家族再会	先進国・他
	51／103	57	45	59	人権と一方的強制措置	第三世界
	51／106	103	3	59	イラクの人権	第三世界
	51／107	79	30	54	イランの人権	第三世界

	決議番号	賛成	反対	棄権	議題	分類
	51／109	92	19	55	ナイジェリアの人権	第三世界
	51／111	114	2	48	コソボの人権	第三世界
	51／112	100	16	49	スーダンの人権	第三世界
	51／113	62	25	84	キューバの人権	第三世界
	51／131	79	2	76	イスラエルの入植	先進国・他
	51／141	115	0	51	植民地独立付与宣言	先進国
	51／193	111	4	41	国連体制強化の安保理報告	先進国
2000	55／33 A	97	0	65	ミサイル	日本など
	55／33 B	88	5	66	ＡＢＭ条約	先進国・他
	55／51	96	2	55	ゴラン高原	先進国・他
	55／52	106	2	48	パレスチナの民族的権利	先進国
	55／100	106	1	67	旅行の自由と家族再会	先進国・他
	55／114	67	54	46	イランの人権	第三世界
	55／115	102	3	60	イラクの人権	第三世界
	55／116	85	32	49	スーダンの人権	第三世界
	55／117	102	2	63	コンゴ民主共和国の人権	第三世界
	55／130	91	2	61	イスラエルの入植	先進国・他
	55／139	109	0	50	植民地独立付与宣言	先進国・他
2001	56／16	110	3	41	インド洋平和地帯	先進国
	56／22	105	0	54	非核国の保証	先進国・他
	56／24 A	82	5	62	ＡＢＭ条約の遵守	第三世界
	66／24 B	98	0	58	ミサイル	先進国
	56／32	90	5	54	ゴラン高原	先進国・他
	56／33	106	5	48	パレスチナの民族的権利	先進国
	56／34	107	5	47	パレスチナ事務局	先進国
	56／59	83	4	58	イスラエルの入植	先進国・他
	56／67	106	0	50	植民地独立付与宣言	先進国・他
	56／150	123	4	44	開発の権利	先進国
	56／154	99	10	59	内政不干渉原則	先進国・他
	56／160	102	0	69	人権とテロリズム	先進国・他
	56／171	72	49	46	イランの人権	第三世界
	56／173	90	3	69	コンゴ民主共和国の人権	第三世界・他
	56／174	100	2	63	イラクの人権	第三世界
	56／175	79	37	48	スーダンの人権	第三世界
	56／179	100	1	46	経済的強制措置	先進国

第3章 グローバル・ガバナンスと国際連合

1. 国際システムとグローバル・ガバナンス

a) 国際機構システムとガバナンス

　国際機構は，多数国間条約・その他の国際合意によって，国家を構成単位としている組織体で，それはその加盟国の共通利益を継続して達成するために，機関（総会・理事会・事務局など）と権能をもっている。そして，国際機構としての国際連合が注目されるのは，当該組織が単に一定の合意された利益目的性をもっているとともに，その活動過程が1つの秩序形成の役割を遂行してきていることである。その背景としては，とりわけ冷戦後，国際社会の民主化目標が合意され，その遂行機能に与っていること，そこでの民主主義の実現を基本的人権をノモスにかかる人権保障のための不可欠のシステムとして合意されていること，さらに，その民主化が平和と安全保障の維持において理解されていることが指摘されなくてはならない。そこにおける民主化と人権との関係は，国際社会の構成体としての国家の民主化のみでなく，市民社会を構成する個人のレベルでその民主主義の実現が合意されてきていることにある。

　以上の問題は，国際社会への市民の参加，そのルートにおける国際機構へのNGOの参加の問題を提起している。その普遍的なシステムはいうまでもなく国際連合であり，国際連合の秩序形成過程における条約とかレジームを通じた協力関係あるいは様々な問題解決に向けたガバナンス，そして地球的視野での展望を踏まえたグローバル・ガバナンスの機能を通じ

て，その達成が確認できる。国際機構システムの立法的機能・行政的機能・司法的機能において，国際連合は，グローバル・ガバナンスの機能を果たしているということができる。総会における決議の採択や委員会での審議，安全保障理事会における平和維持の遂行や国連専門機関，例えばUNDP（国連開発計画）における民主化支援・貧困撲滅対策の遂行など，さらに，国家間紛争の解決にあたる国際司法裁判所（ICJ），世界貿易機関（WTO）の紛争解決手続き，個人の人道的犯罪を裁く国際刑事裁判所（ICC）や人権の国際的保護のための地域的な人権裁判所などがそれである。

こうした国際機構システムの態様をガバナンスというとき，それは，それは国家中心パラダイムを超えた世界秩序システム・モデルとして把握されるということである。そのガバナンスの視点は，アメリカの政治学者ジェームズ・ローズナウが指摘する以下の視点にある（その視野は表3-1の新しい次元をみよ）。

ローズナウは1989年に『グローバル変化と理論的挑戦——1990年の世界政治への接近』[1]に次いで，1974年論文「市民の社会」[2]で注目されたドイツの政治学者エルンスト・オットー・ツェンペルとの共同編集による1990年の『世界政治の乱気流——理論としての変化と継続性』[3]のなかでガバナンス論を提起し，1992年に同じ共編『政府なき統治（ガバナンス）——世界政治の秩序と変革』[4]でそのガバナンス論を体系づけた。

このガバナンス論は，中央政府が存在しない国際社会において地球規模の問題にどう対処すべきかという問題に回答したものであった。これは，いうまでもなく1980年代後半以降におけるグローバル化，冷戦の終焉と人権問題の制度化，米国におけるリベラリズムの伝統と制度論としてのガバナンス論が新たな米国の覇権的視野において登場してきたことに帰せられる。そこでのガバナンスへの理解には，(1)国際主体としての国家が排除さ

表3-1 国際システムの新しい次元

	旧い次元	新しい次元
マクロ変数	アナキー国家システム	国家中心システムと多中心システムの併存
ミクロ変数	主として個人の自発性欠如	主体としての個人の自発性の発揚
ミクロ・マクロ変数	マクロ変数の方向に従い正統な伝統的・立憲的枠組みの下に人民による権威構造	正統性の合理的基準を満たしつつマクロ管理に従った権威構造

(出所) James N. Rosenau, *Turbulence in World Politics: A Theory of Change and Continuity*, Princeton: Princeton U. P., 1990, p. 119を修正。

れるわけではないが,国家以外のアクターが著しく登場してきていること,(2)国際的な中央政府が存在しないからといって,国際的なノモスや制度が存在しないというわけではなく,政府なき統治(ガバナンス)は政府なきノモスやルールの遵守と考えるべきであること,そして,(3)その国際的社会は,国民国家の領土を前提にしてもいなければ,それに代え世界政府の存在を想定しているものでもなく,その領域はグローバル化において国家間関係と同時にトランスナショナルな,地域のリージョナルな,そして地球のグローバルな領域が重層的に存在している,と解されるところである。

そして,グローバル・ガバナンスというとき,そこでは,5つの条件が考えられる[5]。

1. ガバナンスは,政府からのもしくは政府を超える一連の制度および行動である。
2. そこでは,社会・経済問題への取り組みがその境界や責任において曖昧である(国家のこの機能を想起せよ)。
3. ガバナンスは,制度間の関係行動において国家権力に従属している(国家間関係に立脚している)。
4. ガバナンスは,行動主体の自律的な自己統治ネットワークをそれ自体が形成している。
5. ガバナンスは,その権威を命令し行使する行政権力に依存しない能

力の発揮である（国際機構のシステム性を想起せよ）。

国家中心システムがその国家能力において非対称性にあるのに対して，グローバル中心のガバナンスは，グローバル化において国家の対応が縮小される一方，グローバル性の結合において，そのグローバル化がいっそう強化される状況にある。それは，政府権力の垂直性に対するガバナンスの水平性にあって，対称的な権力の併存にあるからである。国際的価値配分をめぐる政策決定はそのガバナンスにあって適応的である。

その特色は，以下の点にある。

第1．グローバル化が人間の社会生活すべてにおよぶ限りにおいて，グローバル・ガバナンスは，経済・政治・社会文化・政体という4つのサブシステムを形成するところとなり，その広がりはグローバルである。

第2．グローバル化は地方性のグローバル化とともに，グローバル化の地方性という両立的関係にある。その間には，グローバル－国家的－地方的のあいだの境界が溶解してきている。その関連は相互補完的である。

第3．そこにおいては，一方において，協力，協調，浸透，統合の力学が働いており，他方において，対立，緊張，分裂，紛争の力学が交叉している。それ故に，そこには，ガバナンスを形成づける多様な機会が存在し，その問題解決においてガバナンスが作用している。

第4．その抵抗の力学が国家中心的ガバナンスにおいて存在する限りにいて，それは伝統的スタイルへの挑戦を形成している。そうしたなかで，グローバル・ガバナンスは，国家内外のあるいは社会政治レベルでの新しい権威の構造を構築するところにあって，ここでの伝統的な挑戦に対して，トランスナショナルな多元的な主体によって展開される脱国家現象としての新しい制度的対応が生み出されている。

第5．それで，新しい権威構造のグローバルな政策決定過程にあるグローバルな政治空間において，政治主体の多元化が形成され，その機能は多

次元であり，かつグローバルである。そこでは，非国家主体が脱国家主体として作用し，非国家／非政府と国家あるいは国際組織とのあいだで，共通の価値追求と実践に向けて走ることになる。こうして，それを統括する国際機構では，人間に立脚したグローバルな価値配分／政治経済システムが形成され，機能して，そうした運営が確立するところとなる。この非国家行為体は，世界システムにおける価値の多元化を示すことになると同時に，国家はその国際機構を通じてこうした多元的なシステムの価値配分・政治経済システムに適切に与るところの可能性を示すところとなり，そこでは，国際機構がその手段として機能することになる。それが進行するとともに，国家は自己の権力と能力を喪失していくことになる。

第6．この政治的主体の多元化は，これまで国家中心ガバナンスの価値配分システム／政治経済システムに与ってきた個人，NGO，企業，ゲリラ組織，非合法のマフィア／地下経済組織，市民運動，世論，教会文化組織，種々の地方体などの国際機構あるいは世界システムへの参加を通じてみられてきたが，グローバル市民社会の形成においてその座標はそれら主体の決定的発現の様相をみせるところとなる。その存在と活動は極めて複合的であるので一律に論じられるものではないが，その集約が世界的国際機構として国際連合の内外において見られるというのが現実である。その社会運動はトランスナショナルであり，グローバルであり，またローカルであるが，共通の機能的接合点にあることが指摘されなくてはならない。それは，グローバル政治のナショナル化，ローカル化でもある。いうまでもなく，そのローカルな要求と対応は，グローバルな解決を不可欠とする状況にあるからである[6]。

グローバル・ガバナンスは，世界政府の形成を意味しない。それは民主主義諸国共同体モデルにあって，それは，世界システムとして国際（国家間）システムと交叉して国家の極で作用している一方で，その機能がグロ

ーバルに同時に／あるいはローカルに遂行されているというのが，グローバル・ガバナンスである。この点を的確に指摘したのが，グローバル・ガバナンス委員会の報告[7]である。その報告書の特色は，グローバル・ガバナンスをいかに具体的に実現するかという実践性，そのグローバル・ガバナンスは世界市民（グローバル市民社会）の安全と福祉を目標としていることにおける市民性，そしてそのグローバル・ガバナンスは民主主義に基づく公正を原理としたグローバル・ガバナンスが望ましいとした国際的合意の価値性の3点にあると要約できる。注意すべきは，ガバナンスの特性が合意的拘束にあっても，それに合意しない反対者には義務を課すことはしないのであって，それにもかかわらず，ガバナンスは，命令する法的権限なしに一定の合憲目的を成し遂げる能力を有するということができるという点である[8]。ここに「強制なしの合意」の履行が可能になる。

　国際連合は，現にその参加の機能においてガバナンスとしての機能を遂行している。世界銀行は，その目標をグッド・ガバナンスにおいているが，それは公共部門の効率，説明責任，予測可能な法制度，透明性と情報公開を，その要件としているからである[9]。アナン事務総長は，1997年の年次報告で，国際連合は持続可能な開発，繁栄，および平和構築を可能にする重要な壁の構築として，法による支配，効率的な政府組織，公共管理における透明性と説明責任，人権の尊重，政治過程および生活の決定への意義ある参加を指摘しているが，それはガバナンスを指針とするところである[10]。いずれも，政治的制度の構築，および公共部門・民間部門・市民社会における政治権力関係とその管理能力および説明責任ある企画，そして実行力のガバナンス性を指摘したものということができる。そして，1997年に持続的開発と平等へ向けたガバナンス会議が開催され，ＵＮＤＰ（国連開発計画）は，参加型のもとに，透明性と説明責任のある効率性をとることが，法の支配を促進し，それは民間セクター・市民社会・国家による持続可能

な人間開発を促進することになると指摘しており，それは開発のガバナンスとされ，その目標はグッド・ガバナンスであるとしている[11]。そして，このグッド・ガバナンスという理解は，2000年以降，民主的ガバナンスという表現に変更されたが，それはいうまでもなく開発と民主主義のガバナンスの必要性を確認したからであった[12]。

b）ネットワーク社会とグローバル・ガバナンス

その関係構造とネットワークの新しい方向性に立って，まずそのアプローチを整理しておこう。

組織論のパラダイムは，現在，大きく変化してきている。最初のパラダイムは，実在論＝客観主義と唯名論＝主観主義の２つの潮流であった。これに対して規制的秩序とラディカル変動論の軸が交叉して位置づけが変わり，４つのパラダイムが成立した[13]。つまり，人間主義と構造主義の誕生であった。

（１）客観主義と秩序論の組み合わせ——機能主義。
（２）主観主義と秩序論の組み合わせ——解釈論。
（３）主観主義と変動論の組み合わせ——ラディカル人間主義。
（４）客観主義と変動論の組み合わせ——ラディカル構造主義。

その起点は実証主義にあったが，それ対してポスト実証主義が登場した。これは，ヒエラルヒー（垂直分化）体系に対して，ヘラルヒー（水平分化）構造とそこでの個人個人が組織全体の状態を十分認知しているホログラフィー的（物体に投射した光を記録し，これを別の光で再現する方法）的関係を自然発生的に出現させた現象をもって把握したもので，非決定論的な思考方法で相互規定的な因果関係を明示する手法である[14]。その軸の新しい投影は主観主義と客観主義の対立に対応して理解されるところであって，こうして組織認識自体が（５）の組織化の新しい形態を提示するとこ

ろとなった。この視点は，いうまでもなく客観的真理観が支配する近代に対して，その近代での官僚制とは対極的な新しい組織化の視点を提起しており，あるいは目的合理性に対してフレキシブルな組織化あるいはネットワーク化（ヒエラルヒーやルールなしに自発的かつ自動限定的に参加し，そこにあっては個性化が喪失されない主体間の関係）の形態において，ポスト近代の座標に立脚していると考えることができる。それは，世界システム論者イマニュエル・ウォラーステインのいう「新しい学としての21世紀の脱＝社会科学」をもって位置づけられる[15]。

　その実態は，公共空間を支える集まりの構造とそこでの秩序にある。公共空間の集まりは，一見，制約のない無秩序の状態にある。しかし，そこにいる人々は見ず知らずの存在にあるが，暗黙のうちに一定の了解を成立させていて，それによる規範が存在し成立している，と解することができる。しかし，通常は，そうした認識を欠いたまま，その相互行為秩序は，暗黙の協力をもって秩序形成に与っている。この無関心状況を儀礼的無関心と解するが，というのも，そこには前意識的な視線の関心規範が働いているからである。それは正しくは「関係性回避の規範」といえるもので，これが匿名的な都市空間のシステムを形成している[16]。それは，その社会での社会的パーソナリティに依拠している。かつては，盛んな国際交流が公共の場を特徴づけた。しかし19世紀中葉に状況が一変し，公共の場での交流は沈黙に代わった。つまり，公共空間はその表現力の衰退により関係性を喪失してしまった[17]。しかし，代わって新しい公共空間の可能性が登場してきており，それがネットワークの世界である[18]。このネットワークが新しい公共空間への参加である。そこでは，ネットワークの創発現象が生じており，その局面は個々の組織の活動領域ないしは有効性が期待できない局面で，相互の活動調整を目的とする新しいネットワークが常に登場し，それが一定の役割を果たし，それは絶えず交代していくというもので

ある。その交代は，既存システムの欠陥・欠如・失敗（役割の形成や配分の失敗，資源の調達や配分の失敗，活動の限界など）における自己の再組織化に帰せられる。そのネットワーク構造が新しい社会運動を噴出させ，ローカルに，そしてグローバルに地球市民によるNGOを登場させ，それを通じて究極的にグローバルな問題解決が追求されているということである。

　以上の視点で，全体社会，つまり国民国家と国際的社会の全体が，新しい地平をみせつつある，と考察できる。これまで，全体社会は1つの安定した構造やシステム，つまりウェストファリア体制にあった。そこでは，共通の価値・規範が整理され，それを前提にして意思決定（共通目標の形成）が再生産され，それを遂行する地位・役割システムが成立している状態にあった。国民国家と官僚制，そして国家間関係のウェストファリア・モデルがそれであった。

　しかし，現在，国民国家の統合維持（秩序と安定）機能は，その内部力学の決済において新たな調整を迫られている。国家権力をめぐる対立からその統合度は低下し，統合を脅かす対立に対して国家権力自体が第三者権力として十分に対処できなくなっている。それは，国家を統合する第三権力としての国家権力の基盤が適切でなくなってきているからである。それは，第1に，従前における対外的暴力装置としての軍隊の対内的動員という問題があり，第2に，国民意識を基礎とした国民教育と国民的忠誠のイデオロギー装置が特定の宗教に利用されるといった新たな兆候が登場して混乱をきたしてきているからである。第3に，少数民族にも参政権や代表権を認めた民主化の拡大，また国家権力に対抗するエリートの参加といった形でのネオ・コーポラティズムの台頭[19]，そして民主化の徹底化に伴う脱組織化(組織化を決して拒否しているわけではない個人の遊牧民的存在[20])の傾向などをもって指摘できる。さらに，第4に，中央と地方の関係が進

捗をみせてきており，そこでは，中央に対する地方・周縁の要求が登場し，それは国際的社会においても同様である。全体として，第5，統合条件としの政策の合理性とその政策の実効性の低下が指摘できる。そのため，国民の生活水準を維持できなければ，また世界の貧困者層を救済できなければ，政治権力の正統性の危機が噴出することになる。

　一方，グローバル化の進展で，世界システムの経済的影響力が国境を無化しつつある。個人，ＮＧＯ，貿易，金融，多国籍企業／超国家企業，外国人労働者の活動は，ボーダーレス化をいっそう促進している。国民国家と非国家行為体（ＮＳＡ）の競合が激しくなり，それだけ国民国家の管轄能力は後退している。この競合の調整過程において国際組織あるいは国際ＮＧＯが登場してきているが，それは国際社会の組織化と脱組織化を同時に進行させるところとなっている。

　こうした局面において，2つの分析視点が提起されている。

　第1．レギュラシオン学派の分析であって，それは経済システムの分析において2つの点で成功した。資本主義社会における多くの調整制度が組織としての資本主義の市場化を可能にしたこと。第2，逆に社会主義社会における目標形成の失敗は条件適応的に多様な問題を解決することに失敗したこと。その社会では，国家権力による全体的な調整と社会を構成する部分の調整に失敗した[21]。

　第2．グローバル化世界における全体社会は国家レベルにとどまらず，国際的社会においても成立しており，そこではグローバル化した世界市場が形成され，全体として国際的相互依存システムが発達している。これが世界システムの分析視点であって，そこでは資本と労働の世界的／グローバルな市場システムが形成され，それは中央から周辺まで共同目的で再編成されつつ，一元的な資本主義システムにある。そして，その中核－周辺－準周辺のヒエラルヒー構造においては，国民国家も再組織され，国家

間関係も再編成され,その組織化はいよいよ進行している[22]。国際連合もそうした状況化において成立し,機能している。

　以上は,国民国家の変容と国際的社会の組織化の視点を確認したところであって,現在,それは,システム的に新しい第三局面に突入している。従前の第一局面は,ウェストファリア・モデルにより,戦争が国家間の関係調整の1つであった。そして,第二局面において,国際連合といった民主主義諸国家共同体モデルのもとでは,暴力に依存しない合意形成システムが形成されてきた。国際組織は,国家間関係を調整するシステムとして発達し,恒常的に諸国家共同体モデルが発達してきた。そこでの機能は共同目標の形成,その達成に向けての分担と役割の形成,そしてそこでの役割の遂行がとられてきた。いうまでもなく普遍的国際機構としての国際連合がその場を提供してきた。その目標は平和と安全の維持であり,世界における国民の福祉の増進にあった。

　その体制は,冷戦下においても調整組織として機能してきたし,国際的合意形成において大きな成果を上げてきた。しかし,グローバル化は,その組織化機能を大きく変えてしまった。現時点は,ポスト近代における新しい組織化の形成の第三局面に突入してきている。それはNGOないしそこでの世界市民／地球市民の台頭であって,このNGOが担う新しいネットワークは,公式的である国際組織の機能に対して,企業そしてNGO,さらに地球市民を含む非公式の国際ネットワークのトランスナショナル機能において,全体社会の調整として注目されてきている。そこでは,テロのネットワーク,地下組織のマフィアのネットワークも存在しよう。既成秩序の固定化に反撥する集団は,イスラム原理主義運動として国際テロを手段として抵抗している。こうしたあらゆる国際ネットワークの地平に対処できる新しい組織化が求められている

　それは,ネットワーク社会にあって,そのシステムも特定の一元的な権

力支配になく，それぞれが一定の主体的役割を発揮するグローバル・ガバナンスにあるといわなければならない。

ここで，議論を整理して問題点を提起して結びとしよう。

1. 冷戦の時期までは，普遍的国際組織としての国際連合にもかかわらず，力の均衡が作用し，ウェストファリア・モデルにあった。米・ソの分立と対立のなかに，第三勢力の非同盟諸国勢力が登場してきたが，そこには未だ力の均衡原理（近代の均衡思考）が作用していた。

2. 冷戦の均衡世界は，いまや解体した。このため，特定国の抵抗，国際秩序に対する挑戦が生じてきた。その一方，米国の秩序維持における単独行動主義が発揮されるようになった。私は，これを国際関係におけるカオス状態と解している[23]。そこでのガリバー（米国）支配なしには，秩序が維持できない。

3. したがって，国際的社会は，均衡でない多重ネットワークで構成されるところとなった。地下組織のグローバルな経済行動は，近代国際経済システムを利用しつつも，そのシステム秩序に挑戦し，その活動規模はわれわれの想像しがたい国際通貨の流れを形成している。その全体社会の主体は，国家やその地域的国際組織や普遍的国際組織の国際連合にとどまらない。非国家行為体（NSA）のNGO，企業も，あるいはテロ組織とか宗教組織，さらに個人も，それぞれが主体としてその全体社会に参加している。これはネットワーク社会のためである。情報ネットワークがそれを可能にしている。

4. そこでは，世界システム－ネットワーク関係を軸に，国家から企業・NGOまでの多様な主体の多元的で重層的でかつ複合的な関係構造のなかで全体社会の組織化と脱組織化が進行している。そして，個人の生活空間もそうしたネットワーク空間にあって，社会空間全体がネットワークを形成している。したがって，国際連合もそうした国際

社会の変容に対応した国家・企業・NGOの参加による新しい関係を打ち立てなければならない展望にある。

5．こうした状況においては，伝統的文化や価値体系を維持しつつも，普遍的価値を創造し，暴力的文化に依存しない国家・団体・個人がそれぞれのレベルでそれぞれの問題解決の局面に適応的な行動と取り組むことが必要となる。普遍的かつ包括的組織体としての国際連合も，それに十分対処した柔軟な組織体であらねばならない。それが新しいネットワークの公共空間であって，それはポスト実証主義のパラダイムに立脚している構造のためであるといえるであろう。

【注】
(1) Ernst-Otto Czenpiel & James N. Rosenau eds., *Global Changes and Theoretical Change: Approaches to World Politics for the 1990s*, Lexington: Lexington Books, 1989.
(2) Ernst-Otto Czenpiel, "The Citizen's Society: Lesson from Europe," *Social Research*, Vol. 14 No. 4, 1974.
(3) James N. Rosenau, *Turbulence in World Politics: A Theory of Change and Continuity*, Princeton: Princeton U. P., 1990.
(4) James N. Rosenau & Ernst-Otto Czempiel eds., *Governace without Government: Order and Change in World Politics*, Cambridge: Cambridge U. P., 1992.
(5) Gerry Stoker, "Governance as Theory: Five Propositions," *International Social Science Journal*, No. 155, 1998.
(6) 浦野起央『国際関係のカオス状態とパラダイム』勁草書房，2004年，245-249頁。
(7) op. cit. The Report of the Commission Global Governance, *Our Global Neighbourhood*. 前掲，京都フォーラム監訳『地球リーダシップ──新しい秩序をめざして』。
(8) op. cit. Rosenau & Czenpiel eds., *Governace without Government: Order and Change in World Politics*, p. 250.
(9) World Bank, *Governance: the World Bank's Experience*, Washington, DC: World Bank, 1992.
(10) Kofi Anan, *Annual Report of the Secretary-General on the Work of the Organization*, 3 Sep. 1997.

(11) UNDP, *UNDP and Governance: Experiences and Lessons Learned*, New York: UNDP, 1999.
(12) 小山田英治「国連システムのグッド・ガバナンス支援に対する一考察——グッド・ガバナンスから民主的ガバナンスへ」、国連研究第5号『民主化と国連』2004年。
(13) Gibson Burrell Gareth Morgan, *Sociological Paradigms and Organizational Analysis: Element of the Sociology of Corporate Life*, London: Heinemann, 1979.鎌田伸一・他訳『組織理論のパラダイム』千倉書房、1986年。
(14) Yvonna S. Lincoln, *Organizational Theory and Inquiry: The Paradigm Revolution*, Beverly Hills: Sage, 1985.寺本義也・他訳『組織理論のパラダイム革命』白桃書房、1990年。
(15) Immanuel Maurice Wallerstein, *The End of the World as We Know it: Science for the Twenty-Fist Century*, Mineapolis: Univ. of Minnesota Press, 1999.山下範久訳『新しい学——21世紀の脱＝社会科学』藤原書店、2001年。
　　そこでは、アンソニー・ギデンズのいう近代性（ダイナミズム化したシステム社会関係の再帰的秩序化）の次元にはない。Anthony Giddens & Scott Lash, *Reflective Modernization: Politics, Tradition and Aesthetics in the Modern Social Order*, Cambridge: Polity Press/ Stanford: Stanford U. P., 1994.松尾精文・他訳『再帰的近代化——近現代における政治、伝統、美的原理』而立書房、1997年。
(16) ERving Goffman, *Behavior in Public Places: Notes on the Social Organization of Gatherings*, New York: The Free Press/ London: Collier-Macmillan, 1963.丸木恵佑・本名信行訳『集まりの構造——新しい日常行動論を求めて』誠信書房、1980年。
(17) Richard Sennett, *The Fall of Public Man*, Cambridge: Cambridge U. P./ New York: Knopf, 1977/ New York: W. W. Norton & Co., 1992/ London/ Boston: Faber & Faber, 1993.北山克彦・高階悟訳『公共性の喪失』晶文社、1991年。
(18) 前掲、浦野『人間的国際社会論』263-269頁。前掲、浦野『国際関係のカオス状態とパラダイム』260-270頁。
(19) 前掲、浦野『人間的国際社会論』195-201頁。
(20) Alberto Melucci, *Nomads of the Present: Social Movements and Individual Needs in Contemporary Society*, London: Hutchinson, Radius, 1989.山之内靖・他訳『現在に生きる遊牧民——新しい公共空間の創出に向けて』岩波書店、1997年。262-263頁をみよ。
(21) 前掲、浦野『国際関係理論史』361-369頁。
(22) 前掲書、338-348頁。
(23) 前掲、浦野『国際関係のカオス状態とパラダイム』309-312頁。

2. 国際連合の民主化とNGOの参加

a) NGOの国際連合参加

　NGOの働きかけで，国際連合にNGO協議制度が設けられ（憲章第71条），これが以後における国際連合とNGOの関係を出発づけた[1]。それを強力に推進した米国と米国のNGOは，国内NGOに国際連合との協議的地位を与えるよう各国を説得した。一方，ソ連は，世界労働組合連盟（WFTU）のために他のNGOを異なる特別な地位を確保せんと懸命であった。第1総会にWFTUの参加問題が提起されたが，米国の工作で留保された（決議4（Ⅰ），賛成32，反対6＝ベロロシア，チェコスロバキア，ポーランド，ウクライナ，ソ連，ユーゴスラビア，棄権11＝ベルギー，フランスなど，欠席2）。

　1946年2月経済社会理事会でNGOとの協議取決めに関する委員会（構成国＝中国，キューバ，フランス，ギリシャ，レバノン，ペルー，ウクライナ，ソ連，英国，米国，ユーゴスラビアの12カ国）が成立し，6月21日の経済社会理事会で同委員会報告の承認をもって経済社会理事会とNGOとの協議に関する規定が制定された。以下のとおりである。

協議資格をもつためのNGOの要件
1. 当該NGOは経済社会理事会の管轄下の問題に関係あること。
2. NGOの目的が憲章に合致していること。
3. 当該NGOがその特定の分野において組織された人々の相当な割合を代表していること。
4. 当該NGOは，その権威ある代表を通じて会員に代わって発言する権限を有すること。

協議の目的
1. 経済社会理事会がNGOから必要な専門的情報ないし助言を確保すること。
2. 世論の重要な部分を代表する団体が意見を表明すること。

NGOの分類

範疇A（Ⅰ）経済社会理事会の活動の大半に基礎的関心をもつもの。

範疇B（Ⅱ）経済社会理事会の活動のいくつかの分野において能力を有するもの。

範疇C（ロスター／リスト登録）主として世論の開発と情報の流布に関連するもの。

権利

範疇A　　経済社会理事会のすべての公開会合にオブザーバーを派遣し，NGOとの協議取決め委員会の勧告で，経済社会理事会で意見を表明する。

範疇B・C 経済社会理事会のすべての会合にオブザーバーを派遣し，団体が必要とした場合，NGOとの協議取決め委員会と協議できる。

1947年8月第5回経済社会理事会は，21の国際団体と4つの国内団体に範疇Bの協議的地位を付与した。パンアメリカ商業生産評議会，国際産業雇用者機関，女性国際民主連合（WIDF），世界民主青年連盟（WFDY）の4団体から範疇Bから範疇Aへの変更申請が出されたが，国際産業雇用者機関は承認（賛成14，反対1，棄権3），ソ連提案のWIDFとWFDYは否決（賛成3，反対7，棄権8）となった（WIDFとWFDYは，翌48年の経済社会理事会にも提出されたが，成立しなかった）。1950年の経済社会理事会で，WFDFは範疇Bから範疇Cへの降格が決定され（WIDFは範疇Bのまま），ソ連・共産圏が主勢力の国際民主法律家委員会（IADL）と国際ジャーナリスト機関（IOJ）の範疇Bの資格が剥奪された。WIDFは，1954年の経済社会理事会で資格を失い，1967年に範疇Bに復帰した（賛成6＝チェコスロバキア，ソ連，インド，フィリピン，タンザニア，スウェーデン，反対6，棄権3）。これは第三世界のアジア・アフリカ諸国がソ連支持に回った結果であった。この際，米国が一貫して反対してきたIADLの参加も，賛成6（ソ連，チェコスロバキア，カメルーン，インド，モロッコ，タンザニア），反対6（フランス，パナマ，米国，英国，ベネズエラ，ベルギー），棄権2（フィリピン，スウェーデン）で成功した。もっとも，NGO委員会は依然，安全保障理事会常

任理事国(ビック・ファイブ)の支配にあった。

　こうした状況下に1960年代を通じ経済社会理事会は，発展途上国の離反で十分に機能しないという事態が生じた。それは，経済社会理事会権限の弱化にも原因があったが，南北問題に十分対処できない限界のためであった。そこで，1974年に国際連合体制の構造に関する専門家グループが組織され，翌75年6月に報告「グローバル経済協力のための新たな国際連合構造」[2]が提出され，組織改革が提案されたものの，そこでは，NGOへの言及はなく，NGO委員会の廃止が勧告された。この報告は，第7回特別総会(開発・国際経済協力)ではほとんど審議されず，代わりに国際連合体制の経済セクターの改革に関するアドホック委員会が設置され，1977年にその報告[3]が提出され，経済社会理事会が総会の補助機関であることが明確になる一方，同理事会への参加を希望するすべての加盟国の参加が勧奨された。その一方，前記の報告「グローバル経済協力のための新たな国際連合構造」には，NGOが猛然と反撥していた。そこで，アドホック委員会報告は，NGOの意見を取り入れ，改めてNGOとの協議的地位は「新国際経済秩序の樹立」宣言および「行動計画」を考慮して改善すべきであると勧告した。これに応えて，経済社会理事会の協議的地位のNGOは1976年に，「第4次10年の新たなNGOとの関係」報告[4]を提出した。こうして，1970年代を通じ国連事務局もNGOの国連活動への参加に応える動きをみせ，1972年，NGOは国連機関間調整局の会議に参加し，NGOの役割について意見を交換するところとなり，こうして国連人間環境会議など国際連合主催する会議へのNGOの参加が活発となった。1975年5月経済社会理事会では民衆の参加とその開発のための実践的意味づけをした決議1927(LⅧ)が成立し，各国に対し，以下の勧告を行った。

　1．民衆の参加を国家開発戦略の基本的政策措置として採用する。
　2．すべての個人，労働組合，青年，および女性の組織といった国内N

GOを，目標の設定，政策の策定，および計画の実施といった開発過程へのできるだけ広範な積極的参加を奨励する。

3．経済成長，社会的平等，および行政的効率の必要性と両立する最大限の市民参加を確保する方法において，民衆を地方・地域・国家の開発計画・プログラムに不可欠な要素として参加させる。

同75年7月ウイーンで，10月ニューヨークで国連訓練調査研修所（UNITAR）の「社会経済開発におけるNGOの可能性」と題する会議がそれぞれ開催され，政府，NGO，国連機関の3者代表が参加した。会議は，NGOの参加，経済社会理事会の再建，政府とNGOの協力推進，国内NGOの潜在的能力の評価が打ち出され，併せてNGOの協議制度の限界が指摘された。その一方，人権条約の実施を含む人権委員会での活動などでは，NGOが参加し，実質的成果をみせるにいたった（1993年の国連人権員会へのNGO参加は169団体に達した）。また，国連主催の世界会議にはNGOが大きく参加したが，その参加規定はとくになかった。

そこで，いち早くNGOを参加させてきた持続的発展委員会におけるNGO登録制度の方式が経済社会理事会への参加に適用されるところとなった。1993年7月経済社会理事会はNGO協議制度改定の作業部会を設け，1996年7月その作業を終え，国際連合体制へのNGOの広範な参加を認める協議の拡大を打ち出した。その際，G77は，国際連合体すべてへの参加を要求した。しかし，米国は，NGO協議の対象を経済社会理事会以上に，つまり安全保障理事会にまで拡大することに反対した。もう1つの争点は，協議的地位にある国際NGOへの国内NGOの参加問題であったが，それは関連加盟国政府との協議に委ねられた。結局，同96年7月25日の国際連合とNGOの協議関係に関する経済社会理事会決議1996／31では，従前の経済社会理事会との協議にとどまり，範疇Aは総合協議的資格，範疇Bが特殊協議資格，範疇Cはロスター（リスト登録）と改称された。世界会議

表3-2　経済社会理事会における協議資格のNGO数

	A／総合協議資格	B／特殊協議資格	C／ロスター	計
1948年	9	56	4	69
1958年	10	112	180	302
1968年	12	143	222	377
1992年	38	297	533	868
1993年	40	334	560	934
1995年	69	436	563	1068
1997年	88	602	666	1356
1999年	111	918	672	1701
2000年	120	1003	872	1995
2001年	122	1083	884	2089
2002年	131	1197	906	2234
2003年	131	1316	903	2950

（出所）　各年次の1969年までは*Yearbook of the United Nations*, New York: United Nations, 1992年以降は*List of Non-Governmental Organizations in Consultative Status with the Economic and Social Council: Note by the Secretary-General*による。

へのNGO参加は，当該会議事務局にNGO参加申請が提出され，承認されることになった。これは，NGO参加という現実を反映していた。

今次改定の問題点は，協議資格に関してであった。それは参加と区別されてきた。ILOや世界銀行などの国連専門機関は，討議（投票を除く）では，政府代表とNGOが対等に参加できたが，協議では，仮議題の提出，会議への出席，口頭または文書での意見提出に限定されてきた。そこで，NGOは，自らの参加を要求してきたが，G77と中国が反NGO戦線を結成し，その実質的参加を阻止した。したがって，国際連合の民主化に従うNGOの協議から参加への変更は実現しなかった。

そこで，1996年の経済社会理事会決定1996／297で，NGOの総会参加および他の国連機関への参加問題の総会審議が求められ，国際連合体制の強化に関する開放型高級作業部会での審議に付せられた。1997年の第52総会では，ほぼ50のNGOがロビー活動を展開し，そしてグリーンピース・

インターナショナル，世界国際連合協会連盟，世界連邦運動などを中心に同年6月，以下の妥協案を作成して提出した。
1．総会は，経済社会理事会の協議資格のあるNGOに対し，暫定的に総会，主要委員会，特別総会への参加を決定する。
2．総会は，事務総長に対し，総会および国際連合体制の他のすべての領域における現行のNGO参加をめぐる取決めと慣行，改善に向けての提案と勧告からなる報告書の作成を要請することを決定する。
3．総会は，この事務総長報告に基づき，NGOの総会などへの参加をめぐり，さらなる措置を講じることを決定する。

しかし，この働きかけは，実現しなかった。1997年12月オランダ政府は約50カ国とNGO35団体の会合でほぼ同様な決議案の説明を行い，工作を進めたが，成功しなかった。かくて，カナダの提案で，国際連合体制のすべての活動におけるNGOの相互作用のための既存の取決め・慣行，NGOの参加拡大における法的・経済的意味，およびとくに発展途上国NGO参加問題につき，事務総長に検討を求めることになった（総会決定52／453）。翌98年7月事務総長報告「国際連合体制のすべての活動におけるNGOの相互作用のための取決めおよび慣行」[5]が提出されが，具体的な改善策やNGO参加拡大の提言は触れられなかった。これに対し，同98年9月ダーバンで開催の第12回非同盟諸国首脳会議は，NGOの総会へのアクセス拡大に反対する意向を表明した。これにより，NGOの総会参加についての実質的討議はなされずに終わった。その反対というのは，協議的地位をもつNGOの大半が欧米に拠点を置く国際NGOによって占められていて，その状態が改善されないという南北間の格差対立に，その原因があった。1996年の改定で国際NGOの資格要件を外したのは，NGOの地域的均衡を図る意図にあったが，南のNGO活動は依然，限定されていた。

一連の世界会議の開催を推進したブトロス・ガリ事務総長は，政治的ア

クターとしての国家政府に対してＮＧＯの参加を積極的に奨励したが，1998年の第53総会で，政府代表ラウンジへのＮＧＯの出入りが禁止された。これは政府要人の安全という理由からであったが，当然にＮＧＯのロビー活動はこれにより遮断された。こうした風潮を前に，1997年，カナダ・ノルウェーなど一部の政府と会議への参加が認められないＮＧＯが共同行動を起こした。ＮＧＯ1000以上の団体が展開した国際地雷禁止キャンペーンがそれである。この活動と圧力により，同97年12月の第52総会で対人地雷全面禁止条約が採択された[6]（1999年3月発効）。こうしたなか，ＮＧＯとのパートナーシップがＵＮＤＰで提起され，開発・人道援助あるいは選挙監視へのＮＧＯの参加が高まったが，そのＮＧＯのパートナーシップは，1992年にＵＮＨＣＲが難民救援活動に従事している世界のＮＧＯ200団体で構成するボランティア機関国際協議会（ＩＣＶＡ）と「ＵＮＨＣＲ・ＮＧＯパートナーシップ」が締結されたのを先駆としている。この地雷の除去作業は，いうまでもなくそのオタワ・プロセスを進めたＮＧＯによって実現していった[7]。

　1997年2月12日安全保障理事会は中部アフリカ問題の審議で，初めてＮＧＯに対し意見を徴し，国境なき医師団（フランス），オクスファム（英国），ケア（ケニア）のＮＧＯ3団体が見解を表明した。これは，ＮＧＯが現地の情勢について的確な判断ができることを証明したもので，その平和維持活動にはＮＧＯの参加が不可欠であることの実情があったからである。そこで，人道問題を処理する機関間常設委員会（ＩＡＳＣ）に，国連事務局人道問題調整局，ＷＦＰ（世界食糧計画），ＵＮＨＣＲと並んで，ＩＣＲＣ（赤十字国際委員会），国際赤十字，赤新月運動，さらに3つのＮＧＯ連合，すなわち，インターアクション（開発／救援活動のＮＧＯで構成），ボランティア機関国際協議会（ＩＣＶＡ），および人道対応常設委員会（救援活動のＮＧＯで構成）により協議グループが構成されるところとなり，

第3章　グローバル・ガバナンスと国際連合　249

平和維持活動が遂行されるところとなった[8]。

　ＮＧＯの総会参加は実現していないが，国際連合の活動にはパートナーシップとしてＮＧＯが全面的に参加している。

ｂ）地球市民フォーラムとしての国際連合

　市民社会を代表するＮＧＯを正式な国連アクターとして，直接に国際連合に参加させようという提案はなされてきた。マーク・ナーフィンは「市民議会」の創設を提案してきた[9]。より民主的な国際連合を目指すＮＧＯ会議は，各国政府代表から構成される総会に倣い，市民代表からなる「第二総会」の設置を呼びかけた[10]。グローバル・ガバナンス員会は，「市民社会フォーラム」の設置を提案している。グローバル・ガバナンス委員会の報告「われらグローバル隣人社会」は，こう言及している。

　「各国政府代表によって構成されている国連総会を補完する審議機関として，「人民の議会」を設置すべきだとの提案が広く流布されている。一般に提案されているのは，まず手始めに各国の議会から選ばれた国会議員を代表者とする会議を設置し，その次に国民から直接選挙で選ばれた代表者によって世界総会を設立するというものである。また，各国の議員で構成する会議は，直接選挙で構成する人民の議会を制定するための代表者選出総会として機能できるという提案もある。私たちは，これらの提案についてさらに討議することを奨励する。

　時期が到来した段階でまず国会議員で構成する代表者選出総会を設立し，後に民間人をより多くしていく方法が正しいと考える。しかし，国会議員はあくまで出発点であって，終着点になってはならないことに注意する必要がある。

　国会議員による会議は，グローバル・ガバナンスに新しいアクターを導き入れるための答えではない。国連総会とならんで各国の国会議員

に対し，国際的な対話の場を与える機会である。この面では万国議員同盟や国際活動のための国会議員などの組織がすでに十分機能しており，これらの組織はグローバル・ガバナンスに向けてのより緊密な協力が望ましい。……

　私たちの第一の提案は，国連制度のなかに国会議員または人民の議会を設けるまでの経過措置として，手始めに，毎年，市民社会フォーラムを開催することである。このフォーラムには，市民社会組織として総会に認められている組織の代表が出席する。……

　この提案を私たちは重視しており，これをさらに発展させるための協議に市民社会自身も参加すべきだと考える。そうした協議を行うにあたっては，より広範な組織から国際連合のグローバルなフォーラムについて意見を聴取するために，地域フォーラムを結成すべきである。1つのフォーラムには，300から600の市民社会組織が参加するのが望ましく現実的でもある。どのような組織を参加させるかは，市民社会自身が決めるべきことである。このフォーラムが国際連合のなかでどのような機能を果たすかは，国際連合，特に総会との合意によって決めることである。

　私たちは，国際市民社会の代表と協議した結果，市民社会フォーラムの必要性ならびに，フォーラムの性格と機能を決めるうえで市民社会自身が大きな役割を果たす必要があるという結論に達した。……

　このフォーラムは，国際市民社会に国連制度への直接のアクセスをもたらし，その意見を国際連合の審議に反映させる入口を提供する。フォーラムは総会に代わって決定を下すことはできないが，討論にあたって情報を提供し，結論に影響力を発揮することによって，総会の決定を助けることができる。……フォーラムのプロセスはまた，各国連加盟国政府が総会の議題あるいは総会以外の議題を検討する際，そ

れに対する市民社会の影響を強めることにもなろう。

　このように，フォーラムは，前進への大きな一歩である。その役割は，現在，国連の広報局が開催しているＮＧＯの年次会議とはまったく異なる。フォーラムは，市民社会に総会での政府間の討議に影響を与える広範にわたる機会を提供することを意図したものである。もちろん，これは，現在すでに存在する国際機関と市民社会の間のパートナーシップや，相互作用の拡大に取って代わるものではない。」[11]

　この直接選挙で選ばれた世界の市民代表で総会を構成するという構想は，世界連邦運動のハチンス世界憲法[12]での構想と軌を一にする。ゴルバチョフ・ソ連首相は，1988年の第43総会演説で，「人民組織の議会」の創設を呼びかけた。1993年カナダ上院外交・貿易常設委員会は，カナダ政府に対し，1995年に「国連議員総会」の準備会合を開催するよう要請した。ブトロス・ガリ事務総長も，ＮＧＯの直接国連参加に意欲的であった。これまで，国際連合は主権国家のフォーラムと考えられてきたが，いまやＮＧＯの国際連合への参加がその機関の政治的な正当性を保証するものであることは，1994年の第47回国連事務局広報局ＮＧＯ会議におけるブトロス・ガリ事務総長の演説で指摘されたとおりである[13]。

　21世紀においても国際連合が普遍的機構であり，このことは国際連合の民主化において地球市民社会の参加が不可欠であるからである。現実にＮＧＯは市民社会の代表として国際連合に参加しつつあり，それはグローバル・ガバナンスの方途を通じ様々に追求されているが，それが十分開化できるかどうかは民主主義諸国共同体としての国際連合の成熟にかかわるところである。市民社会の代表からなる市民フォーラムがいかなる形式で望ましく仕上げられるかは，今後の課題であるものの，その実現は間近い[14]。

c）国連グローバル・コンパクト

1999年1月アナン事務総長は，世界フォーラム（WEF）でグローバル市場に「人間の顔」を与えるための国際連合とのグローバルな盟約を結ぶよう，経済人に呼びかけた。これが国連グローバル・コンパクト（GC）である[15]。

このGCは，持続的で包括的なグローバルの形成に向けて，市場の拡大に対する社会と政治の調整を提起したものであり，GATT（貿易と関税に関する協定）からWTO（世界貿易機関）への移行によって知的財産権などの超国家企業／多国籍企業の権利が強化された一方，企業の社会的責任を国際的社会で問われる状況にあっても企業の対応は十分でなく，それに伴いグローバル化を象徴する超国家企業やWTOなどの国際機関に対する抵抗，ないしグローバル化への反対運動が激化してきていることへの国際連合の回答といえるものであった。アナンの構想は，共有される価値として人権・労働・環境の3つの柱に対する9原則（のちに1項目を追加して10原則）が提示されており（128－129頁をみよ），超国家企業が問題の解決者となりうることを確認し，国連ミレニアム開発目標を達成する手段としてNGOたる企業の役割をはっきりさせた。ここでの人権・労働・環境の3つの柱は「世界人権宣言」，「労働における基本原則および権利に関するILO（国際労働機関）宣言」，ならびに「環境と開発に関するリオ宣言」にそれぞれ対応している。この意味で，GCは，グローバル・パートナーシップのもとに国家に適用されてきた原則を企業が受け入れ，実践するよう勧奨するという試みである。

このGCを産・学・民関係者（Stekeholder）はステークホルダーが参加するマルチ・ステークホルダー・プロセス（MSP）というが，そのステークホルダーは特定の意志決定に利害を有する個人ないし組織を指しており，国際連合，企業，経済団体，労働組合，NGO，教育研究機関など

第3章 グローバル・ガバナンスと国際連合　253

がそれである(16)。このMSPには，持続的発展委員会（CSD），国連エイズ合同計画（UNAIDS），さらに世界ダム委員会（WCD）などが参加し，2003年9月時の企業参加はシェル，ダイムラー，クライスラー，ノバルティス，ナイキなどの大企業を含む1,240社であったが，現在では，発展途上国や移行経済の企業が過半数を占め，3割が中小企業である。

その事務局はグローバル・コンパクト事務局と4つの国連機関で，国連人権高等弁務官事務所（OHCHR），ILO，国連環境計画（UNEP），国連開発計画（UNDP）で，2002年1月諮問委員会が組織された。2003年5月国連工業開発機関（UNIDO）が加わったが，これらは，ネットワークのハブ（活動中枢）として存在しており，国際連合が会議やネットワークを組織することでネットワークの発展が図られる仕組みが形成されている。これにより，国際連合は自ら内部から機構を改革することになる一方，国家だけでなく非国家行為体（NSA，企業・NGO・その他の組織），つまり，市民社会の国連参加を高めることが意図されている(17)。GCは，多様なステークホルダーが提供する知識が集積され，そこから生まれる学習効果が期待されており，それは産・学・民が協力し連携して問題解決にあたるネットワークの形成にある。そこでは，GCを通じて国家に適用される一般原則を具体的な企業に即して再解釈し適用することが可能となり，また企業間でのあるいは企業と研究機関間での具体的問題解決のプロジェクトを提起し，推進することも可能となる。このネットは5つの場，すなわち，(1)政策対話（会議への参加を通じて問題を解決する），(2)学習フォーラム（企業がGCの原則を実践するに当たっての手引きをGCが提供する），(3)パートナーシップ・プロジェクト（討議と学習の成果を共同プロジェクトへ転換してミレニアム開発目標の達成に資する），(4)アウトリーチ（GCの地域・国家のローカル・ネットワークを拡大する），(5)GCネットワークの拡大（GCへの参加企業を働きかけるリーダーシッ

プの発揮)において展開されている[18]。

この取り組みは,グローバル・ガバナンスの1つの新しいモデル,グローバル公共・民間パートナーシップ・ネットワーク(ＤＰＰＰ／ＧＰＰＮ)といわれ,国際連合が産・官・民セクターに属する組織を,法的拘束力なしに包括するネットワーク形成において企業やＮＧＯと連携する新しい試みである。従来のグローバル・ガバナンスが多国間主義に依拠していたのに対し,これは,グローバル・ガバナンスが求められる国家・非国家行為体(ＮＳＡ)が混然と参加した状況において,新しい問題解決を生み出す構想力,それを実現する資金力,そして時宜に適った機動力の3つを発揮できる斬新なシステムであり,多国間主義の国際連合がこのシステムに対応して変革したことで注目される[19]。

このマルチセクトラリズム(多部門間主義)のネットワークが広がりつつあるのは,世界政治学の登場と関連がある[20]。それは1つには国家の能力の後退,いま1つには地球市民の登場による多国間主義(国際会議ないし国際組織での外交的処理)による問題解決に対する市民の不満とそれに抵抗する運動の高まりを反映している。

そこでの新しい解決スタイルにおけるＧＣの役割としては,以下の点が指摘される。

1. ＩＬＯでは,国家に雇用者と労働者が加わった3者方式(国際労働機関憲章3条1項)で勧告や条約が制定され,加盟国が選択的にそれらを批准し,そして国家は独自に立法措置で法律を制定している[21]。としても,そこでは,トランスナショナルな論点はなかなか対処できない。これに対して,ＧＣは,討議の方式を適用し,問題を解決するには組織体の説明責任を明確にすることで,当該問題を当事者の利益の枠内で自発的に——組織化と脱組織を通じて——解決するよう求める。
2. その問題解決においては,多国間主義に基礎をおいた法と強制力,

そしてそこでの制裁の有効性とは異なる方式がとられる。それは，規範と批判に基礎をおいており，企業の正統性と競争力を排除するものではなく，またＮＧＯの自発性と市民としての責任に立脚していて，啓蒙された利益と目標が遂行されるというものである。いいかえれば，組織を社会化することで，当該組織が社会的価値を損なわない形で問題を解決するということである。当然に，その社会的価値を欠く組織体は新しい形での社会的制裁を蒙ることになろう。

3．かくして，企業は利潤と社会的責任を追及するモデルを確立し，社会的評価を受けることになり，その企業は市民社会の支持を受けて大きく成長するところとなる。ＮＧＯは，そうした社会的風土を育成することにおいて大きな使命を有し，市民社会はそうした秩序形成を展望している。

【注】
(1) 馬橋憲男『国連とＮＧＯ——市民参加の歴史と課題』有信堂，1999年。
(2) 国連文書E/AC.62/9,1975.。
(3) 国連文書A/32/34 and Corr. 1, A/32/34/ Add. 1, および決議32/197, Annex。
(4) "A Renewed NGO Relationship for the Fourth Decade," *International Association*, No. 5, 1976.
(5) 国連文書A/53/170。
(6) 「地雷をめぐる諸問題——「特定通常兵器条約」を中心に」調査と情報，第274号，1995年。赤十字国際委員会，難民を助ける会ボランティア訳『対人地雷 味方か敵か？——軍事問題としての対人地雷の研究』自由国民社，1997年。国際連合『国際連合と地雷』国際連合広報センター，1997年。『地雷廃絶と除去——地球上は地雷がいっぱい』平和戦略研究会，1995年。神保哲生『地雷リポート』築地書館，1997年。目加田説子『地雷なき地球へ——夢を現実にした人びと』岩波書店，1998年。柳瀬房子『人間が地雷をすてる日』大日本図書，1998年。『「ＮＧＯ東京地雷会議'98」報告書/*Report NGO Tokyo Conference '98 on Anti-personnel Landmines*』難民を助ける会，1998年。地雷廃絶日本キャンペーン出版事業本部編『地雷廃絶と除去』地雷廃絶日本キャンペーン出版事業本部，1999年。Louis

Maresca & Stuart Maslen eds., *The Banning of Anti-personnel Landmines: The Legal Contribution of the International Committee of the Red Cross*, Cambridge: Cambridge U. P., 2000. 足立研幾『オタワプロセス——対人地雷禁止レジームの形成』有信堂高文社, 2004年。

(7) 日本地方新聞協会編『地雷廃絶と除去』日本地方新聞協会, 1993年。坂梨由起子『カンボジアの地雷除去と農村復興——バッタンバン州における地雷除去の社会的経済的影響』地雷廃絶日本キャンペーン, 2001年。

(8) 国連文書A/53/170。

(9) Marc Nerfin, "The Future of the United Nations System: Some Questions on the Occasion of an Anniversary," *Development Dialogue*, No. 1, 1985.

(10) Frank Barnaby ed., *Building Democratic United nations*, London: Frank Cass, 1991.

(11) op. cit. *The Report of the Commission Global Governance, Our Global Neighbourhood*. 前掲, 京都フォーラム監訳『地球リーダシップ——新しい秩序をめざして』310-312頁。

(12) ハチンス世界憲法は, Robert Hutchins ed., *Preriminary Draft of A World Constitution*, Chicago: Univ. of Chicago Press, 1948. 田畑茂二郎『世界政府の思想』岩波書店, 1950年, 221-249頁。賀川豊彦訳『世界憲法草案』世界連邦推進委員会, 1971年, 所収。

(13) ECOSOC Concludes NGO Review, http://www.un-ngls.org/documents/text/roundup/10NGOREV.TXT, November 1996。

(14) 最上敏樹は, グローバル・アナキーズムとしての「世界政府なき地球社会」を想定したが, それは, 国際連合がＮＧＯ型秩序構築に接近することだと, いち早く論じていた。最上『国連システムを超えて』岩波書店, 1995年, 終章。

(15) Secretary-General Proposes Global Compact on Human Rights, Labour, Environment, In Address to World Economic Forum in Dabos, *UN Press Release*, SG/SM/6881, Rev. 1, 1 Feb. 1999.

(16) Minu Hemmati, *Multi-Stakeholder Processes for Government and Sustainability: Beyond Deadlock and Conflict*, London: Earthscan Publication, 2002.

(17) Secretary-General Urges Business, Labour Organizations, Civil Society to Maintain Momentum of Global Compact, Address at Ceremony of Adherence to the Global Cmpact, Madrid, *UN Press Release*, SG/SM/8193, 10 April, 2002.

(18) Global Compact Office, *The Global Compact: Report on Progress and Activities, July 2002-July 2003*, New York: United Nations, 2003.

(19) 三浦聡「国連グローバル・コンパクト——グローバル・ガバナンスの新たなモデル」ジュリスト, 第1254号, 2003年10月15日。

(20) 前掲, 浦野『国際関係のカオス状態とパラダイム』181-189頁。

(21) 吾郷眞一『国際労働基準法——ＩＬＯと日本・アジア』三省堂, 1997年, 10-14頁。

3．市民社会とグローバル秩序展望

a）グローバル市民社会と社会運動

　市民社会の再生が問われ，国際的社会における個人の関係と役割が論じられている。それは。4つの視点で提起されている[1]。

　第1．市民社会の前提となる社会と国家の相対的分離に発する市場の自立性への信仰である。それは，俗に見えざる手と形容されるアダム・スミスの市民社会体系の問題である。

　第2．シビル（civil）あるいはシビタスにおける官に対する民の意味である。いいかえれば，レスター・M・サラモンが提起した非国家的で非政府的な共同性を担う第三セクターの台頭と役割の問題である[2]。別の角度からいえば，ロバート・パットナムのいう「民主主義を機能させる」という問題である[3]。それは，改めていうまでもなく公共性の構造転換としてユルゲン・ハーバーマスが提起した新しい社会空間における政治的場の理論としての公共圏という主題である[4]。

　第3．東欧共産圏体制の崩壊となったその担い手としての教会・労働組合などNSAへの着目である。この集団は，国家統制社会が資本主義市場に曝される段階で，自律的な集団形成をみせるにいたり，その集団が信頼形成における自律的機能を発揮するにいたるという展望である。この問題は，西欧社会において，とくにアメリカ社会において福祉国家化に伴う官僚化に肥大から保守派の反撥と危機感を生み出したことでも共通項がある。これは，市民宗教の再生による市民社会の登場とされる主題である。

　第4．その市民社会は，経済と国家から区別される社会的相互作用の領域として位置づけられる。こうして，市民社会は国家と社会との分離において把握されるが，それは市民社会が政治・経済とのかかわりにおいて理解されなければならないことを意味する。つまり，そのNSAが，独自の

政治領域あるいは市場への接近をみせてきたということである[5]。NGOは国家を超えた市民ネットワークで国際NGOとして活動するが,それは,超国家企業の活動がグローバル市場で展開するグローバル化のなか,他方において,国際NGOが国家を横断したトランスナショナル市民社会として存在するということである[6]。

その市民社会は,3つの現代的課題を担っている。

第1.私的社会が相互に作り上げてきた行為連関が,共同行動実現の場として市民社会へ再吸収されつつある。

第2.市民社会は,部分社会としての機能を担うだけでなく,ヘゲモニーの場(政治社会あるいは経済組織)として市民社会形成に組み込まれつつある。

第3.その市民社会は,その一方でトランスナショナルに新たな国際的ヘゲモニーを発揮しつつある。

要するに,国民国家レベルでの市民社会がトランスナショナルな次元において様々な連関を生み出し,それはグローバル化においてグローバル市民社会の形成を展望づけ,それに突入しているということである。NGOと消費者運動が一体となって,国際企業に対して環境改善などの政治経済的要求を突きつけている。1983年8月西ドイツの会社クロフス・チタンとピグメン・ケミーは二酸化チタンの廃液を北海に投棄していたが,これに対してグリンピース・インターナショナル(GPI)は「人間の鎖」を展開し,その投棄を中止させた。こうした一連の事件を機に,企業の市民社会との関係は見直されるところとなった。そして,リオ・サミットで持続的発展のための経済人会議(BSCD)が発足し,グローバル・コンパクトが生まれるところとなった。これは,超国家企業の社会的責任を求める市民社会に対して,企業の自発的取り組みを制定させにいたった。ただ,ヨハネスブルガ・サミットでは,ヨーロッパのNGOや地球の友が中心と

なって，企業の社会的責任を高めるために，さらに法的拘束力のある条約の策定作業を要求したが，政府や企業はグローバル・コンパクトなどの取り組みを理由に応じなかった。としても，採択の「ヨハネスブルグ実施計画」には，将来，超国家企業の行動を規制する国際協定の検討可能性という文言が盛り込まれ，市民社会の要求は応えられた。

その世界市民の要求は，1999年11月シアトルで開催されたWTO第3回閣僚会議が5万人が結集した市民運動によって流された事件を大きな転機とした。そこでは，社会運動とNGOが合流したことで，市民社会の画期的な大衆動員となった。その抗議運動は，WTOの民主化に向けた転換を促した。ドーハWTO第4回閣僚会議は，市民社会が発展途上国とロビー活動を通じて連携し，その交渉過程に圧力をかける一方で，会議の外では農民・漁民による大規模な抗議運動が展開された。

それはNGOと社会運動の接合にあるが，その社会運動は，現在，表3-3，表3-4における第四世代の世界社会運動として，アルベルト・メルチが1999年に『現代の遊牧民』[7]と称したもので，以下の特性を持つ[8]。

1. 社会運動は，情報資源の生産・配分・伝達・消費にあって，運動の組織は必ずしも目的達成の手段にならない。多様なアイデンティティのなかの1つの個人の選択として，運動への個人の参加が成立している。
2. そこでの個人の可変的アイデンティティが帰属する集合行動の空間をもって運動が成立している。
3. その社会運動の政治性は，権力の獲得とかその制度化ではない。それは，目的実現の手段とはならない。それで，運動の外的目的連関と切り離されることもない。
4. その運動は，それ自体，自己表現として，権力の内部へと可視可さされてシンボル化される。その半面，日常生活の拡散されたネットワークの潜在性のもと超政治性を担うことになる。そこには，運動の成功

表3-3 世界社会運動の展開

	運動の形態	目的価値	主体類型
第一世代	国際共産主義運動 労働運動	平等	階級
第二世代	民族独立運動 公害運動 非同盟運動	自立	非支配者 被害者 周辺
第三世代	新しい社会運動　学生，フェミニズム，エスニシティ，環境，反核，平和など	個の解放と開花	個人
第四世代	地方ネットワーク 地球市民ネットワーク	連帯と共生	市民 地球市民

(出所) 前掲，浦野『国際関係理論史』116頁。

表3-4 地球市民運動としてのNGO

	特　性	対　象	主体類型	戦　略
第一世代	救援・福祉	個人／家庭	NGO	自主的
第二世代	ローカル共同体開発	近隣社会／村落	NGOと地域共同体	ローカル共同体の動員
第三世代	持続的システムの開発	地域／国家	関係のすべての公的組織(政府)・民間組織（NGO・企業など）	主体性の認知の触発と啓蒙
第四世代	市民運動	国家／地球	民衆と組織（NGO）のネットワーク	活動家のネットワーク形成と自発的参加

(出所) 前掲書，118頁。

とか失敗とかの評価はない。

5．運動は，動員のための構造的条件や動機を欠き，新中間層に支えられ，運動の人的資源はファジーで不確定である（これは前述の新しい公共空間である。236－237頁をみよ）。

6．だが，権力の所在は可視化されており，それ故に交渉の対象が特定化され，運動の社会政治性は明白である。

これこそ，第四世代の市民運動であって，現代の遊牧民による新しい社会運動の表現形態と見做されるものである。市民はそれぞれの目的連関で集合行動に参加するが，その行動に社会的責任を負っても，その行動の選

択は制約されることなく，自律的である。

　また，市民社会は，例えば，オタワ・プロセスという対人地雷全面禁止運動を展開し，対人地雷全面禁止条約の総会採択に成功した[9]。こうした運動の先例は，世界法廷プロジェクト（WCP）運動である。まず1992年に国際平和ビューロー（IPB），核戦争防止国際医師会議（IPPNW），国際反核法律家協会（IALANA）の3団体が，核兵器の使用又は威嚇の違法性について国際司法裁判所の勧告的意見を求める世界法廷運動を立ち上げた。これは，社会運動が国内における政策実現のために裁判所を利用するという手法を国際社会に援用したものであった。市民社会は世界保健機関（WHO）と総会で強力なロビー活動を展開し，国際司法裁判所に対して核兵器に関する勧告的意見を求める決議を採択するよう働きかけた。これは，市民団体では国際司法裁判所への提訴ができないためであった。この運動は92年10月の第11回非同盟諸国首脳会議で支持された。日本では，翌93年4月WCP運動が始まり，その内部対立から同年11月中断したが，翌94年，日本原水爆被害者団体協議会，核兵器の廃絶をめざす日本法律協議会が世界法廷センターを結成し，10月核兵器問題の提訴についての署名を国際司法裁判所に提出した。一方，同年5～6月の非同盟諸国カイロ外相会議は核兵器問題の国際司法裁判所への提訴につき総会への議題提出を決定し，かくて11月19日総会に議題が付託され，12月17日総会はその決定を採択した。同月19日核兵器問題は国際司法裁判所に提訴され，1995年10月30日には平岡敬広島市長が，次いで伊藤一長長崎市長が同裁判所で陳述を行った。1996年7月8日同裁判所は「核兵器の使用又は威嚇は国際人道法の原則から一般的に違法である」との勧告的意見を下した。国家の極限的状況における核の使用については，合法・違法の判断を留保したが，核保有国は核軍縮交渉を誠実に行うべき義務があるとしたことは，いわゆる社会の平和創造に向けての大きな成果であった[10]。

その市民運動のグローバル結集の代表は，世界経済フォーラム（WEF）に対抗して2001年1月ブラジルのポートアレグレで結成された世界社会フォーラム（WSF）である。それは，人権が中心となるオルタナティブの世界を求める個人・団体が集い討議する場で，その世界社会フォーラム2002には，50カ国から6000人の労働組合・NGO・市民運動代表・政治家・知識人が参加して，「もう1つの世界は可能だ（Another World is Possible）」を提起し，同01年4月サンパウロで開催の運営委員会で世界社会フォーラム憲章が採択された（2002年6月修正）。同憲章はこう述べる。

　「世界社会フォーラムは，経済や発展・歴史を1つの視点から解釈した何らかの原則に還元することに，すべて反対する。国家が社会を統制するために暴力を行使するにも反対する。私たちは，人権を尊重し，真の民主主義による実践と参加型の民主主義を支持する。民族間・ジェンダー間の平等と連帯による平和交流を支持する。また，1人の人間が支配し，他の人間が従属するという人間関係をすべて排除するよう訴える。」（10節）

　「世界社会フォーラムは経験を交換する枠組みである。私たちは，参加団体や運動組織が互いに理解と認識を深めるよう，奨励する。私たちは，人民の必要を満たし，自然を尊ぶ経済と政治の活動を中心として，社会を築いていく。私たちは，現在のためにも，これからの世代のためにも，こうした経験の交換が，特に重要であると考える。」（12節）

　以後，2002年，2003年とダボスでのWEF開催と同時期にポルトアレグレでグローバル化反対を主要テーマに開催された。日本では，日本アジア・アフリカ・ラテンアメリカ連帯委員会が参加している。

　このWSFのオルタナティブ政策目標は，地域通貨などを通じて実践されている[12]。そしてWSFの理論的支柱となっているグローバリゼーショ

ンに関する国際フォーラム（ＩＦＧ）は，以下の人民参加の新しい民主主義10原則を提唱している[13]。それは，以下の通りである。

①投資や貿易で影響を蒙る人民が意志決定の過程に参加する。
②地域経済を保護し，再活性化するための補完性の原則を採用する。
③生態的な持続可能性に基づいた経済システムを構築する。
④水・大気・文化・知識・衛生・教育・社会保障は集団の共有財産である。個人・企業はこれら共有財産の所有を独占してはならない。
⑤文化・経済・生態系の多様性は，尊厳と健康な生活と活力の源泉である。効率性と規模の経済を重視する企業から多様性を守らなくてはならない。
⑥政府に対し，市民権，政治的権利のみでなく経済的・社会的・文化的権利も人権として保障するよう求める。
⑦公的部門と同様に，民間部門の労働権も保護する。
⑧地産地消の新しい食糧システムを構築する。
⑨拡大する格差は社会的緊張を生んでおり，平和の脅威となる国家間・国家内・民族間・階層間・男女間の格差を是正する。
⑩科学的不確実性を伴うものに予防原則を適用するよう，各国政府に対し法制化を求める。

　アムステルダムのトランスナショナル研究所副所長，パリのグローバリゼーション観測所所長スーザン・ジョージは，『オルター・グローバリゼーション宣言』で「いま世界は新たな妖怪におおわれている。それはグローバル正統化を求める世界市民という妖怪である」と指摘したが，同時に「もうひとつの世界まで。あと一歩だ！」と語った。1990年代末葉からのジュビリー2000の国民運動は成功しており，南北問題解決のキイである世界の負債の解決はもうじきだと，彼女は述べた[14]。

　グローバル市民社会におけるＮＧＯの活動とともに市民運動の参加による新秩序形成は，現在なされつつある。

b）地球的民主主義とグローバル秩序

20世紀の国際社会の激動は，いわゆるグローバル化である。そのグローバル化状況は，図3-1にみるように，4つの要素（個々の自我／個人，人間／市民，国民国家諸社会，諸社会世界システム）の交叉相関としてグローバリズムが進行しているということである。1つを重視して他の3つを軽視すると，原理主義の形態に終わってしまう。いいかえれば，そこでは，国家・社会・個人の安全保障はその相対化にあるからである。

その論点は，次のとおりである。

1．世界は縮小され，自己のアイデンティティが相対化されるなか，国民国家の社会関係が相対化している。そこでは，個人の安全保障とともに当該社会の秩序が堅持されており，これにより文化の多元性が保持される。

2．グローバル化は相対化の過程である。そこでは，局面の分化が進行

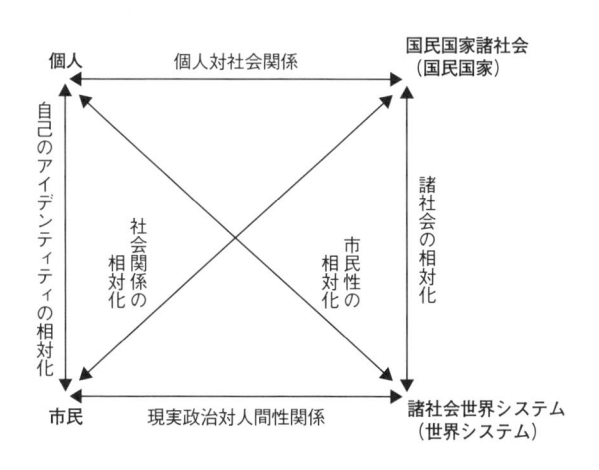

図3-1 グローバル化状況

（出所）Roland Robertson, *Globalization: Social Theory and Global Culture*, London: Sage, 1992. 阿部美哉訳『グローバリゼーション――地域文化の社会理論』東京大学出版会，1997年，37頁。

している。安全保障においては，その脅威認識の相対化／多元化から多元的かつ重層的安全保障が進展している。
3．国民国家諸社会の世界システムとともに，市民社会は相対化し，新たな現実政治と市民の関係が浮上した。
4．国民国家諸社会と市民との社会関係の相対化で，国境を越えた問題群が登場し，国家間あるいは世界システムに対する市民の共通認識から，国際NGOの世界システムへの参入，現実政治に対する市民の取り組みがなされている。

こうした状況は，国民国家間の関係である「国際」空間というよりは諸社会の世界システムへの参入において「地球」空間の現象を創出したもので，そこでは，市民と諸社会世界システムにおける新しい関係が展望づけられる。21世紀は，国民国家の役割が相対化し，世界市民のグローバル空間への参入で，国家のみならず，国際機構，市民社会，企業といった非国家行為体（NSA）によって形成される秩序が展望される。現実に地球的問題群と称される人類が直面する問題の性状は，環境，貧困など優れて「地球」的である。近視眼的には，国家を中心とした主体の秩序を通じて直面する問題の解決が展望されるが，遠視眼的展望においては，非国家行為体が国家とならんで大きな影響力を発揮した地球秩序の構築にある。

こうした枠組みをグローバル・ガバナンスと解するが，それは個人としての人間／市民に中心をおく地球的民主主義の構築にある[15]。

第2次世界大戦以後の国際秩序は，連合国のダンバートン・オークス会議とブレトンウッズ会議で形成され，前者は国際社会の平和と安寧の維持を主眼とし，後者は世界諸人民の福祉と世界経済の安定を課題とした。国際連合は，国家による武力行使を国家の自衛権の発動および安全保障理事会の決定による軍事力の発動以外は違法とした。社会経済の分野におけるブレトンウッズ機関は，通貨の安定と貿易の拡大，さらに開発援助におけ

る国際協力において国際経済秩序の維持と再生において主導的役割を果たしてきた。国際連合は，冷戦の激化によって当初の目的遂行から乖離した局面もあったが，1950年代の朝鮮戦争，1960年代のコンゴ動乱，さらにキューバをめぐるミサイル危機，1970年代の中東戦争と南北対立，1980年代のイラン・イラク戦争，1990年代以降における各地で噴出した民族紛争では，一定の評価される役割を果たしてきた。そうしたなか，1999年3月ＮＡＴＯ（北大西洋条約機構）による旧ユーゴスラビアへの空爆を含む人道的介入など，2001年の同時多発テロに対する米国の対応は，2002年9月における先制攻撃の米国安全保障戦略を位置づけるものであった。2003年3月米国・有志国連合によるイラク戦争の発動をめぐり，9月の第58総会演説で，アナン事務総長は，国際連合が過去58年にわたって依拠してきた原則に対する挑戦に直面している，と率直に言及した。このアナンの指摘は，国際連合が依拠してきた行動に対する国際連合体制と国際社会（国家間社会）の枠組みについての根本的再検討を提起したところであった。国際介入という新しい問題は，平和と安全の究極的保障者である国際連合とともに，その当事者であるＮＧＯなど非国家行為体（ＮＳＡ）が一定の役割を果たすこと，ならびに国際介入の手段と目的整合性が確保されるといった2つの要件を提起しており，その方向性は現在，是認されている[16]。とりわけ，国際テロとイラク戦争は，国際政治の分析座標の再検討を引き起こし，同時に国際連合にとり新しい課題を提起した[17]。それに対する回答は，これまでのところ確かな合意をみるにいたっていないが[18]，現状解決に対する国際的合意はほぼ成立している。それは，国家の能力発揮とならんで市民社会の支持がその正統性を決めるところであって，そこでは，国際連合を場とした調整が確実に求められている。

　経済・社会秩序の維持も，数多くの挫折と失敗を繰り返してきた。1960年以来，4次にわたる「国連開発の10年」は南北の経済格差を縮めるどこ

ろか，一部発展途上国での拡大すらみせた。1974年の総会における「新国際経済秩序樹立宣言」は，現秩序に対する発展途上国の不満に対応したものであったが，その新秩序の実現は十分でなかった。1997年に「国連貧困撲滅の10年」の取り組みが総会で採択されたが，事態の改善は十分でなかった。2000年のミレニアム開発目標で，改めて貧困の解消が課題として提起され確認された（92-98頁をみよ）。

　こうした現実に対する国際公共財の見直しは，現在，ＵＮＤＰ報告「地球公共財」[19]（1999年）もあって，進捗している。それは，従来の国際化に対するグローバル化状況の賜物であり，市民社会，ＮＧＯ，企業，および個人が直接にグローバル・ネットワークで連携していることのためである。1992年のブトロス・ガリ報告「平和への課題」は，「国家の排他的主権の時代は過ぎ去った」と言及した。カナダの提案で2000年9月に発足の介入と国家主権に関する国際委員会（ＩＣＩＳＳ）報告書「保護する責任」[20]（2001年12月）は，国境を越えて犠牲者を保護する責任を再確認している。ミレニアム総会あて事務総長報告「われら人民――21世紀の国際連合の役割」はグローバル化の利点としての経済の拡大と活性化，人の移動の自由，地球市民社会のアイデンティティの覚醒を指摘した。

　その視点は，国家，市民社会，企業の3アクター間の相互作用における問題解決の図式を提起している。その政治・経済的現実と望ましいと構想される未来とをいかに接合するかが課題であり，その取り組みが国際連合の役割である。その地球公共財の提供を目的とし，それを担っているのが国際連合である。いいかえれば，地球公共財の供給において普遍的国際機構としての国際連合は特別な存在にある。この地球公共財の視点は，公的と私的の境界線を薄くしようとするものであり，そのメカニズムは人民の自発的行動に依拠するが，その自発的行動と費用対効果においてのみ公共財は提供されうるものである。グローバル・ガバナンスはこの自発的参加

について一定の方向づけをみせている。

1．グローバル化した世界と国家の対応に対するギャップを，国際機構の補完性の原則において，それに対する国家の能力を高めて乗り越えるということである。

2．その一方で，政府が政策決定の中心を占めているために，他のアクター（非国家行為体ＮＳＡ）が周辺化している現状を解決しなければならない。いいかえれば，分権化によってＮＳＡの参加を高め，その政策決定と執行を包括的に効果あらしめるというのが，国際連合における参加の正統性と代表制のシステム，いいかえれば国際連合の民主化という視点である。ＵＮＤＰ報告「地球公共財を提供する──グローバル化を管理する」[21]（2003年）は，その問題に対する回答である。事務総長は，国家だけでなく多様なアクターとのパートナーシップを通じてアクター活動の中心の役目にある。こうして多様なアクターを動員し，パートナーシップを通じて地球公共財の供給を促進する立場にあるのが，国際連合である。その第一のパートナーは市民社会であり，その組織体としてのＮＧＯである。実際，ＮＧＯは国家および国際組織と並んで国際法の主体としての法人格を獲得しつつある[22]。1999年にアナン事務総長が提唱したグローバル・コンパクトは企業と国際連合の新しい関係とグローバル秩序形成である。また，国際連合は，早くから地域機構との関係協力に関する総会決議を採択してきたが，とくに安全保障理事会がアフリカ連合（ＡＵ），米州機構（ＯＡＳ），アラブ連盟（ＡＬ），全欧安保協力機構（ＯＳＣＥ），西アフリカ経済共同体（ＥＣＯＷＡＳ）など地域機構との定期協議を，1994年から2003年まで2年ごとに5回開催し，紛争解決のための介入の原則や協力の方法，平和構築，紛争予防，国際テロ，集団安全保障などの議題について討議してきた[23]。それは，地域の特性を国際連合の活動

に反映させるためのものであった。それは，そのグローバル・ガバナンスが未来志向的であると同時にある種の価値観の共有が前提となっているからである。国際連合がそうした志向と取り組みに焦点を合わせることで有効であることは，われわれが共通して理解するところである[24]。

そのグローバル・ガバナンスは，イシュー別に多様である。それで，1つの分野として環境問題への参加と枠組みの概要を示そう。そこでは，その取り組みは，参加国の拡大から，さらにＮＧＯ参加のよる国際市民討議を深めるところとなり，その目標と課題の実現は，国家の課題からさらに市民の課題とそのための実践へと広がって，グローバル・ガバナンスが成就しつつあることが目撃できる。そこにおける国際連合の枠組みは軽視できないし，国際連合を1つの場としていることで成立していると理解できる。その一例は，表3-5に示したとおりである。

表3-5　環境問題のグローバル・ガバナンス

	ストックホルム人間環境会議（1972年）	リオ地球サミット（1992年）	ヨハネスブルグ・サミット（2002年）
国際環境	冷戦	冷戦終結	冷戦後
参加国 ＮＧＯ参加 首脳出席	114 134 2	181 1400 115	196　他に国際機関80, 国際ＮＧＯ 3 政府代表団に参加, 他に国内ＮＧＯ多数 98
争　点 価値論	大気・水質・漁業 産業活動・富・人口増加	地球規模の環境問題 環境・不公正・人口増加	環境と国連ミレニアム目標 ＢＨＮ・再生可能なエネルギー・ 持続可能な開発
成果Ⅰ	ストックホルム宣言 世界環境行動計画 ブルントラント委員会	リオ宣言 アジェンダ21 持続的発展委員会	ヨハネスブルグ宣言 実施計画 グローバル・コンパクト
成果Ⅱ	国際公害防止宣言案 国連環境計画	気候変動枠組み条約 生物多様性条約 森林原則声明	グローバル・パートナーシップの実現 アジェンダ21の完全実現

【注】
(1) 前掲,浦野『国際関係のカオス状態とパラダイム』第7章。
(2) Lester M. Salmon, Rise of the Nonprofit Sector," *Foreign Affairs*, Vol. 74 No. 3, 1994.「福祉国家の後退と非営利団体の台頭」中央公論,1994年10月号。Salmon & Helmut K. Anheier, *The Emerging Sector*, Baltimore: The John Hopkins U. P., 1994.今田忠監訳『台頭する非営利セクター』ダイヤモンド社,1996年。
(3) Robert Putnam, *Making Democracy Work: Civic Tradition in Modern Italy*, Princeton: Princeton U. P., 1993.河田潤一訳『哲学する民主主義——伝統と改革の市民的構造』NTT出版,2001年。
(4) Jürgen Habermas, *Strukturwandel der Öffentlichkeit Untersuchungen zu einer Kategorie der bürgerichen Gesellschaft*, Luchterhand: Neuwied,1962.細谷貞雄訳『公共性の構造転換』未来社,1973年。Crag Calhoun ed., *Habermas and the Public Sphere*, Cambridge, Mass.: MIT Press, 1992.山本啓・野田繁訳『ハーバマスと公共圏』未来社,1999年。
(5) Mchael Walzer ed., *Toward a Global Civil Society*, Providence: Berghhahn Books,1995.石田淳・他訳『グローバルな市民社会に向かって』日本経済評論社,2001年のジーン・コーヘン「市民社会概念の解釈」43-49頁。
(6) 目加田説子『国境を超える市民ネットワーク——トランスナショナル・シビルソサエティ』東洋経済新報社,2003年。
(7) op. cit. Melucci, *Nomads of the Present: Social Movements and Individual Needs in Contemporary Society*. 前掲,山之内靖・他訳『現在に生きる遊牧民——新しい公共空間の創出に向けて』。
(8) 前掲,浦野『国際関係理論史』115-120頁。
(9) オタワ・プロセスに対比されるもうひとつの動きは,中立的関係国の新しい結集である。1998年にアイルランド,ニュージーランド,スウェーデン,南アフリカ,メキシコ,エジプト,ブラジル,スロバキアの8カ国が新アジェンダ連合を形成し(のちスロバキアが離脱),カナダの市民社会から生まれたミドル・パワー・イニシアチブ(MPI)が同連合を支持した。これらは非同盟諸国と国際市民社会が連携した核廃絶に向けた運動の形成で,市民運動のインパクトに国民国家が対応した注目すべき事例である。
(10) NHK広島核平和プロジェクト『核兵器裁判』日本放送出版協会,1997年。朝日新聞大阪本社「核」取材班『裁かれる核』朝日新聞社,1999年。
(11) William F. Fisher & Thomas Ponniah eds., *Another World is Possible*, London: Zed Boks, 2003.加藤哲郎監訳『もうひとつの世界は可能だ』日本経済評論社, 2003年。
(12) David Boyle, *Funny Money: In Search of Alternative Cash*, New York: Knophf, 1985. 松藤留美子訳『マネーの正体——地域通貨は冒険する』集英社,2002年。河

邑厚徳・グループ現代『エンデの遺産「根源からお金を問うこと」』日本放送出版協会, 2000年。坂本龍一・河邑厚徳編『エンデの警鐘――「地域通貨の希望と銀行の未来」』日本放送出版協会, 2002年。オルタ, 2004年1月号特集「フェアトレード　顔の見える民衆交易を」。前掲, 浦野『国際関係のカオス状態とパラダイム』158-159頁をみよ。

(13) International Form on Globalization, *Alternatives to Economic Globalization: A Better World in Possible,* San Francisco: Berrett-Koehler Publisher, 2002.毛利聡子「市民社会によるグローバルな公共秩序の構築――社会秩序にもとづく国際秩序の変容を求めて――」国際政治137『グローバルな公共秩序の理論をめざして――国連・国家・市民社会――』2004年。

(14) スーザン・ジョージ, 杉村昌昭・真田満訳『オルター・グローバリゼーション宣言』作品社, 2004年。

(15) 武者小路公秀＋明治学院大学平和研究所『国連の再生と地球民主主義』柏書房, 1995年。

(16) James Mayall ed., *The New Interventionism 1991-1994: United Nations Experience in Cambodia, Former Yugoslavia and Somalia,* Cambridge: Cambridge U. P., 1996.村瀬信也「武力不行使に関する国連憲章と一般国際法との適用関係――ＮＡＴＯのユーゴ空爆をめぐる議論を手がかりとして」上智法学論集, 第43巻第3号, 1999年。村瀬『国際立法――国際法の法源論』東信堂, 2002年, 519-553頁。Albert Schnabel & Ramesh Thakur eds. *Kosovo and the Challenge of Humanitarian Intervention: Selective Indignation, Collective Action, and International Citizenship,* Tokyo: United Nations University Press, 2000.明石康, "The Problems of Humanitarian Intervention," 国連研究, 第2号『人道的介入と国連』2001年。篠田英朗「国際社会における正統性の政治――ＮＡＴＯによるユーゴスラビア空爆を事例にして」国際学論集, 第47号, 2001年。広島市立大学広島平和研究所編『人道危機と国際介入――平和回復の処方箋』有信堂, 2003年。

(17) 「ル・モンド・ディプロマティーク」日本語版編集部編・訳『力の論理を超えて』ＮＴＴ出版, 2003年。前掲, 浦野『国際関係のカオス状態とパラダイム』第1部。梁守徳・鈕漢章主編『伊拉克戦争后的国際政治走勢――2003 '国際政治高屋論壇文集』北京, 軍事誼文出版社, 2004年。

(18) その根底にあるのは, 米国とフランスの認識の違いである。米国はカオス状態の国際管理を「帝国」認識に求めるのに対して, アラン・ジョクスはフランスの「共和国」モデルを対置した。米国は無秩序の調停者として帝国として行動するが, そこでは, 土地, 交通網の場所, および失業という3つの社会的隣人関係の空間が回復されなくてはならないとして保護者的共和国の産出が提起された。これに対し, 情報戦争, 文明の衝突, そして米国の封じ込めが, 無秩序への戦略アプローチを生み出した, とジョクスは指摘した。Alain Joxe, *L'Empire du chaos: Les Républiqe à*

la domination amésicaine dans l'après-guerre froide, Paris: Déclouverte, 2002.逸見龍生訳『〈帝国〉と〈共和国〉』青土社，2003年。
(19) Inge Kaul et al eds., *Global Public Goods: International Cooperation in 21st Century*, Oxford: Oxford U. P., 1999.ＦＩＳＩＤ国際開発センター訳『地球公共財――グローバル時代の新しい課題』日本経済新聞社，1999年。
(20) International Commission on Intervention and State Sovereignty, *The Responsibility to Protect*, Ottawa: The International Development Research Centre, 2001.
(21) Inge Laul et al eds., *Providing Global Public Goods: Managing Globalization*, Oxford: Oxford U. P., 2003.
(22) Peter Eilletts, "From 'Consultative Arrangements' to 'Partnership': The Changing Status of NGOs in Diplomacy at the UN," *Global Governance*, Vol. 6 No. 2, 2000.
(23) Security Council Meets Regional Organizations to Consider Ways to Strengthening Collective Security, *Press Release*, SC/7724, 11 April 2003.
(24) 内田孟男「新たな地球公共秩序構築へ向けて――国連の役割に関する考察――」国際政治137『グローバルな公共秩序の理論をめざして――国連・国家・市民社会――』2004年，25頁。

年　表

世　界	国際連合
1941. 6 ドイツ軍，ソ連侵攻，独ソ戦開始	
8 大西洋憲章発表	
12 日本，大東亜戦争突入	
1942. 1 米・英・中・ソ，連合国宣言発表（ワシントン）	
1943. 5 コミンテルン解散	
10 米・英・中・ソ，普遍的安全保障宣言（モスクワ）	
11〜12 テヘラン会開催，東欧の戦後秩序を協議	
	1944. 7 ブレトン・ウッズ通貨・金融会議開催，1945.12 国際復興開発銀行（世界銀行）創設，1946.6 活動開始
	8 ダーバトン・オークス会議開催，新機構樹立の検討
1945. 2 ヤルタ会談開催	1945.4〜6 サンフランシスコ会議開催，国際連合憲章調印
5 ドイツ，降伏	
8 日本，降伏	10 国際連合発足
9 ベトナム民主共和国独立，1946.11 インドシナ戦争	10 国連食糧農業機関創設（国際連盟万国農業協会を継承）
11 アラブ連盟創設	12 世界銀行創設，1946.6 活動開始
冷戦第Ⅰ期冷戦の台頭	
1946. 2 ケナン駐ソ米公使，対ソ政策の電報	1946. 1 第1総会開催
	1 国際司法裁判所創設（常設国際司法裁判所の継承）
3 チャーチル前英首相，フルトン（鉄のカーテン）演説	1 第1回安全保障理事会開催，ソ連のイラン干渉問題審議
4 国際連盟解散	1 第1回経済社会理事会開催
	1 総会，国連原子力委員会創設
	2 国連軍事参謀団会議開催
	3 国際通貨基金創設，1947.3 活動開始
	6 経済社会理事会，NGOの協議的地位を制定
	8 国連協会世界連盟成立
	9 国際通貨基金・世界銀行第1回総会開催
	11 ユネスコ（国連教育科学文化機関）創設
	12 国際難民機関創設
1947. 3 トルーマン・ドクトリン発表	1947. 2 安全保障理事会，国連通常軍備委員会設置
3 台湾，暴動で戒厳令	3 国際通貨基金，活動開始
3〜4 第1回アジア関係会議開催（ニューデリー）	4〜5 パレスチナ特別総会開催
5 マーシャル・プラン（〜1951.12）発表	5 万国郵便連合創設（前身は1874創設

世　界		国際連合	
	8 インド・パキスタン，分離独立，10 カシミール帰属をめぐり第1次印パ戦争		の一般郵便連合，1878万国郵便連合と改称）
	10 コミンフォルム結成		7 国際民間航空機関創設
	12 欧州統合運動国際委員会創設		9 世界統計大会開催
			11 ～1948.3 世界貿易雇用会議開催（ハバナ），ハバナ憲章調印（未発効）
			11 国際電気通信連合創設（前身は1865創設の国際電信連合，1932 国際無線電信連合と改称）
			11 総会，パレスチナ分割決議採択
1948.	3 米州機構憲章調印（米州連合に代わって米州機構発足）	1948.	3 政府間海事協議機関創設，1959.1 発足，1982.5 国際海事機関と改称
	3 西欧同盟条約調印（ブリュッセル，1948.8 発効）		4 安全保障理事会，ベルリン危機を審議
	4 ～1949.5 ソ連，ベルリン封鎖		4～5 パレスチナ特別総会開催，1948.5 国連休戦監視機関展開
	4 米州機構憲章調印（1951.12 発効）		
	5 イスラエル独立，第1次中東戦争		7 世界保健機関創設
	6 米上院，バンデンバーグ決議採択		12 総会，世界人権宣言採択
	6 コミンフォルム，ユーゴスラビア除名		
	8 国連難民機関発足		
1949.	1 アジア関係会議開催（ニューデリー）	1949.	1 国連インド・パキスタン軍事監視団展開
	1 コメコン（経済相互援助会議）創設，1949.4第1回会議開催（モスクワ）		12 国連難民高等弁務官創設決定，1951.1 発足
	4 北大西洋条約調印，1949.8ＮＡＴＯ創設		12 総会，国連近東（パレスチナ）難民救済事業機関創設，1950.6 発足
	8 ソ連，原爆実験，1949.9米国，ソ連の原爆保有を発表		
冷戦第Ⅱ期対決			
	10 中華人民共和国樹立		
1950.	2 中ソ友好同盟条約調印	1950.	5 国連近東（パレスチナ）難民救済事業機関発足
	3 世界気象機関創設，1951.12国連専門機関へ移行		6 国連技術援助会議開催
	6 朝鮮戦争勃発，1950.10中国人民義勇軍参戦，1953.7 朝鮮休戦協定調印		7 安全保障理事会，朝鮮国連軍成立（ソ連は欠席）
			11 安全保障理事会，平和のための結集決議採択
1951.	1 世界平和評議会開催（ベルリン）	1951.	1 国連難民高等弁務官発足
	7 コミンフォルムに対抗して社会主義インターナショナル発足		2 安全保障理事会，中国を侵略者とする決議採択
	9 太平洋安全保障条約（ANZUS条約）調印（1952.4発効）		7 総会，難民条約採択
	12 コロンボ会議開催		12 世界気象機関，国連専門機関へ移行
1952.	1 ジュネーブ軍備委員会設置	1952.	1 総会，原子力委員会・通常軍縮委員会の解散を決定
	9 第1回世界著作権会議開催（ジュネーブ）		6 日本，国連加盟申請，ソ連の拒否

世　界		国際連合	
	10 英国，原爆実験		権行使
	11 米国，水爆実験	12	総会，女性参政権条約採択
	12 ウィーン諸国民平和大会開催		
	12 ロンドン・スモッグで4000人以上死亡		
1953. 3	ソ連，スターリン死去	1953. 4	総会，すべての軍備削減軍縮委員会報告決議採択
6	ベルリン暴動		
7	キューバ，カストロ革命成功	11	総会，すべての軍備削減軍縮委員会報告・軍縮委員会設立検討決議採択
7	朝鮮休戦協定調印		
8	ソ連，水爆保有を発表		
1954. 1	ダレス米国務長官，大量報復戦略演説	1954. 4	安全保障理事会，軍縮委員会設立
4~5	第2回アジア関係会議開催（ニューデリー）	5	政府間海事機関，海洋油濁防止条約調印
4~6	朝鮮問題ジュネーブ会議開催	11	総会，軍縮決議採択
7	インドシナ・ジュネーブ協定調印		
11	アルジェリア独立戦争，1962.3 独立協定調印，1962.7独立		
1955. 1	ソ連，対ドイツ戦争状態終結宣言	1955. 4	南アフリカ，ユネスコ脱退（1957.1発効）
4	アジア・アフリカ会議（バンドン会議）開催	8	国連原子力国際会議開催（ジュネーブ）
5	西ドイツ，主権回復		
5	ワルシャワ条約調印，ワルシャワ条約機構発足		
冷戦第Ⅲ期緩和への移行			
	7 米・英・仏・ソ4国巨頭会談，ジュネーブ精神を表明		
1956. 2	ソ連，第20回共産党大会でスターリン批判	1956.9~10	国際原子力機関締約国会議開催
		10	第三世界諸国の加盟勢力35%
4	コミンフォルム解散	10	総会，国際原子力機関憲章採択
7	非同盟3首脳，ブリオニ会談開催	11	緊急特別中東総会開催，スエズ国連緊急軍展開
7	エジプト，スエズ運河国有化，1956.10スエズ戦争		
10	ハンガリー動乱，1956.8 ソ連軍，第1次介入，1956.11 第2次介入	12	日本，国連加盟
1957. 3	欧州共同体設立条約調印（ローマ），1958.1発足	1957. 6	国際地球観測年開始（64カ国参加）
8	ソ連，ICBM（大陸間弾道ミサイル）実験成功	7	国際原子力機関創設
10	ソ連，人工衛星スプートニク1号打ち上げ成功		
11	毛沢東中国共産党主席，東風は西風を圧すと演説		
12	~1958.1 第1回アジア・アフリカ人民連帯会議開催（カイロ）		
1958. 5	レバノン，内政干渉の暴動，1958.7米軍進駐，1958.8引揚げ	1958. 6	国連レバノン監視団派遣

世　界		国際連合	
1959. 9	10カ国軍縮委員会設置，1962.11 8カ国軍縮委員会，1969.3 軍縮委員会会議	1959. 1	国連特別基金創設
		1	政府間海事協議機関発足，1982.5 国際海事機関へ改称
9~10	フルシチョフ・ソ連首相，訪中，中ソ対立激化	9	フルシチョフ・ソ連首相，総会演説で全面軍備撤廃提案
12	南極条約調印		
1960. 1	大西洋会議開催（パリ），欧州自由貿易連合設立条約調印(1960.5発効)	1960.7~8	コンゴ紛争処理で米・ソ対立
		9	非同盟5首脳，総会議長あて冷戦解消を求める書簡送付
4	第2回アジア・アフリカ人民連帯会議開催（コナクリ）	9	フルシチョフ・ソ連首相，植民地諸国・諸人民独立付与宣言案提出
5	ソ連，米U2機撃墜		
8	ソ連，東・西ベルリン間の交通遮断	9	アフリカ諸国，大量国連加盟
12	経済協力開発機構条約調印，1961.9発足	9	コンゴ紛争緊急特別総会開催，コンゴ派遣軍派遣
12	南ベトナム解放民族戦線結成，1962.2 米軍，サイゴンに援助軍司令部設置，ベトナム戦争突入	12	総会，植民地諸国・諸人民独立付与宣言採択
1961. 1	米国，キューバと断交	1961. 1	国連コンゴ作戦成立，1961.9停戦協定成立
9	第1回非同盟諸国首脳会議開催（ベオグラード）	8	ビゼルト特別総会開催
9	経済協力開発機構発足	9	ケネディ米大統領，総会演説でドイツの既成事実を容認
		9	ハマーショルド事務総長，事故死
		11	総会，アフリカ非核地帯宣言決議採択
		12	総会，「国連開発の10年」決議採択
1962. 1	19カ国軍縮委員会設置(ジュネーブ)	1962. 8	経済社会理事会，産品問題決議採択
4	米国，軍縮委員会に軍縮基本大綱提出	11	総会，アパルトヘイト政策特別委員会設立
7	非同盟発展途上国会議開催（カイロ）		
10	中印紛争，1962.11停戦	12	総会，天然の富および資源の恒久主権決議採択
10	キューバ危機		
10	米州機構，キューバ除名		
1963. 2	第3回アジア・アフリカ人民連帯会議開催（モシ）	1963. 1	世界食糧計画活動開始
		6	発展途上国75カ国共同宣言
5	アフリカ統一機構憲章調印（アジスアベバ）	8	安全保障理事会，南アフリカのアパルトヘイト決議採択
6	米・ソ，ホットライン協定調印		
8	米・英・ソ，部分的核実験禁止条約調印	11	総会，人種差別撤廃宣言採択
1964. 1	ローマ教皇パウロ6世，東方教会アテナゴラス総主教と会談（エルサレム），1965.12 共同宣言	1964. 1	第三世界諸国の加盟勢力50%
		3	国連キプロス平和維持軍展開
		3~6	第1回国連貿易開発会議開催（ジュネーブ）
8	トンキン湾事件		
10	第2回非同盟諸国首脳会議開催（カイロ）	6	G77共同宣言（ジュネーブ）
		12	総会，国連貿易開発会議創設

世　界			国際連合	
1965.	10	中国，核実験	1965. 1	インドネシア，国連脱退
	2	米軍，北ベトナム爆撃開始	6	国際連合憲章改正
	10	インドネシア，共産党クーデタ失敗（9・30事件）	6	国連軍縮委員会，18カ国軍縮委員会再開要請決議採択
	12	ローマ教会，東方教会と900年ぶりの和解	12	総会，人種差別撤廃条約採択
1966.	1	アジア・アフリカ・ラテンアメリカ人民連帯会議開催（ハバナ）	1966. 1	国連開発計画創設
	8	中国共産党，プロレタリア文化大革命の決定採択	9	インドネシア，国際連合復帰
			12	総会，人権規約採択
1967.	1	西ドイツ，ハルシュタイン原則破棄，ルーマニアと国交樹立	1967. 4	南西アフリカ特別総会開催，国連南西アフリカ理事会設立
	2	ラテンアメリカ非核兵器地帯条約（トラテロルコ条約）調印	6	ケネディ・ラウンド調印
	4	知的所有権保護合同事務局創設	10	事務総長報告「核兵器白書」
	5	エジプト，アカバ湾封鎖，1967.6第3次中東戦争	10	第1回G77閣僚会議開催（アルジェ），アルジェ憲章採択
	5	ラッセル＝アインシュタイン法廷（ベトナム戦争）開催（ストックホルム，1967.8 東京，1967.11デンマークのロスギルド）	11	安全保障理事会，パレスチナ和平決議採択
	6	中国，水爆実験	12	総会，核兵器使用禁止決議採択
	7	欧州共同体成立		
	7	世界知的所有権機関設立条約調印		
	8	東南アジア諸国連合発足		
1968.	1	プラハの春	1968. 1	国際人権年開始
	1	アラブ石油輸出国機構発足	4〜5	国際人権会議開催（テヘラン）
	1	北朝鮮，プエブロ号事件	5	核拡散防止条約，総会提出，1968.6総会，同条約採択，1968.6安全保障理事会，非核保有国の安全保障決議採択，1968.7同条約調印
	5	パリ5月革命		
	5	ケネディ米大統領暗殺		
	7	パレスチナ・ゲリラ，エル・アル機ジャック（以後，ハイジャック続く）	8	国連宇宙平和利用会議開催（ウィーン）
	8	ソ連・東欧5カ国軍，チェコスロバキア介入	9	ユネスコ，生物圏会議開催（パリ）
	9	フランス，水爆実験	11	総会，戦争犯罪・人道に対する罪の時効不適用条約採択
	11	ソ連，ブレジネフ・ドクトリン（制限主権論）表明		
1969.	2	国際海洋会議開催（グライトン）	1969. 6	事務総長報告「化学・細菌兵器白書」
	3	中・ソ，ウスリー／珍宝島武力衝突		
	3	軍縮委員会会議設置		
冷戦第Ⅳ期緊張緩和の定着				
	7	ニクソン・ドクトリン発表	7	IMF，特別引き出し権創設
	10	ワルシャワ条約機構外相会議，全欧安保協力会議提唱	12	総会，植民地独立付与宣言10周年特別行動計画決議採択
			12	総会，社会進歩・発展宣言採択

	世　界		国際連合
1970. 3	日本航空よど号ジャック・テロ	1970. 7	世界青年大会開催（ニューヨーク）
4	アースデイでワシントンで10万人集会	9	総会，南アフリカの代表権否認
8	ソ連・西ドイツ，武力不行使・現状承認条約調印	10	総会，第2次「国連開発の10年」採択
9	第3回非同盟諸国首脳会議開催（ルサカ）	10	25周年記念総会，諸国家間の友好・協力宣言採択
		12	総会，国連ボランティア決議採択
		12	総会，国際的安全保障強化宣言採択
		12	総会，国家管轄権以外の海底・底土の原則宣言採択
1971. 2	海底軍事利用禁止条約調印	1971. 10	中国，国連復帰決定，台湾追放
3	パキスタン内戦，1971.4バングラデシュ独立	10~11	第2回G77閣僚会議開催（リマ），リマ宣言採択
9	米・ソ，偶発的核戦争防止協定調印	12	総会，インド洋平和地帯決議採択
12	印・パ戦争		
1972. 1	第5回アジア・アフリカ人民連帯会議開催（カイロ）	1972.4~5	第3回国連貿易開発会議開催（サンチャゴ）
2	ニクソン米大統領，訪中（1つの中国確認）	6	国連人間環境会議開催（ストックホルム）
5	米・ソ，戦略兵器制限条約（SALT I）・ABM（弾道弾迎撃ミサイル）制限条約，環境協力協定調印	11	ユネスコ，世界遺産保護条約調印
		12	総会，国連環境計画創設
		12	政府間海事機関，ロンドン・ダンピング条約調印
6	米・英・仏・ソ，ベルリン協定調印		
8	非同盟諸国外相会議開催（ジョージタウン）		
9	日中国交樹立，日本は台湾と断交		
11	全欧安保協力会議開催（ヘルシンキ）		
12	東・西ドイツ関係基本条約調印		
1973. 1	ベトナム和平パリ協定調印	1973. 3	野生動物取引ワシントン条約調印
3	リビアの指導者ムアマル・カダフィ，国際テロ組織工作	8	事務総長報告「多国籍企業の実態」
		9	東・西ドイツ，国連加盟
9	第4回非同盟諸国首脳会議開催（アルジェ）	11	総会，アパルトヘイト犯罪の防止と処罰協定採択
10	第4次中東戦争，石油危機	12	総会，国連大学創設，1975.9活動開始
1974. 2	石油消費国会議開催（ワシントン）	1974.4~5	資源特別総会，新国際経済秩序の樹立宣言・行動計画採択
4	ポルトガル，政変	8	国連貿易開発会議覚書「全面的な産品総合プログラム」
7	米・ソ，核実験制限条約調印	8	世界人口会議開催（ブカレスト）
		9	総会，南アフリカの投票権否認
		10	国連開発計画・国連貿易開発会議ココヨク会議開催
		11	アラファトPLO議長，総会で自決闘争演説，PLOはオブザーバーに
		11	世界食糧会議開催（ローマ）

年表　279

世界			国際連合	
			12	世界知的所有権機関，国連専門機関へ移行
			12	総会，諸国家の経済的権利・義務憲章採択
			12	総会，インド洋平和地帯宣言決議，南アジア非核地帯決議採択
			12	総会，中東非核地帯決議採択
1975.	3	エチオピア，革命で帝政廃止	1975. 1	第1回G77国連工業開発機関会議開催（ウィーン）
	3	ファイサル・サウジアラビア国王暗殺	3	第2回国連工業開発機関総会開催，工業化リマ目標採択
	4	カンボジア解放勢力，プノンペン制圧	5	経済社会理事会，国家開発戦略への民衆・NGOの参加決議採択
	4	南ベトナム崩壊（サイゴン陥落）		
	7~8	全欧安保協力会議，ヘルシンキ宣言調印	6~7	第1回世界婦人会議開催（メキシコシティ）
	10	アンゴラ内戦激化	7/9	国連訓練調査研修所，「社会開発におけるNGOの可能性」会議開催（ウィーン／ニューヨーク）
	10	ラテンアメリカ経済機構設立協定調印（パナマ），1976.6 発足		
	11	第1回先進国首脳会議開催（ランブイエ）	9	国連大学活動開始
	12	国際経済協力会議開催（パリ），1976.2第2回会議，1976.4第3回会議，1976.7第4回会議，1976.11第8回会議，1976.12閣僚会議	9	開発と国際経済協力特別総会開催
1976.	2	ASEAN首脳会議開催（バリ），東南アジア友好協力条約調印	1976. 2	第3回G77閣僚会議開催（マニラ）
	6	ラテンアメリカ経済機構発足（キューバも参加）	5	第4回国連貿易開発会議開催（ナイロビ）
	6	ベトナム，南・北統一達成	5~6	国連人間居住会議（ハビタット）開催（バンクーバー）
	8	第5回非同盟諸国首脳会議開催（コロンボ）	6	国際農業開発基金設立協定調印，1977.11設立，1977.12発足
			6	三者世界雇用会議開催（ジュネーブ）
			7	経済社会理事会，NGOの参加拡大を決議
1977.	2	カーター米大統領，人権外交を展開	1977. 3	国連水資源会議開催(マルデルプラタ)
	3	アラブ・アフリカ首脳会議開催（カイロ）	6	第3回世界食糧理事会開催，マニラ宣言採択
	11	サダト・エジプト大統領，イスラエル訪問	8~9	国連砂漠化防止会議開催（ナイロビ）
			11	総会，ハイジャック防止条約採択
			11	米国，国際労働機関脱退
	-	ソ連，東欧に中距離核ミサイル配備	12	総会，国連ハビタット・人間居住基金創設
			12	総会，国際的デタントの深化・強化宣言採択
1978.	1	イラン，シーア派コム暴動	1978. 3	国連レバノン暫定軍展開
	1	カナダ，ソ連人工衛星コスモス954	5~7	軍縮特別総会開催

世　界	国際連合
号落下 　　12 ベトナム軍，カンボジア侵攻，1978.1カンボジア人民共和国樹立 1979. 1 イラン，イスラム革命（パハレビ皇帝，国外脱出，1979.2ホメイニ師，帰国） 　　 1 米・中，国交樹立 　　 2 中越戦争 　　 3 エジプト・イスラエル和平条約調印（キャンプデービッド） 　　 5 アフリカ難民会議開催（アルーシャ） 　　 6 米ソ，第2次戦略兵器制限条約（SALT Ⅱ）調印 　　 9 第6回非同盟諸国首脳会議開催（ハバナ） 　　10 西ドイツ，ボンで12万人反核デモ 　　12 ＮＡＴＯの二重決定	8 国連発展途上国間技術協力会議開催（ブエノスアイレス） 　　　 8 世界銀行「開発報告」 1979. 4 国連工業開発機関憲章採択（1985.6発効） 　　　 4 世界気象機関・国連環境計画・国際学術連合，世界気候計画策定 　　　 5 総会，軍縮委員会設置 　　5～6 第5回国連貿易開発会議開催（マニラ） 　　　 7 土地改革・農村問題世界会議開催（ローマ） 　　　 7 国連インドシナ難民会議開催（ジュネーブ） 　　　 9 国連児童年世界会議開催（モスクワ） 　　　11 国連カンボジア緊急援助会議開催 　　　12 総会，女性差別撤廃条約採択 　　　12 総会，第2次「軍縮の10年」宣言採択 　　　12 総会，第3次「国連開発の10年」国際開発戦略決議採択 　　　12 総会，非植民地化宣言行動計画採択
冷戦第Ⅴ期新冷戦	
12 ソ連，アフガニスタン侵攻 1980. 4 韓国，光州事件 　　 4 南部アフリカ調整会議発足 　　 5 中国，ＩＣＢＭ発射実験 　　 7 パラオ，非核憲法成立 　　 8 ラテンアメリカ統合連合創設条約調印，1981.3発足 　　 8 ポーランド，造船所ストで独立自主労組結成 　　 9 イラン・イラク戦争，イラク軍の攻撃で戦争本格化 　　10 通常特定兵器使用禁止条約調印 1981. 5 湾岸協力会議創設（リヤド） 　　 5 ソ連のアフガニスタン介入国際法廷開催（ストックホルム） 　　10 南北サミット開催（カンクン） 　　11 レーガン米大統領，ゼロ・オプション提案	1980. 1 アフガニスタン特別総会開催，ソ連非難決議採択 　　　 2 米国，国際労働機関復帰 　　　 3 国際原子力機関，核物質防御条約調印 　　　 4 国連環境計画，気候変化協力協定作成 　　　 6 産品共通基金協定調印 　　　 7 第2回世界婦人会議開催（コペンハーゲン） 　　　 8 経済問題特別総会開催 　　　 9 事務総長報告「核兵器の包括的研究」 　　　11 マクブライト委員会報告「多くの声，1つの世界」 　　　11 国際自然保護連盟・国連環境計画・他「世界保全戦略－持続可能な開発のための生物資源の保全」 1981. 4 総会，平和の日採択 　　　 9 ナミビア自決緊急特別総会開催 　　　 9 国連後発国会議開催（パリ） 　　　12 総会，非核兵器国の核兵器国の行使又は行使の脅威に対する安全保障強化宣言採択

世　　界		国際連合	
		12	国連難民高等弁務官報告「人権と集団的人の移動に関する研究」
1982. 4	アルゼンチン，英領フォークランド諸島へ侵攻，英軍，反撃，1982.6停戦	1982. 5	国連環境会議開催，ナイロビ宣言，10カ年行動計画採択
		6〜7	第2次軍縮特別総会開催
		7	国連老人問題世界大会開催（ウィーン）
		10	総会，世界自然憲章採択
		11	総会，1982.1 国連の平和調停能力強化のマニラ宣言採択
		12	総会，海洋法条約調印（1994.11 発効）
		12	総会，婦人の参加促進の国際平和・協力宣言採択
1983. 3	レーガン米大統領，ＳＤＩ計画発表	1983. 6	第6回国連貿易開発会議開催（ベオグラード）
3	第7回非同盟諸国首脳会議開催（ニューデリー）	6	国際労働機関，台湾に代わって中国参加
3	ラテンアメリカ統合連合発足（ラテンアメリカ自由貿易連合の改組）	10	安全保障理事会，グレナダ外国軍撤退決議案に米国が拒否権行使
4	レバノン，イスラム過激派がベイルート米大使館に爆弾テロ		
8	フィリピン，アキノ上院議員暗殺，民主化運動高揚		
9	ソ連，サハリン上空で大韓航空機撃墜		
10	北朝鮮，ラングーン（現ヤンゴン）で全斗煥韓国大統領一行に爆弾テロ		
10	米軍，グレナダ侵攻		
10	ヨーロッパ各地で反核デモ		
1984. 8	世界湖沼環境会議開催（大津）	1984. 6	第2回国際人口会議開催（メキシコシティ）
12	中・英，香港の中国返還で合意，1997.7 返還	11	ポーランド，ＩＬＯ脱退
		12	総会，拷問禁止条約採択
冷戦第Ⅵ期冷戦の終結			
1985. 3	ソ連，ゴルバチョフ政権成立，新思考外交	1985. 1	米国，ユネスコ脱退
3	米・ソ，包括軍縮交渉開始（ジュネーブ）	3	国連環境計画，オゾン層保護ウィーン条約調印
6	化学・生物兵器転用物資規制会議創設	5	国際人道問題独立委員会報告「飢饉──それは人災か」
10	パレスチナ・ゲリラ，客船アキレ・ラウロ号ジャック（地中海上）	6	国際連合憲章40周年式典（サンフランシスコ）
		7	世界青少年大会開催（バルセロナ）
		7	第3回世界女性会議開催（ナイロビ）
		7	事務総長報告「信頼醸成の包括的研究」
		9	「2000年の青少年──参加・発展・平和」の国際青少年世界大会開催

	世界		国際連合
			（ブカレスト）
		10	総会，国際平和年宣言採択
		10	多数国間投資保証機関設立条約，1988.4 創設
		11	国際青少年年世界会議開催（ニューヨーク）
		12	総会，外国人の人権宣言採択
		12	英国，ユネスコ脱退
1986. 1	西ドイツ，パーシングⅡ配備	1986. 1	国連工業機関再発足
1	ゴルバチョフ・ソ連共産党書記長，包括的軍縮提案	5〜6	アフリカ特別総会開催
4	ソ連，チェルノブイリ原子力発電事故，1986.4 ポーランド，ブロツワナで放射線汚染抗議デモ	6	第2回インドシナ難民国際会議開催（ジュネーブ）
		9	ナミビア特別総会開催
		9	ウルグアイ・ラウンド成立
8	南太平洋非核地帯条約（ラロトンガ条約）調印	10	国際平和年世界大会開催（コペンハーゲン）
10	米・ソ，レイキャビク首脳会談		
11	ライン川で薬物流出事件		
1987. 4	ミサイル関連技術輸出規制成立，1994.7 規制強化	1987. 3	平和利用原子力世界会議開催（ジュネーブ）
7	サウジアラビア，メッカでイラン人が反米デモ	4	環境と開発に関する委員会報告「われら共通の未来」
9	第8回非同盟諸国首脳会議開催（ハラレ）	7〜9	第7回国連貿易開発会議開催（ジュネーブ）
10	株価大暴落（ブラック・マンデー）	7	安全保障理事会，イラン・イラク戦争即時停戦決議採択
12	米・ソ，ＩＮＦ（中距離核戦力）全廃条約調印（ワシントン）	8	総会決議39／160に従う国連軍縮・開発に関する国際会議開催（ニューヨーク，米国は欠席）
12	パレスチナ，インティファーダの大衆蜂起	9	オゾン層破壊物資モントリオール議定書調印
		10	事務総長報告「国際経済安全保障の概念」
		11	総会，武力不行使宣言採択
1988. 3	ゴルバチョフ・ソ連首相，ユーゴ訪問，制限主権論を否定（新ベオグラード宣言），1988.7ワルシャワ条約機構首脳会議で無効宣言	1988. 3	第3回軍縮総会開催
		4	多国間投資保証機関創設
		5	ゴルバチョフ・ソ連首相，軍縮特別総会で過剰軍備からの転換演説
5	〜1989.2 ソ連軍，アフガニスタンから撤退	6	新生・再生民主主義の国際会議開催（マニラ）
6	ゴルバチョフ・ソ連首相，全人類価値に基づく新思考外交提唱	7	イラン，イラン・イラク戦争停戦国連決議受諾
9	第9回非同盟諸国首脳会議開催（ベオグラード）	7〜8	第7回国連貿易開発会議開催（ジュネーブ）
12	リビア関与のパンナム機爆破テロ（スコットランド上空）	8	国連イラン・イラク軍事監視団派遣
		10	事務象徴報告「対外債務危機と開発」

世 界			国際連合	
		11	パレスチナ解放機構，パレスチナ解決国連決議受諾政治宣言採択
			12	ゴルバチョフ・ソ連最高幹部会議長，ソ連軍50万人削減演説
			12	世界人権宣言40周年式典（パリ）
			12	総会，いわゆる選挙原則決議採択
			12	総会，2000年住居の地球戦略採択
1989.	3	環境問題首脳会議開催（ハーグ）	1989. 2	安全保障理事会，ナミビアの国連独立移行グループ設置，1989.4 派遣
	5	中・ソ，国交正常化		
	5	中国，北京で100万人希望の民主化要求デモ，1989.6 天安門事件	6	国際労働機関総会，先住民条約採択
			7	国連ニカラグア選挙監視使節団派遣
	7	ゴルバチョフ・ソ連最高会議議長，欧州議会で「欧州共通の家」演説	10	軍縮と安全保障に関する委員会最終報告
	9	米・ソ，核実験全面禁止交渉で合意	11	総会，子供権利条約採択
	9	リビア関与のフランス機爆破テロ（ニジェール上空）	12	アパルトヘイト特別総会開催
			12	ユネスコ総会，暴力についてのセビリア声明採択
	11	ベルリンの壁崩壊		
	12	マルタで米ソ首脳会談開催，冷戦の終焉を宣言		
1990.	2	ソ連，共産党独裁を放棄	1990. 4	国際経済協力特別総会開催
	5	南・北イエメン統合達成	8	安全保障理事会，イラク全面経済制裁決議採択
	5	東・西ドイツ，通貨・経済・社会同盟創設条約調印，1990.7 発足，1990.8 ドイツ統一条約調印，1990.9 米・英・仏・ソ，ドイツ最終規定条約調印（主権承認），西ドイツが東ドイツを併合（ドイツ統一）	9	第2回連後発国会議開催（パリ）
			9	子供サミット開催（ニューヨーク）
			12	総会，移住労働者条約採択
			12	総会，第4次「国連開発の10年」国際開発戦略会議採択
	6	南サミット開催（クアラルンプール）		
	8	イラク，クウェートへ侵攻，1991.2 湾岸戦争		
	11	全欧安保協力首脳会議開催，ヨーロッパ分断終結宣言のパリ憲章採択		
	11	ヨーロッパ通常戦力削減条約（CFE）調印		
1991.	1	多国籍軍，イラク・クウェートに空爆発動（湾岸戦争），1991.2 戦闘終結	1991. 5	イラクの国連大量破壊兵器廃棄のための査察実施，1998.12 イラク，協力拒否
	3	ワルシャワ条約機構，機能停止		
	5	~1992.2 ラムゼー・クラーク法廷（湾岸戦争）開催（ニューヨーク）	7	国連エルサルバドル監視団派遣（~1995.4）
	6	コメコン解体	9	南アフリカ，総会代表権回復
	6	南アフリカ，アパルトヘイト政策終結宣言	9	南・北朝鮮・バルト3国，国連加盟
	7	米・ソ，第1次戦略兵器削減条約（START I）調印	11	安全保障理事会，1991年1月15日までに撤退しなければイラク武力行使容認決議採択
	8	ソ連，クーデタ流産，12月ソ連邦解体		
	10~11	中東和平会議開催（マドリード）	12	総会，通常兵器移転国連登録制度

世界		国際連合	
	12 南・北朝鮮，朝鮮半島の非核化共同宣言調印		設立，1993.4第1回登録
	12 世界NGO会議開催（パリ），1990年代の行動計画採択		12 総会，国際テロ廃絶措置決議採択
1992.	2 欧州共同体，欧州連合（マーストリヒト）条約調印	1992.	1 安全保障理事会議長，拡散防止の必要性の声明
	2 モンゴル，社会主義を放棄		1 WTO，エイズ報告で世界で95万人と発表
	5 持続的開発のための世界経済人会議開催（ジュネーブ）		2 国連カンボジア暫定統治機構設立（〜1993.9）
	5 非同盟諸国外相会議開催（マサドゥア，インドネシア），国連改革を謳った共同声明		2 国連保安軍，ユーゴスラビア派遣
			3 安全保障理事会，パンナム機爆破事件・他で制裁決議採択，1992.4発効
	5 国際先住民会議開催（リオデジャネイロ）		4 国連ソマリア活動展開（〜1993.3），第2次活動（〜1995.3）
	9 第10回非同盟諸国首脳会議開催（ジャカルタ）		5 国連環境計画，気候変動枠組み条約調印
			6 国連環境開発会議（地球サミット）開催（リオネジャネイロ）
			6 事務総長報告「開発のための国際協力の向上－国連体制の役割」
			7 事務総長報告「平和への課題」
			7 国連旧ユーゴスラビア難民人道支援会議開催（ジュネーブ）
			10 事務総長報告「冷戦後の時代における軍備規制と軍縮を求めて」
1993.	1 米ソ，第2次戦略兵器削減条約（START II）調印	1993.	5 安全保障理事会，旧ユーゴスラビア国際戦犯法廷設置
	1 化学兵器禁止条約（CWC）調印（パリ）		6 世界人権会議開催（ウィーン）
	2 ニューヨークの世界貿易センタービル爆破テロ，ウサマ・ビンラディン関与		7 経済社会理事会，持続的開発委員会設置
			9 国連リベリア監視団派遣（〜1997.9）
	4 東チモール，住民投票で独立派勝利，2002.5独立達成		9 国連ハイチ使節団派遣（〜1996.6）
	6 タイ，非同盟諸国会議参加		12 総会，国連人権高等弁務官創設
	9 イスラエルとPLO，パレスチナ暫定自治宣言調印（ワシントン）		
	11 欧州統合のマーストリヒト（欧州連合）条約発効		
	12 ウサマ・ビンラディン，対米テロ戦争司令本部設置		
1994.	1 メキシコ，サパティスタ国民解放軍の武装蜂起	1994.	2 国連ソマリア国民和解会議開催（モガジシオ）
	2 スイス，国内通過の外国トラックの鉄道転換を求めた国民投票成立，		4 世界貿易機関設立協定調印（マラケシ）（1995.1発効）

世界	国際連合
1994.12 アルプス保護条約成立 5 国際捕鯨委員会開催（メキシコ），南極海聖域化案採択 5 イスラエル，パレスチナ先行自治協定調印，1995.9 西岸自治拡大協定調印 9 南アフリカ，非同盟諸国会議に加盟 12 全欧安保協力会議首脳会議開催（ブダペスト），全欧安保協力機構へ移行	4~5 国連小島嶼国世界会議開催（バルバドス） 5 事務総長報告「開発への課題」 7 新生・再生民主主義第2回会議開催（マナグア） 7 ブレトン・ウッズ委員会報告「ブレトン・ウッズ－将来の展望」 9 国連世界人口開発会議開催（カイロ） 9 国際原子力機関，原子力安全条約調印 10 総会，砂漠化防止国連条約採択 11 国連海底機関発足（キングストン） 11 ルワンダ国際刑事特別法廷設置 11 事務総長報告「開発への課題・追補」 12 総会，国際テロ廃絶措置宣言採択 12 南アフリカ，ユネスコ復帰
1995. 4 非同盟諸国結成40周年記念式典開催（バンドン） 7 グリーンピース抗議船，仏のムルロワ環礁海域に突入 9 南太平洋フォーラム，核廃棄物投棄禁止ワイガニ宣言採択 10 第11回非同盟諸国首脳会議開催（カルタヘナ），国連改革支持 11 イスラエル，ラビン首相暗殺テロ 11 サウジアラビア，リアドで米軍施設テロ 12 ボスニア和平協定調印（パリ） 12 東南アジア非核地帯条約（バンコク条約）調印	1995. 1 世界貿易機関発足（GATTを継承） 1 事務総長報告「平和への課題・追補」 2 非同盟諸国，安全保障理事会改革を共同提案 3 社会開発サミット開催（コペンハーゲン） 7 FAO，アフリカ旱魃で2,300万人餓死状態と発表 9 第4回世界女性会議開催（北京） 10 国際青少年年10周年特別会議開催（ニューヨーク），2000年以後の世界青少年行動綱領採択 10 国連創設50周年記念総会特別会合，国連50周年宣言採択 12 安全保障理事会，ボスニア平和履行部隊派遣決定 12 総会，憲章敵対条項死文化決議採択 12 事務総長報告「民主化への課題」
1996. 1 アフリカ非核地帯条約（ペリンダバ条約）調印 2 キューバ軍機，米民間機を撃墜，1996.3 米，キューバ経済制裁強化法成立 7 ワッセナー合意成立	1996. 4 原子力安全サミット開催（モスクワ） 6 第2回国連人間居住会議開催（イスタンブール） 7 国際司法裁判所，核兵器の勧告的意見 9 総会，包括的核実験禁止条約（CTBI）採択 11 世界食糧サミット開催（ローマ）
1997. 6 先進国首脳会議にロシア正式参加 7 香港，中国に帰属	1997. 3 事務総長報告「国際連合体制の強化」 6 国連環境開発特別総会開催

		世界			国際連合
	12	対人地雷全面禁止条約（オタワ条約）調印		6	国際ＮＧＯ，国際連合へのＮＧＯ参加で活動
				7	英国，ユネスコ復帰
				7	事務総長報告「国際連合の刷新－改革のためのプログラム」
				11	ユネスコ，ヒトノゲムと人権世界宣言採択
				11	アナン事務総長，行政調整委員会ガバナンス構築能力サブグループ会議でグローバル・ガバナンス10原則提唱
1998.	5	インド，核実験，1998.5パキスタン，核実験	1998.	1	イラク，国連査察を拒否，1999.12国連監視憲章査察委員会設立
	8	北朝鮮，日本列島を越えて新型ミサイル発射		6	世界麻薬問題特別総会開催
	8	在ケニア・タンザニア米2大使館でアルカイダの同時爆破テロ		7	国際刑事裁判所条約調印（2002.7発効）
	9	第12回非同盟諸国首脳会議開催（ダーバン）		7	事務総長報告「国際連合体制のすべての活動におけるＮＧＯの相互作用のための取決めおよび慣行」
				12	総会，モンゴルの非核兵器地位決議採択
1999.	1	欧州経済通貨同盟発足，ユーロ誕生	1999.	1	事務総長，世界経済フォーラム（ダボス会議）で世界経済人会議に対しグローバル・コンパクトを呼びかけ
	3	ＮＡＴＯ軍，ユーゴ空爆		2	事務総長，カンボジアのポル・ポト派特別国際法廷設立勧告
	4	東チモール，住民投票で独立派圧勝，2002.5独立		9	総会，平和の文化に関する宣言採択
	5	国際平和市民会議開催（ハーグ）		10	国連東チモール暫定行政機構設立（〜2002.5）
				11	ＷＨＯ・国連エイズ計画，世界5,000万人がエイズ感染，1,600万人以上死亡と発表
				12	安全保障理事会，イラクの国連監視憲章委査察委員会設立
				12	総会，テロ資金条約調印
2000.	2	ロシア軍，チェチェン共和国首都グロズヌイ制圧	2000.	4	Ｇ77首脳会議開催（ハバナ）
	4	欧州連合・アフリカ統一機構，欧州・アフリカ首脳会議開催（カイロ）		5	事務総長報告「われら人民－ミレニアム・フォーラム宣言と21世紀のために国際連合を強化する行動課題」
	6	金大中韓国大統領，北朝鮮訪問		6	女性問題特別総会開催
	8	ロシア原子力潜水艦クルスク，北極海海底で航行不能		6	社会開発特別総会開催
	10	オルブライト米国務長官，北朝鮮訪問		7	国連事務局，グローバル・コンパクト形成に着手
				9	ミレニアム総会サミット開催

年表 287

世界			国際連合		
	12	女性国際戦犯法廷（従軍慰安婦問題）開催（東京）		12	総会，グローバル・パートナーシップ決議採択
2001.	4	米軍機，中国海南島南方で中国軍機と接触，海南島緊急着陸	2001.	7	エイズ問題特別総会開催
	6	上海協力機構創設		8	事務総長報告「国連平和作戦パネル報告」
	6	韓国戦犯法廷（朝鮮戦争）開催（ニューヨーク）		8~9	世界人種差別撤廃会議開催（ダーバン）
	7	ジェノバ・サミットで抗議デモ		9	安全保障理事会，国際テロで国際の平和と安全決議採択
	9	米国，同時多発テロ，ブッシュ米大統領が報復声明，2004.7 独立委員会最終報告，2004.10 ウサマ・ビンラディが犯行表明			
	10	米軍，アフガニスタン空爆			
2002.	5	米・ロ，戦略核弾頭削減モスクワ条約調印	2002.	1	事務総長，シエラレオネ戦犯法廷設置
	6	先進国首脳会議，中国が初出席		4	人権委員会，民主主義促進の対話決議採択
	6	米国，ＡＢＭ制限条約の離脱宣言			
	6	中・ロ，ジュネーブ軍縮会議に宇宙条約案提出，米国が拒否		5	世界子供サミット特別総会開催
				7	国際刑事裁判所設置
	7	アフリカ統一機構，アフリカ連合へ移行		8~9	環境・開発サミット開催（ヨハネスブルグ）
	9	日朝ピョンヤン宣言調印		9	スイス・東チモール，国連加盟
	10	北朝鮮，核開発計画を公表，12月核施設稼働再開発表		11	安全保障理事会，イラク大量破壊兵器査察決議採択
	10	インドネシア，バリ島で爆弾テロ			
	10	ロシア，チェチェン独立派のモスクワ劇場占拠テロ			
2003.	2	世界60カ国でイラク攻撃反対デモ・集会	2003.	1	北朝鮮，核拡散防止条約（ＮＰＴ）撤退宣言
	2	第13回非同盟諸国首脳会議開催（クアラルンプール）		3	米国など3カ国，安全保障理事会へのイラク武力行使容認決議案撤回
	3	米軍・他，イラク攻撃			
	3	英連邦，人権問題でジンバブエに対し出席停止の制裁，2003.12ジンバブエ，英連邦脱退		3	事務総長，キプロス和平仲介交渉，不成功
				4	人権委員会，北朝鮮決議採択
	4	北朝鮮，核保有宣言		5	総会，カンボジア（ポル・ポト派）特別国際法廷設置決定
	4	イラク，フセイン政権崩壊，米軍が全土制圧，2003.9 統治評議会発足		5	人間の安全保障委員会報告「人間の安全保障，現在」
	5	ブッシュ米大統領，イラク大規模戦闘終結宣言		7	国連小型武器会議開催
	5	ブッシュ米大統領，拡散安全保障イニシチブＰＳＩ演説（クラフク）			ブッシュ米大統領，総会演説で，拡散安全保障イニシアチブＰＳＩ促進を強調
	5	ブッシュ米大統領，イラク戦争終結宣言		9	米国，19年ぶりにユネスコ復帰
	9	拡散安全保障イニシアチブＰＳＩ第3回会合開催，パリ原則採択		9	世界貿易機関閣僚会議開催（カンクン），決裂

	世界		国際連合
	11 イスタンブールで自爆テロ		9 安全保障理事会，リビア制裁解除決議採択
	11 イラク世界法廷ネットワーク・ロンドン公聴会開催		10 安全保障理事会，イラク多国籍軍派遣・戦後復興協力決議採択
	12 イラク，特別裁判所設置		
	12 リビア，大量破壊兵器破棄		11 安全保障理事会，新パレスチナ和平（ロードマップ）決議採択
	12 イラク，フセイン元大統領拘束		
	12 アフガニスタン国際戦犯民衆法廷「米国のアフガニスタン報復戦争」開催（東京）		11 安全保障理事会，テロ協力決議採択
			11 国際原子力機関理事会，イランの核査察協定違反を非難
2004. 1	イラク世界法廷ネットワーク・米国の戦争犯罪を裁く世界女性法廷開催（ムンバイ）	2004. 4	安全保障理事会，核兵器・化学兵器・生物兵器の拡散阻止行動ＰＳＩ決議採択
2	フランス国民議会，公立校でのイスラム教徒女子生徒のスカーフ着用禁止法案成立，可決，2004.3	6	安全保障理事会イラク主権委議決議成立，2004.6 イラク民政移行
3	マドリードで同時爆破テロ	7	国際司法裁判所，イスラエルの西岸分離フェンス撤去の勧告的意見
3	台湾，独立志向の住民投票不成立	8	世界貿易機関，新ラウンド合意
4	サウジアラビア，リヤドでアルカイダ系組織のテロ，2004.5 外国人テロ	9	ブッシュ米大統領，総会演説で民主主義基金を提唱
4	イラク世界法廷ネットワーク・ブリュッセル法廷開催	10	安全保障理事会，テロ対策強化決議採択
4	ロシア・ＥＵ，パートナーシップ協力協定調印	11	有識者諮問パネル，国連改革案の事務総長提出
5	欧州連合，25カ国体制へ移行		
5	イラク世界法廷ネットワーク・ニューヨーク公聴会開催		
7	イラク世界法廷ネットワーク・イラク国際戦犯民衆法廷開催（京都）		
7	国際エイズ会議（バンコク）		
9	ロシア，北オセチア学校占拠テロ		
2005. 3	中国，反国家分裂法成立，台湾行政院大陸委員会が成立を前に非難声明，台湾団結連盟が100万人抗議署名運動と高雄市で抗議デモ	2005. 1	ミレニアム・プロジェクト報告「開発に投資する」の事務総長提出
		1	ナチ強制収容所解放60周年記念総開催
		2	総会，国際連合改革の非公式会合開催
		3	事務総長報告，「より大きな自由の中で」
		4	総会，核テロ防止条約採択（2005.9調印）
		4	人権委員会，北朝鮮人権決議採択
		5	非核地帯会議開催（メキシコシティ）

索引

事項索引

A-Z, 0-9
G77　29-34, 110, 247
ＮＧＯと社会運動の接合　260
0.7％目標　99, 107
20：20契約　92
4人の警察官　7
5原則　116, 132
10原則　128-130, 253, 264
10の提言　96
11原則　128

ア
アジア・アフリカ会議　21, 30
アジア・アフリカ人民連帯会議　27
アジア関係会議　27
アパルトヘイト政策特別委員会　46
アフリカ開発会議　200
アフリカ開発の10年　82
アフリカ人権委員会　73
アフリカ統一機構　17, 52, 61, 73, 75, 198
アムネスティ・インターナショナル　70, 130
アラブ連盟　190, 269
安全地帯　78

イ
インターアクション　249
インターネット　99

ウ
ウェストファリア・モデル　2, 5, 237, 239, 240

オ
欧州審議会　1, 5
欧州人権裁判所　73
オーデル・ナイセ線　23
オクスファム　122, 249
オタワ条約　59

カ
開発に投資する――MDGs達成のための現実的な計画　95-99
開発への課題　114
拡散安全保障イニシアチブ　64
拡散阻止原則宣言　64
核戦争防止国際医師会議　262
核兵器の廃絶をめざす日本法律協議会　262
ガバナンス　229-235
蚊帳　96, 107
環境開発会議　67
環境・開発サミット　93
関係性回避の規範　236
カンボジア代表権　49

キ
北大西洋条約機構　20, 57
基本的人間ニーズ　89
キューバ危機　22, 30, 57, 60
キューバ・ソ連合　213
協議資格　243, 247
拒否権　8, 14-16, 41, 51, 113

ク
クイック・ウイン　96
グッド・ガバナンス　121, 128, 234, 235
グリンピース・インターナショナル　259
グローバリゼーションに関する国際フォーラム　263
グローバル化　265
グローバル・ガバナンス　229-235, 250-251, 255, 266, 268, 270
グローバル・ガバナンス委員会　234, 250
グローバル経済協力のための新たな国際連合構造　245
グローバル公共・民間パートナーシップ・ネットワーク　255
グローバル交渉　34, 81
グローバル・コンパクト　128-129, 253-255,

290　冷戦，国際連合，市民社会

259, 269
グローバル・パートナーシップ 93
グローバル・パートナーシップ形成のための
　行動アジェンダ 94
軍縮 31, 35, 55-59
軍縮委員会 23, 56-57
軍縮会議 57

ケ

ケア 249
経済協力開発機構 89
経済相互援助会議 20
現代の遊牧民 260-261

コ

高級政府間専門家グループ 108
構造調整 87-88
行動計画 245
小型武器 59
国際海底機構 48
国際経済協力会議 33
国際産業雇用者機関 244
国際ジャーナリスト機関 244
国際人権会議 66
国際組織の地球的取り組み 111-113
国際テロリズム 62-65
国際テロリズム・アドホック委員会 62
国際難民機関 74
国際年 117
国際の10年 118
国際反核法律家協会 262
国際平和ビューロー 262
国際法廷 68, 72
国際民主法律家委員会 244
国際連合改革 108-118
国際連合改革のための有識者諮問委員会 115
国際連合とビジネス共同体の間の協力10原則
　128
国際連合の強化に関する自由形式の高級作業
　部会 110, 114
国際労働機関 47, 255
国連改革に関する有識者懇談会 117

国連開発グループ 92, 114
国連開発の10年 48, 79, 81-82, 92, 267
国連活性化に関するハイレベル諸問委員会
　115-116
国連環境会議 89
国連環境開発会議 109
国連環境計画 87
国連議員総会 252
国連緊急軍 51
国連軍 51
国連軍備登録制度 59
国連工業開発機関 33
国連財政に関する独立諮問グループ 109
国連社会開発サミット 109
国連女性の地位向上部 68
国連人権高等弁務官事務所 254
国連ナミビア理事会 45
国連南西アフリカ理事会 45
国連難民高等弁務官 68, 74
国連人間環境会議 87, 90, 245
国連パレスチナ難民救済事業機関 54
国連貧困撲滅の10年 268
国連貿易開発会議 28, 79, 81, 172
ココヨク宣言 87
国境なき医師団 249
子供 67
コミンフォルム 20
コメコン 20, 27

サ

差別防止・少数者保護小委員会 47
参加民主政モデル 2
三者世界雇用会議 89
産品総合プログラム 33-34, 39
サンフランシスコ会議 9

シ

持続的発展のための経済人会議 129, 259
児童の商業的性的搾取に反対する世界会議
　68
市民社会 5, 90, 96, 252, 256, 258-259, 264,
　269, 271

索引　291

市民社会フォーラム　251-252
社会開発サミット　67, 91
社会経済開発におけるNGOの可能性　246
上海協力機構　64
自由選挙アジア・ネットワーク　122
ジュネーブ軍縮会議　26
ジュネーブ軍備委員会　56
植民地諸国・諸人民独立付与宣言　28, 44, 119, 170, 224-226, 228
諸国家の経済的権利・義務憲章　79
女性国際民主連合　244
女性の地位委員会　47
新アジェンダ連合　271
人権　66-73, 96, 121
人権委員会　68, 123
人権委員会課題別手続き　69-70
人権外交　18, 66
人権規約　45
人権侵害事件　71
新国際経済秩序の樹立宣言　32, 79, 245, 268
「新思考」外交　25
人道対応常設委員会　249
人民参加の新しい民主主義10原則　264
人民組織の議会　252

ス
スダノ・サヘル諸国　81
ステークホルダー　253
スピール・オーバー効果　3

セ
制限主権論　25
政府開発援助　95, 106
世界システム　238, 240
世界自然憲章　89
世界市民　2, 3, 73, 234, 239, 260, 266
世界社会運動　260, 261
世界社会フォーラム　263
世界社会フォーラム憲章　263
世界女性会議　67-68, 109
世界人権会議　67, 109
世界人権宣言　44, 66, 74, 90, 119, 253

世界人口開発会議　67
世界人種差別撤廃会議　68
世界政府　3
世界婦人会議　66
世界法廷センター　262
世界法廷プロジェクト運動　262
世界民主青年連盟　244
世界連邦モデル　3
全欧安保協力会議　1, 70, 207
全欧安保協力機構　5, 120, 224-225, 269
選挙システム　122

ソ
ソフト・パワー　130

タ
第三世界　27
第三世界外交　30
対人地雷禁止条約　59
大西洋憲章　6, 66
代表権　49
ダンバートン・オークス会議　8, 266

チ
地球環境条約　90, 91
地球憲章　90
地球公共財　268, 269
地球サミット　67, 90
地球市民　5, 6, 237
地球市民運動　261
地球的民主主義　1, 5, 6, 119, 130, 265
チャプルテペック会議　9
中国代表権　15, 30, 49-50, 136, 168, 219

テ
敵国条項　10, 13
デタント　23, 51, 57
テロ対策委員会　63

ト
島嶼国　82, 105
東南アジア諸国連合　61, 64, 184

292　冷戦，国際連合，市民社会

特別総会　42
トルーマン・ドクトリン　51

ナ
内陸国　81
南北問題　78, 79, 81-87, 95, 149, 222, 264
難民　74-78

ニ
西アフリカ経済共同体　269
日本原水爆被害者団体協議会　262
人間開発　90
人間開発指数　90
人間居住会議　67
人間の安全保障　127

ネ
ネットワーク　236, 239-241, 255

ハ
発展途上国間経済協力会議　34
パレスチナ人民の本源的権利の行使に関する委員会　47
パンアメリカ商業生産評議会　244
反テロ条約　63-65
バンデンバーグ決議　20

ヒ
非核地帯　60-62, 220, 224-227
非植民地化に関する24カ国委員会　44
被占領地域住民の人権に影響するイスラエルの実際の特別調査委員会　47
非同盟諸国　29-30
非同盟諸国会議　21-22, 28, 31, 34, 56, 110, 148, 248
ヒューマン・ライツ・ウォッチ　130
貧困削減戦略　96, 99

フ
ファースト・トラック　96
普遍的安全保障に関する4国宣言　7
武力行使の5原則　116, 132

ブレジネフ・ドクトリン　23, 25
ブレトンウッズ会議　266

ヘ
米州機構　5, 63, 119, 123, 269
米州人権裁判所　73
平和維持活動　36, 43, 52-55, 250
平和共存　28, 31
平和・自由・中立地帯構想　61
「平和のための結集」決議　40-41
平和の文化　108
平和への課題　52, 109, 114, 126, 268
平和への課題・追補　59, 126
ヘルシンキ・ストックホルム・レジーム　70
ベルリンの壁　22, 25
ベルリン封鎖　20

ホ
防止外交　51
ポスト実証主義　235, 241
ボランティア機関国際協議会　249

マ
マーシャル・プラン　19, 51
マルチ・ステークホルダー・プロセス　253

ミ
ミドル・パワー・イニシアチブ　271
南アフリカ　49
南太平洋フォーラム　61
ミレニアム開発目標　92-98 222, 253, 268
ミレニアム宣言　92, 95, 115
ミレニアム・プロジェクト　95
民衆法廷　103
民主化支援　119-125
民主化・選挙支援　119-125
民主化への課題　6, 114
民主主義基金　125
「民主主義諸国共同体に向けて」の諸国家会議　6
民主主義諸国家共同体モデル　4-5
民主的ガバナンス　235

索引　293

モ
最も深刻な影響を被った諸国　81

ユ
有識者諮問委員会　115-116
ユニラテラリズム　14, 19, 130

ヨ
予防外交　52

レ
冷戦の終結宣言　25, 206
レギュラシオン学派　238
列国議会同盟　6

ワ
ワルシャワ条約機構　21, 23, 57, 205
われら人民――21世紀の国際連合の役割　115, 268

人名索引

ア
アナン　95, 114-117, 123, 126, 128, 253, 267, 269
アミン　73
アラファト　33
アリヤラトネ　89

イ
伊藤一長　262

ウ
ウィルソン　1
ウォーラーステイン　236
ウォルフォウィッツ　38
ウタント　16, 119

エ
エチェベリア　33
エンクルマ　28

オ
緒方貞子　77

カ
カーター　123
ガーディナー　123
カサス　32
ガリ　6, 52, 109, 114, 126, 248, 252
カント　1

キ
ギデンズ　242

ク
クリントン　19

ケ
ケナン　14, 37, 38
ケネディ　22

コ
ゴルバチョフ 24, 25, 27, 90, 252

サ
サダト 27
サックス 95
サラザール 205
サラモン 258

シ
周恩来 30
ジョージ 264
ジョクス 272

ス
スカルノ 28, 49
スターリン 7, 51, 77
ストロング 90
スミス 17

チ
チトー 28
チャーチル 7
チャベス 123

ツ
ツェンペル 230

テ
デクエヤル 119

ナ
ナーフィン 250
ナイ 130, 134
ナセル 28

ニ
ニクソン 16-17, 23

ヌ
ヌゲマ・マシアス 73

ネ
ネルー 27, 28

ハ
パウエル 123
パットナム 258
ハマーショルド 51

ヒ
ピアソン 107
平岡敬 262

フ
フクヤマ 38
ブッシュ 19, 25, 38
ブッシュ・W 26, 64, 125
フランコ 205
ブラント 23
フルシチョフ 21, 22

ホ
ホーネッカー 206

マ
マリク 15
マレンコフ 21
マンデラ 199

ミ
ミッテラン 121

メ
メルチ 260

モ
最上敏樹 257
森喜朗 200

ラ
ルーズベルト 7, 10

レ
レイク 19
レーガン 24

ロ
ローズナウ 230

ワ
ワルトハイム 35, 37, 62

国連決議索引

総会
決議4（Ⅰ） 243
決議182（Ⅱ） 52
決議377（Ⅴ） 15, 40
決議498（Ⅴ） 15
決議1514（XV） 28
決議1652（ⅩⅥ） 61
決議1803（ⅩⅦ） 32
決議1911（ⅩⅧ） 60
決議1803（ⅩⅩⅠ） 32
決議2357（ⅩⅩⅡ） 82
決議2758（ⅩⅩⅥ） 49
決議2768（ⅩⅩⅤ） 81
決議2832（ⅩⅩⅥ） 60
決議3016（ⅩⅩⅦ） 48
決議3054（ⅩⅩⅧ） 82
決議3201（S－Ⅵ） 32
決議3202（S－Ⅵ） 32
決議3236（ⅩⅩⅨ） 33
決議3256（ⅩⅩⅨ） 60
決議3259（ⅩⅩⅨ） 60
決議3263（ⅩⅩⅨ） 61
決議3281（ⅩⅩⅨ） 33
決議3338（ⅩⅩⅨ） 82
決議3477（ⅩⅩⅩ） 61
決議31／102 62
決議31／156 82
決議31／177 81
決議35／190 221
決議40／61 62
決議41／128 172
決議43／157 120
決議45／2 120
決議45／15 119
決議46／51 63
決議47／19 19
決議47／62 110
決議49／100 82
決議49／252 110
決議49／31 62
決議49／60 63

決議51／120　102
決議51／24　110
決議51／241　110
決議53／77　61, 62
決定52／453　114, 248
決議53／243　108
決定53／452　114
決議55／2　92
決議55／114　221
決議55／215　93, 130
決議55／279　172
決議55／33　61
決議56／150　172
決議56／76　93, 130
決議59／23　115
決議59／54　60
決議59／63　61

安全保障理事会
　決議84（1950）　15
　決議242（1967）　55
　決議632（1989）　119
　決議1267（1999）　63
　決議1336（2000）　63
　決議1368（2001）　63
　決議1373（2001）　63
　決議1390（2002）　63
　決議1515（2003）　35
　決議1516（2003）　65
　決議1566（2004）　65

経済社会理事会
　決議1296（ⅩLⅣ）　110
　決議1927（LⅧ）　245
　決議1996／31　110
　決定1996／297　247

人権委員会
　決議1999／57　6
　決議2001／41　123
　決議2002／46　123

国連貿易開発会議
　決議62（Ⅲ）　81
　決議65（Ⅲ）　82

略字索引

A
ABM 23, 26, 224-226, 228
ABU 26
ACC 110, 128
AL 198, 269
ANFREL 122
ANZUS 184
ASEAN 61, 72, 139, 184-186
AU 120, 269

B
BCSD 129, 259
BHN 89, 91
BWC 26

C
CBD 91
CCD 56, 91
CCW 58
CD 26, 57
CFE 57, 58
CIA 21
CIEC 33, 34
CITES 91
CMS 91
CPC 108
CRP 127
CSCE 23
CSD 254
CTBT 26
CTC 63

D
DAC 89, 93
DOMREP 53
DPPP 255

E
EC 59, 79, 90, 121
ECAFE 32
ECLA 32

ECOWAS 269
ERD 127
ESCAP 32
EU 64

G
GC 128, 253-255
GCI 90
GN 34
GPI 259
GPPN 255

H
HABITAT 92
HDI 90
HDR 89
HIPC 98
HIV／AIDS 97

I
IADL 244
IALANA 262
IASC 249
ICBL 59
ICC 230
ICISS 268
ICJ 230
ICO 32
ICRC 47, 249
ICVA 249
IDEA 122
IFES 122
IFG 264
ILO 9, 47, 48, 129, 253
INF 24, 25, 26, 57
INTERFET 126
IOJ 244
IPAD 92
IPB 262
IPPNW 262
IRO 74
ISBA 48

L
LDDC　81

M
MANPADS　59
MBPR　57
MDGs　92, 95-96, 99, 222
MINUCI　54
MINUGUA　54
MINURCA　54
MINURSO　53
MINUSTN　54
MIPONUH　54
MONUA　54
MONUC　54
MRFA　57
MSAC　81
MSP　253

N
NATO　20-21, 23-24, 57, 64, 169, 191, 204, 267
NEPAD　96, 105
NGO　9, 67, 72-73, 93, 110, 114, 117-118, 122, 123, 130, 233, 238, 239, 243, 244-250, 252, 254-255, 259, 261, 263-264, 267, 269-270
NIEO　32, 33
NSA　238, 240, 254-255, 258, 266-267, 269

O
OAS　63, 119, 120, 123, 269
OAU　17, 32, 52, 61, 64, 73, 75, 105, 198
ODA　92, 95, 96, 98, 106, 122
OECD　89, 93, 98
OHCHR　254
ONUB　54
ONUC　53
ONUCA　53
ONUMOZ　53
ONUSAL　53
ONUVEH　119-120
ONUVEN　119-120

OSCE　64, 120, 123, 269

P
PIC　91
PKO　43, 52, 125-126
PLO　33, 55
PNC　55
PSI　64
PYBT　26

S
SALT　23, 26
SCSL　72
SFF　34
START　26, 57

U
UMAMET　126
UNAIDS　254
UNAMSIL　54
UNASOG　53
UNAVEM　53-54
UNCED　90
UNCPSG　54
UNCRO　54
UNCTAD　28-29, 31, 34, 79, 80, 87, 99
UNCTC　129
UNDG　92, 96
UNDOF　53
UNDP　48, 92, 120, 127, 234, 269
UNEF　43, 51, 53-54
UNEP　87, 91, 254
UNESCO　48, 108
UNFCCC　91
UNFICYP　53
UNGOMAP　53
UNHCR　68, 74, 75, 76, 77, 78, 249
UNIDIR　26
UNIDO　33, 254
UNIFEM　92
UNIFIL　53
UNIKOM　53

索引　*299*

UNIMOG 53
UNIPOM 53
UNITAR 246
UNMEE 54
UNMIBH 54
UNMIH 53
UNMIK 54
UNMIL 54
UNMISET 126
UNMOGIP 53
UNMOP 54
UNMOT 53
UNOCI 54
UNOGIL 53
UNOMIG 53
UNOMSIL 54
UNOMUR 53
UNOSM 53
UNPPA 92
UNPRDEF 54
UNPROFOR 53
UNRWA 54, 227
UNSAS 126
UNSF 53
UNSMIH 54
UNTAC 53
UNTAES 54
UNTAET 54
UNTAG 53, 119
UNTEA 53
UNTMIH 54
UNTSO 53, 55
UNV 92
UNYOM 53
USAID 122

W
WCD 254
WCP 262
WEF 253, 263
WFDY 244
WFP 92, 249

WIDF 244
WMD 64
WSF 263
WTO 58, 230, 253, 260

Z
ZOPFAN 61

【著者】

浦野起央 (うらの たつお)

1955年，日本大学法学部卒業。政治学博士。
日本アフリカ学会理事，日本国際政治学会理事，アジア政経学会理事，国際法学会理事，日本平和学会理事を歴任。現在，日本大学名誉教授，北京大学客座教授。

冷戦，国際連合，市民社会 ―国際連合60年の成果と展望―

2005年8月5日　初版発行

　　　　　　　　　　　著　者　　浦野起央
　　　　　　　　　　　　　　　　©2005 T.Urano

　　　　　　　　　　　発行者　　高橋　考

　　　　　　　　　　　発行所　　三和書籍

　　　　　　　　　　〒112-0013　東京都文京区音羽2-2-2
　　　　　　　　　　TEL 03-5395-4630　FAX 03-5395-4632
　　　　　　　　　　sanwa@sanwa-co.com
　　　　　　　　　　http://www.sanwa-co.com/

　　　　　　　　　　　印刷・製本　　新灯印刷株式会社

乱丁，落丁本はお取替えいたします。定価はカバーに表示しています。　　ISBN4-916037-82-0 C3031 Printed in Japan
本書の一部または全部を無断で複写，複製転載することを禁じます。

三和書籍の好評図書

毛沢東と周恩来
〈中国共産党をめぐる権力闘争【1930年～1945年】〉

トーマスキャンペン著　杉田米行訳　四六判　上製本　定価：2,800円＋税

毛沢東と、周恩来については、多くの言説がなされてきた。しかし多くは中国側の示した資料に基づいたもので、西側研究者の中にはそれらを疑問視する者も少なくなかった。本書は、筆者が1930年から1945年にかけての毛沢東と周恩来、そして"28人のボリシェヴィキ派"と呼ばれる幹部たちの権力闘争の実態を徹底検証した正に渾身の一冊である。

麻薬と紛争

アラン・ラブルース　ミッシェル・クトゥジス著　浦野起央訳
B6判　上製本　定価：2,400円＋税

世界を取り巻く麻薬の密売ルートを解明する。ビルマ（ミャンマー）・ペルー・アフガニスタン・バルカン・コーカサスなど紛争と貧困を抱える国々が、どのように麻薬を資金源として動いているのかを詳細に分析。

世界テロ事典
＜World Terrorism Data Book＞

浦野起央著　B6判　292頁　並製本　3,000円＋税

2001年9月11日の米国同時多発テロをはじめ、世界中のテロ組織とその活動を洗い出した国内初の「世界テロ事典」が完成した。テロに関する知識と認識を深めることができる一冊。

日中関係の管見と見証
〈国交正常化三〇年の歩み〉

張香山著　鈴木英司訳　A5判　上製本　定価：3,200円＋税

国交正常化30周年記念出版。日中国交正常化では外務顧問として直接交渉に当られ日中友好運動の重鎮として活躍してきた張香山自身の筆による日中国交正常化の歩み。日中両国の関係を知るうえで欠かせない超一級資料。

徹底検証！　日本型ＯＤＡ
〈非軍事外交の試み〉

金煕徳著　鈴木英司訳　四六判　並製本　定価：3,000円＋税

近年のODA予算の削減と「テロ事件」後進められつつある危険な流れのなかで、平和憲法を持つ日本がどのようなかたちで国際貢献を果たすのかが大きな課題となっている。非軍事外交の視点から徹底検証をした話題の書。